感谢乐施会提供出版支持

本书内容不必然代表乐施会立场

农村合作制研究·法律规制

农民合作社发展中的
问题与法律规制

ISSUES IN THE DEVELOPMENT OF FARMER
COOPERATIVES AND ITS LEGAL REGULATION

仝志辉　主编

社会科学文献出版社
SOCIAL SCIENCES ACADEMIC PRESS (CHINA)

后推出。

首批推出的是"法律规制"系列。"法律规制"系列主要服务于当前复杂的立法任务，试图深化有关研究，也探讨在中国情境下社会科学参与立法的有效形式。现在不同学科对于合作社立法的研究还不能展开充分的交流，不同学科对于其他学科的相关研究缺乏关注，更没有展开必要和充分的对话。同时，学者和立法者的交流也不顺畅。我们尝试通过文献整理、评述，厘清其中的重要问题，推动学界合作社法研究水平的提升，帮助立法者更加深入地研判有关问题，从而做出审慎决定。

"法律规制"系列的编辑和出版得到了多方支持。在中国人民大学国家发展与战略研究院的支持下，笔者作为该院社会转型与法治研究中心副主任，先后组织了两次专家内部讨论会。这一系列的首批三本书就是在这两次会议前后编选而成的。编选的初稿对于会议的成功举行起到了很好的作用，也坚定了笔者通过相对独立的研究参与立法讨论的初衷。这里对支持会议召开的国家发展与战略研究院表示感谢，对参加内部研讨会的各位专家表示感谢。他们的论文和部分发言记录已经被收入各册书中。立法讨论是公共事务，社会科学研究理应介入。介入应基于学理，凸显争论焦点，建立学术与实践的深层联系，恢复学术的公共性。本系列的编选就是基于这种认识而进行的。

丛书还将推出"案例研究""研究专著"等系列。"案例研究"系列将关注具有创新意义的农村合作制试验，这种试验可以是国家农村改革试验区的试验，也可以是地方政府、NGO或农民自己从事的合作制试验，其致力于通过更加真实的记录以及融入各方视角的分析为当下的合作社发展留下可供讨论的文本。针对同一经验的不同讨论，我们的研究将得以深化。我们将约请有关研究者为"案例研究"系列供稿，也欢迎学者自荐投稿。

"研究专著"系列试图对中外各类关涉农村合作制和一般合作制的历史、理论问题进行深入研究。尤其注重对中青年学者的博士论文、博士后出站报告和课题成果的反映。这方面，丛书将建立规范的审稿机制，举凡投稿的学者都将得到两份专家审稿意见，遵照专家意见进行修改的书稿将列入丛书出版。

　　本丛书旨在营造农村合作制研究的学术氛围，期待各位专家学者的支持。欢迎您提供已经完成的书稿，也欢迎提出相关著述计划，各界读者对丛书的评论和意见我们也乐于听取。邮件请发至 tongzhihui@ ruc. edu. cn。让我们协力推动农村合作制研究的繁荣。

仝志辉

2016 年 12 月 18 日

我国合作社发展不规范的现状与
合作社法修订的有限目标
（代序）

仝志辉

　　本丛书第一册聚焦合作社的本质问题，集中反映了合作社立法前后对于合作社本质问题的争论以及合作社法对于合作社本质问题的处理。作为本丛书的第二册，本册集中反映的是立法如何面对现在合作社发展的不规范以及与此有关联的合作形式多元化的局面。这一册选编的文章为我们讨论如何认识合作社发展的不规范，如何通过立法改善发展不规范的局面提供了很好的背景。

　　本册选编的主要是对合作社发展不规范状况的原因分析以及与此相关的法律、政策规制的讨论。本书具体分为三编：第一编的论文从不同角度呈现合作社发展不规范的现状；第二编梳理发展不规范在经营主体发展、法律和扶持政策等多方面的原因，尤其是法律和政策方面的原因；第三编展示学者在立法和政策改进上提出的方向性和具体化的建议。以上现状、原因和对策的三方面内容在一篇论文中可能同时涉及，一篇论文被编在哪一编，主要是根据论文的贡献和论述的重点而定。

　　今天合作社法修订面对的形势和当初进行合作社立法时不同，当时立法面对的是各类合作组织已经成立且各有特点，组织需求非常多样化的情况，法律订立的重点是明确合作社的性质，即明确界定"什么是成员拥有、以自助为原则和宗旨的合作社"。当时的立法考虑到了各类合作组织形式的多样性，仅就应该重点发展的专业合作社进行规定，并且在成员资格和数量、出资方式、内部管理制度、盈余分配上给予低门槛和包容性的制度安排，并规定多种扶持政策以鼓励其发展。

　　而今天的立法修订面对的主要形势是：专业合作社数量激增，但发展不规范情况也更加突出，而对于不规范现象各方认识又不一致；在发展不规范的同时，另外一个突出的现象是合作社发展的多元样态更加明显。大家对于什么是合作社有了基本共识，因而合作社发展的不规范态势自然引起了学界和政界极大的关注。通过修订法律是否可以遏制和改善这种不规范发展的局面逐步成为合作社研究的中心议题之一。同时，不可避免的是，在立法阶段已经呈现出来但当时在立法中未能澄清的基本观念的分歧，在今天表现得更加明显了。

　　作为主编，笔者在这里结合对各编主旨的陈述，对合作社发展不规范的主要问题进行评述，并在评述之后，提出自己对合作社法修订的观点。本序言既是对全书内容的提要总结，也是基于这些汇集起来的研究，讨论合作社法修订对于改变发展不规范的现状能起到什么作用，对此我们应持何种目标。

一　合作社不规范发展的现状

　　在 2007 年《中华人民共和国农民专业合作社法》通过并实施之后，合作社加速发展，到 2015 年 12 月底，全国登记注册的农民合作社达 153.1 万家，比上年底增长 18.8%，实际入社农户 10090 万户，约占农户总数的 42%，较上年提高 6.5 个百分点。"十二五"期间，合作社数量增长近 3 倍，农户入社率提高近 31 个百分点。

　　但在高速发展的同时，"假、空、小、弱、散"问题突出。合作社发展存在的不规范现象主要有：社员民主权利没有落实，合作社民主管理制度形同虚设，多数合作社的重大决策是由社长或少数几个大户社员说了算；合作社内部盈余分配不能遵照法律规定按交易量返还，这限制了普通社员从合作社发展中获利的机会；合作社与外部经济主体的交易关系不规范，很多时候，合作社只是大户、农业企业的翻牌；大户、家庭农场、农业企业挂着合作社的牌子，套取国家对合作社发展的扶持资金；不规范的专业合作社为了扩大经营规模或者套取政策扶持，纷纷成立农民专业合作社联合社，这使得合作社发展不规范的现象在联合社层面继续发展，在更大程度上侵犯普通社员的权益，消减国家政策扶持的效果。

合作社法通过之后，对于合作社发展方向和态势的评价也成为学术热点。这与在合作社立法前后对于合作社立法目的、调整范围和合作社定义方面的激烈争论是紧密相关的。合作社法对于合作社本质问题的处理，基本上接受了国际合作社联盟对合作社原则的界定，这表现出希望中国农民合作社规范发展的立法宗旨。但是，实践的发展似乎并没有落实立法者的宏愿。在法律通过的短短一两年时间内，大量不合法律要求的合作社注册成立。合作社的数量及其覆盖乡村、农户的范围迅速增长，合作社的形式越来越多样化，或者说，合作社被各种经济主体加以利用的范围越来越广、程度越来越深。这种发展趋势到底对农业现代化和保护农民利益起到怎样的作用，学者们的意见并不一致。

第一编的四篇论文都注意到一些共同的事实，即非普通农户的大户和外来资本创立的企业已经成为合作社的领办者，并且领办型合作社已经成为合作社的主要形式，而且，它引发了进一步的结果，就是大户和企业在合作社的出资额和盈余分配中占大头，在合作社的控制权中占优势。张晓山、苑鹏基于现实中的农户异质和资本、农户实力不对等的情况，认为由资本和大户领办合作社不可避免，且目前这对普通农户是有利的。刘老石、苑鹏甚至认为这可能就是有中国特色的合作社的发展形式。对于这种合作社的发展导致的普通农户获利占比不高的情况，四位学者都有共识。但对于发展不规范的原因及性质的判断，学者之间发生了分歧。

张晓山从他一直认为的"多样化、混合型的农业现代化发展模式和经营形态在中国农村将长期存在"的观点出发，认为作为农业现代化重要载体的农民专业合作社也将长期呈现异质性和多样性的特点，而资本和大户领办成为农民专业合作社的一种形式甚至在部分地区成为主要形式，正是这种异质性和多样性发展格局中的正常表现。从他关注的农业发展的角度，他认为专业农户能不能成为合作社的主体并发展壮大，是衡量合作社发展质量的重要指标。而潘劲认为，这一现实已经违背了合作社资本报酬有限的原则。

刘老石试图站在整个合作社运动发展的全过程和大局来看待合作社发展不规范的问题。他认为所谓合作社的真假问题是个伪问题，真正的问题应该是符合中国实际的合作社标准是什么的问题，而解决问题的方式也应该是让农民更多地创造合作社的多种形式，在制度竞争中让真假合作社自现，在能够发现什么是符合实际的合作社标准的时候，再通过法律修改的方式加以规范。刘文的贡献是十分坚定地将合作社发展中的问题定位为不规范问题，这使得我们按照法律上的合作社标准来衡量现实中的合作社时不能简单地按真假区分，而是应认真思考为什么会存在不规范，不规范从合作社运动发展的大局看是利大于弊还是弊大于利。同时，他也直接指出，合作社法规定的关于合作社的五条原则并不具有可操作性，进而提出应以"一人一权"而不是"一人一票"来作为合作社的根本原则，这样可以确保合作社由初期的资本更多获利逐步演化到资本和劳动平等获利的运作模式。刘老石特殊的人生际遇使他无法再为自己这些独到的见解贡献进一步的智慧，但中国的农民合作社运动中永远留下了他热忱、冷静和睿智的思考。

苑鹏的文章明确点出了农民专业合作社法在成员法政方面的宽泛规定是合作社发展出现多种形态的重要原因。她的表述是："中国《农民专业合作社法》的一大突破是成员构成不再局限于具有相同市场地位、从事相同生产经营活动的同业生产者的联合，而是在此基础上，还允许那些处在同一农产品产业链条上具有上游、下游业务关联的相关利益群体共同联合，组成合作社。即农民专业合作社不仅是农产品生产经营者的同质者的组织，也是服务利用者和服务提供者共同组成的异质者的组织。"也就是说，法律主动适应了异质性的农民成员的合作需求，并很可能放大了这样的合作需求，从而使得异质性成员的合作社成为合作社发展的主流形式。这也就是她说的"作为合作社利用者的农民生产者和作为合作社业务服务提供者的非农产品生产者共同组成的合作社"。这种合作社区别于"作为合作社利用者的农民生产者组成的合作社"，具有明显的中国印记。这也使得中国的农民合作社出现了相对经典合作社性质的组织性质变异，中国的合作社"由利用者组成的组织、'所有者－利用者'同一的成员共同体，走向'所有者－业务相关者'同一、相关利益群体共同组成的联盟"。变异不仅体现在成员关系、决策原则、收益分配规则和经营规则等方面，而且表现在合作文化、合作哲学等方面。这种变异被苑鹏认为是一种组织创新。不论领办人是哪种类型，其都实现了领办人和农户的帕累托改进。但是，她也承认，领办人与农户的帕累托改进程度明显不同。"这将造成农户群体在市场竞争中更加处于相对弱势的地位，与领办人群体的经营实力、收入差距进一步拉大。并且，由非农民生产者领办的各类合作社产生的一个共性问题是：他们的出现使得小农发展自我合作社的机会更小。"

二　合作社不规范发展的主体原因和环境原因

虽然合作社的不规范发展具有多种成因，但基于本套丛书的编辑意图和本册的主题，本书第二部分突出反映合作社发展的不规范与合作社法本身的不完善之间的关联。合作社法的立法本意就是规范合作社的发展，但在合作社立法之后，合作社发展的不规范现象又进一步恶化。这不能不引起人们的深思。

学者们在立法前讨论合作社法的立法意义时，普遍认为合作社法将规范合作社的发展。在合作社法的立法讨论过程中，各方也十分注意合作社应拥有规范的治理结构。党的十六届三中全会通过的《中共中央关于完善社会主义市场经济体制若干问题的决定》明确指出：支持农民按照自愿、民主的原则，发展多种形式的农村专业合作组织。其中，民主的原则被明确提出。合作社法规定合作社实行民主管理，并规定了一系列权力结构和管理制度。

合作社法为了保证合作社成员参与民主管理，以及规范合作社成员之间的权力义务关系，设定了一系列的法律制度：如农民成员比例，成员大会选举和表决制度，成员退社权利，成员参与合作社内部事务管理制度，成员分享盈余权利，成员账户制度，等等。

对于以上制度为何无法得到有效执行从而导致合作社发展的不规范现象，学者的分析主要从两方面入手：一种是从发展合作社的各种力量上找原因，一种是从法律自身找原因。前文已经提及苑鹏在分析合作社发展不规范的现状时已经明确指出，合作社法对于合作社多种性质成员的开放态度给合作社内部治理的不规范埋下了伏笔。这种对合作社法律自身缺陷的分析和各种力量行为的分析，是本编对发展不规范成因的理解。

在这部分文献中，全志辉和熊万胜贡献了两种分析思路，并影响了其后加入的学者的分析。全志辉将解释的重心放在为什么大量专业合作社成为"大农吃小农"的合作社，或者说，合作社发展如何背离了合作社"使成员平等受益"的价值目标。他首先分析了三类主体，农户、涉农部门和下乡资本的状况，并具体呈现了三类不同主体在合作社发展中的相互关系状况，指出涉农部门和下乡资本相互勾结，且和分化了的农户中的大户相结合，这共同促成了这类合作社的出现和壮大。全文是在农业经营体制和农业政策演进的大背景中分析这一实践机制的，其认为上述机制是一个宏观结构的产物，因此，解决合作社发展不规范的问题就不仅仅是一个严格执行合作社法和调整合作社促进政策的问题，而是整个农业经营体系和农业政策的系统调整。全文的目标是为合作社问题的讨论提供大的结构背景，并直接进入对关键的实践运作机制的分析。

熊万胜解释的现象和仝志辉类似，但是他的概括紧扣合作社发展实践和合作社原则之间的背离，即"名实分离"。熊万胜认为，"名实分离"是合作社这一组织在制度化过程中产生的意外后果，他给出的解释方向在于新制度主义论及的制度环境和组织行动者两个方面：在制度环境层次上，国家在市场经济条件下强化了有选择的再分配体系以及法律体系，建立了政府对于企业和能人的非科层性集权关系。这种集权关系在纵向上是多层级的，横向上是多条线的，运作方式是人格化的，这给农民专业合作经济组织的"名实分离"行为提供了自主性空间与合法性。在行动者层次上，选择性再分配体系中的制度行动者将农民专业合作经济组织的制度形式作为最基本的甄别依据，诱使作为组织行动者的农民专业经济组织积极嵌入制度环境，并将制度建设与选择作为获取政府资源的"门道"，从而使得这类组织在技术性结构之外，分化出了一个"资源性结构"。这种"资源性结构"可以理解为一个持续性的资源运作和获取的流程，熊文提示我们注意这个流程的存在。相比法律上的合作社，熊万胜的论文给出了实践形态的合作社的生成过程。

仝志辉和熊万胜的文章分别为行动主体和制度环境做了具体分析，为进一步对合作社发展不规范的过程机制进行分析奠定了基础。从他们的角度来看后续研究，可以对后续的相关文章做如下的定位。

崔宝玉的文章以合作社规制的全面加强为背景，对合作社发展的制度环境做了充分描述，分析了中央政府、地方政府在发展合作社中的不同目标，分析了在地方行政场域中，功能性合作社俘获政府的过程，说明了功能性合作社异化的本质，也解释了非功能性合作社在政府扶持政策中被边缘化的机制。

冯小分析了多种乡村政治权力主体如何接纳合作社制度并进行自主性策略运作的过程，即合作社的"被包装"过程。冯小把全志辉提及的农户分化和部门、资本下乡进一步描述为：国家相关惠农政策和鼓励乡村产业发展措施的频度与力度会持续增强，合作社制度处在农民分化与基层治理结构的双重变动中难免出现异化现象，农民社会分化与基层治理成为合作社异化的基础。这篇文章的贡献是具体描述了"合作社包装下乡资本"的现象，即合作社被政府作为招商引资的政策优惠包，会成为下乡资本谋利经营的策略及乡村少数精英包装投机资本的牟利工具。

何慧丽、赵晓峰的文章，可以视为对全志辉一文的重新叙述，其更为简洁地分析了部门和资本下乡如何在减少同农户的交易成本的同时也加剧了合作社的异化，并进一步提出了更具体的对策建议。

三 合作社法修订的价值取向和具体方向

第二部分中对于合作社发展不规范的原因的探讨主要涉及合作社发展过程中客观的利益结构的作用，因此，法律和政策规则就必须打破现有的利益结构或者说超脱这一结构。在这方面，我国需要有的放矢地制定一些相应的法条和政策。这就涉及本册第三部分的内容。

首先涉及的是立法规制的价值取向问题。价值取向是法律规制的基础，合作社的法律和政策规制应体现促进社区发展、公平、益贫性等价值取向，从而更好地促进合作社向规范的方向发展。

任梅的文章认为，现有法律对于农民主体地位的保障不足，先发展后规范、重效率轻公平是政府规制（广义上的法律规制）上的偏差，应该予以纠正。要大力保障弱势小农户的主体地位，要"先规范，再发展"，清晰规制边界，提高规制效率，"重公平，促效率"，使合作社回归公平性前提，提高运行效率和市场竞争力。

任大鹏、王敬培的文章认为，复杂的内外部环境使农民专业合作社体现着趋利性和服务性的双重属性，法律和政策应强化其服务社区的益贫性导向，使农民专业合作社发挥其带动弱势农民参与市场竞争及促进整个农村社区发展的作用。他们通过实例研究发现，合作社核心成员为了达到"套取政策支持"的目的，在必须满足一些硬性指标的同时就要有一些带动小规模农业生产者甚至是其所在农村社区发展的行为，因此建议，我们应完善法律和政策设计，防范政策实施中的寻租行为，实现对合作社领办人过度追求自身利益而损害弱小农户利益取向的矫正。

上述价值取向，应在制度层面上予以落实。学者们探讨了制度落实的具体方向。申龙均认为，我国和韩日的农业有许多相似之处，因此韩、日的综合农协，即既从事产品购销等经济事业，又从事信用保险等金融事业以及卫生、养老等社会事业的综合性组织，对我国有借鉴意义。他提出我国应发展农民综合合作社，并在法律中做出相关规定。杨团以近年亲历的四个农村社会、经济自治组织发展中的难题为例，说明农民组织内部再分配比外部的政府直接转移支付更有效率，同时，农民组织更容易掌握会员资信，只要建立起网络联系，无论市场业务还是公共服务都会更加有效。这种制度试验实际上契合了日本、韩国、中国台湾地区农协（农会）的历史经验。他认为综合性的农民合作组织由于内部功能互补，因而具有一种内生的可持续发展机制。为了启动、激发、保护这种内生机制，必须启动外部的社会政策框架和制度体系予以引导和全力支持。

最后两篇文章涉及法律规制的具体方向，分别是合作社法通过之前和通过之后的两篇政策类论文。徐旭初的文章写于农民专业合作社通过之前，是对《浙江省农民专业合作社条例》制度取向的解析。该文把法律的制度导向分为法律导向、知识导向、文化导向三个部分，客观地描述了制度导向的重要作用。该文对浙江条例在企业性质和法人性质方面的定位，对非生产性投资者加入合作社、合作社自我规制等问题的处理，既让我们看到了当时立法者的考虑，也让我们对于农民专业合作社法表现的制度导向增加了理解。这篇文章可以作为我们反思合作社法制度导向问题的一篇历史文献。根据本书以及对本书之外的合作社实践发展的分析，我们可以更容易地鉴别合作社立法对制度导向考虑的得与失。

杨春悦的论文直面突出的合作社发展不规范的现状，提出了完善法律应该重视的方面：首先，对立法如何调整合作社的范围、规范合作社的主体、明确监管部门和严格奖惩等提出了明确的立法建议；其次，对加强宣传、落实扶持政策、突出示范引领作用、加强执法队伍建设等提出了建议；最后对严格执法的几个重要方面提出了建议。

妇女参与合作社发展符合合作社原则，但是，实践中也有很多障碍。本书选编了苑鹏的一篇文章，该文针对妇女参与合作社发展并不顺畅，还存在很多障碍的现状分析了现行制度、传统观念，妇女自身条件等多种因素是如何影响妇女对合作社的有效参与的，并提出了相关对策。

四 合作社法修订应持有限目标

当前农民专业合作社发展的不规范现象已经严重影响了通过合作社来加强农业社会化服务体系、建设现代农业的"三农"战略部署。仅仅通过加强示范社建设和提升行政扶持的精准度不足以解决大面积的合作社不规范问题。在当下全国人大正在进行的《农民专业合作社法》的修订中，我国应尽快订立某些法律条款，促进合作社的规范发展，并有效推动相关规范合作社发展的政策出台。为此，我们必须很好地设定合作社法修订的目标。

笔者的观点是：合作社法修订应该持有限修订的目标。一些大问题，如农业现代化中的农业经营体系构建乃至农业发展方式的转变，农村改革中的农业经营方式、农业社会化服务体系乃至统分结合的基本经济制度，以及农村发展中的农民福利、社区服务都和合作社的规范发展有关。但是，最为迫切的是，思考合作社在以上方面可以现实地发挥多少作用，以及立法在促进这些作用的发挥时应起多大作用。

同时，合作社法面临着与相关法律的复杂关系（供销社立法、农村金融立法、集体经济组织立法），短期内很难扩大其调整的经济（社会）主体的范围。因此，我们应该立足于原有《农民专业合作社法》适用的经济主体的范围，将符合合作社原则、以农民为主体的经济主体纳入在内。这是一种有限扩大调整范围的思路。

有限修订的更重要含义是，只管法律可以管的。比如，虽然合作社法的执行需要现有涉农部门的全力参与，但是由于涉农部门体制仍然存在缺陷，不宜在法律中对各涉农部门的具体职责做出规定，相反，还要对有关扶持合作社发展的规定进行检讨。

1. 确立有限修订是基于对合作社作用的合理定位

我们有必要对合作社在农村经济发展中应起的作用做一个恰当的共识以作为讨论的底线，以防对合作社的不正当期待干扰对合作社立法问题的讨论。

在欧洲合作社的发展过程中，有一个非常重要的观察家米瑟斯，他曾经因为批评计划经济而出名。其认为当时欧洲的合作社运动被作为一种政治工具，是一种政治运动，合作社运动寻求国家对于合作社的税收减免和维持农产品高价格的特权，这势必损害其它社会阶层和整个经济的利益。从合作社运动的角度看，他对合作社的批评是一种偏见。但其批评实际上包含了一种可贵的对于合作社作用的务实态度。合作社可以为弱势群体带来合理的利益，但是不应该天然地认为合作社的利益就凌驾于其它经济主体之上，凌驾于合作社社员之外的其它社会成员之上。国家需要通过立法做的是，给予合作社这一类特殊的企业组织以合法性，为其内部治理结构设立基本规则，为其它经济主体以及国家和合作社发生关系时设定基本的行为规则。对合作社立法，不意味着贬低其它经济主体。在现阶段，也不能导致对合作社之外的其它经营主体的限制或损害。这样一种对于合作社作用（功能）的有限期待，将有利于更好地讨论合作社法修法涉及的具体问题。

在改革开放之后，中国新时期的合作社兴起直至今天，人们基于不同的立场、知识视野乃至利益，对农民合作社对于农村经济和社会发展的作用给予了不同的期待。时至今日，合作社名义的经济组织的成长已经数量众多，我们对于合作社可以起到的基本作用可以有一个更为客观的评价了。随着农业的专业化和市场化过程，农业经营主体已经多样化。合作社并不能包打天下，基于其对农业经营的适应性以及促进农户和社区发展的特有功能，要通过更加有效的立法安排，扩大其生存空间，更主要地是提高其组织效力和经营业绩，以进一步发挥合作社制度的优势。适宜的法律是使其充分发挥优势的必要条件。除此之外，合作社法或是合作社法背后的立法思想，都不能先验地证明合作社是更加适宜农民、农业的经济组织形式。

2. 有限修订要果断拆除对于合作社发展以物质为主的政府扶持政策的合法性基础

目前法律对于合作社注册采取低门槛、包容性原则，对于合作社内部管理也规定得较为宽松，这说明法律期待给合作社发展留足空间，将内部规范管理的希望寄托在合作社自治上。同时，在促进其发展方面，各级政府采取了以物质资源扶持为主的政策。法律上的宽松和行政上的财政扶持一定程度上加剧了合作社发展不规范的局面。

特别在财政扶持上。物质扶持绝大多数是无偿给予，法律对扶持效果也缺乏特别有效的监督。在决定扶持对象时，各级政府只重视合作社的社员规模、资金规模和业务数量，这无形中助长了申请材料造假，也导致了合作社发展一味注重带动农户数量和业务规模等数量指标，而不重视其带动农业产业结构调整、长效推动农民收入增长、确保社员参与民主决策等质量型指标。物质扶持为主的扶持方式导致涉农部门竞逐扶持资金，农民大户、外来资本只管申报、不管切实发展。法律的疏漏和行政的强力支持两相结合，形成了"假"、"空"合作社占有相当比例的发展格局，挤压了真正合作社发展的空间，"小"、"弱"、"散"的现象也就随之蔓延。

对于合作社发展存在的不规范问题，国家已经提出了建立成员账户和管理档案、进行年度报告、完善盈余分配制度等要求，但各部门仍然希望通过加强财政税收扶持、给予用水用电支持等物质性举措进行诱导。但合作社发展基数已经十分庞大，这些政策即使精准实施，也会因僧多粥少而无法显效，监督落实更难实施。甄别优质合作社进行示范社扶持的成本也正在大大增加，人才培养体制也跟不上规范化的要求。目前，基于涉农部门政绩导向和物质扶持为主的惯性，要想改变新注册合作社主要是为了套取政策扶持以及合作社后续发展乏力的局面，行政措施已无显著效力。

3. 有限修订要规范合作社准入条件

要实现有限修订，首先要适度修改有关合作社准入条件的规定。现有法律基本体现了"所有者与惠顾者同一"的合作社本质，是合作社规范发展的重要基础。比如《合作社法》第3条规定，合作社应遵循下列原则：1. 成员以农民为主体；2. 以服务成员为宗旨，谋求全体成员的共同利益；

3. 入社自愿、退社自由；4. 成员地位平等，实行民主管理；5. 盈余主要按照成员与农民专业合作社的交易量（额）比例返还。上述各条中，成员地位平等，实行民主管理和盈余主要按照成员与农民专业合作社的交易量（额）比例返还这三点直接体现了合作社的本质规定。因此，并不需要大改。但是法律对合作社准入条件的规定失之于宽松，这导致公司假冒合作社之名侵占国家财政扶持资源。

现有法律对作为合作社成员主体的农民的界定究竟是户口意义上的，还是职业意义上的并不明确，法律还规定企业可以加入合作社。这给其他经营主体，如公司、家庭农场翻牌成立假合作社提供了法律依据。

因此，应将《合作社法》第2条规定的"农民专业合作社是在农村家庭承包经营基础上，同类农产品的生产经营者或者同类农业生产经营服务的提供者、利用者，自愿联合、民主管理的互助性经济组织。农民专业合作社以其成员为主要服务对象，提供农业生产资料的购买，农产品的销售、加工、运输、贮藏以及与农业生产经营有关的技术、信息等服务"修改为"农民合作社是在农村家庭承包经营基础上，农产品生产经营者或者农业生产经营服务的提供者、利用者，自愿联合、民主管理的互助性经济组织。农民合作社成员应是实际从事农产品生产经营或生产经营服务、有农村户籍、在农村长期居住的农业从业人员"。

并根据上述修改将第3条第1款有关合作社原则的规定中的"成员以农民为主体"改为"成员是具有农村户籍的农业从业人员"。

4. 有限修订要限制对合作社的财政扶持

要果断限制用财政资金和项目扶持合作社发展的政策，真正将扶持合作社发展的重点转到培训和指导上来。

笔者建议删除《合作社法》第8条"国家通过财政支持、税收优惠和金融、科技、人才的扶持以及产业政策引导等措施，促进农民专业合作社的发展"中的"财政扶持"，将本条改为"国家通过税收优惠和金融、科技、人才的扶持以及产业政策引导等措施，促进农民专业合作社的发展。"

建议删除《合作社法》第49条规定的"国家支持发展农业和农村经济的建设项目，可以委托和安排有条件的有关农民专业合作社实施"。

建议修改《合作社法》第50条。将第50条规定的"中央和地方财政应当分别安排资金，支持农民专业合作社开展信息、培训、农产品质量标准与认证、农业生产基础设施建设、市场营销和技术推广等服务。对民族地区、边远地区和贫困地区的农民专业合作社和生产国家与社会急需的重要农产品的农民专业合作社给予优先扶持"修改为"中央和地方财政应当分别安排资金，建立有关培训中心和示范推广机构，支持农民合作社和合作社联合社开展信息、培训、农产品质量标准与认证、市场营销和技术推广等服务"。

仝志辉

2016 年 12 月 20 日

目　录

第三部分　法律规制的导向和作用空间

第一部分　农民合作社发展中的问题

中国农民专业合作社：数据背后的解读[*]

潘 劲[**]

一 问题的提出

自 2007 年《中华人民共和国农民专业合作社法》（以下简称《合作社法》）实施以来，农民专业合作社得到迅速发展。截至 2011 年 6 月底，在工商部门登记的农民专业合作社达 44.6 万个，入社农户达 3000 万户，约占全国农户总数的 12%。[①] 一些省（区、市）相继宣布已经消灭了合作社空白村，还有一些省（区、市）则表示要努力在一两年内消灭合作社空白村。从公开的资料不难看出，农民专业合作社已经在农村遍地开花，每十户农户就有一两户加入了合作社，农民专业合作社对促进农民增收起了很大的作用。而深入调查后会发现：农民专业合作社并未得到广大农民的认可，农民对合作社的反应很茫然和漠然；即使是在合作社有所发展的地区，仍有大量农户没有加入合作社；在已经成立的合作社中，又有相当数量的合作社不再运营；而在运营的合作社中，又有大量合作社表现出与现行规制不相符合的特质。

学界有关合作社的研究文献十分丰富，从合作社产生的理由，如可以获得规模经济、降低交易成本、减少中间环节等，[②] 到合作社运作的不同

---

　*　本文系中国社会科学院重大课题"农民专业合作社与现代农业经营组织创新研究"（课题编号：YZDA2009）的阶段性成果。本文的一些观点得益于与苑鹏研究员、杜吟棠研究员和郭红东教授的讨论，在此表示感谢。

＊＊　潘劲，中国社会科学院农村发展研究所研究员。

　①　参见《全国实有农民专业合作社 44.6 万个》，《农民日报》2011 年 8 月 10 日。

　②　See Sexton, R. J., "The Formation of Cooperatives: A Game-theoretic Approach with Implications for Cooperative Finance, Decision Making, and Stability", *American Journal of Agricultural Economics*, Vol. 68, No. 2, pp. 423–433, 1986; Staatz, J. M., *Theoretical Perspective on the Behavior of Farmers' Cooperatives*, Ph. D. dissertation, Michigan State University, 1984; Fulton, M., "The Future of Canadian Agricultural Cooperatives: A Property Rights Approach", *American Journal of Agricultural Economics*, Vol. 77, No, 5, pp. 1144–1152, 1995.

方式，① 直至合作社存在的不足，例如低效率、产权和代理问题等，② 都得到了很充分的阐述。有关中国农民专业合作社的研究文献也很丰富，以近期的研究专著为例，既有对中国农民专业合作社的理论与实践的综合性分析，③ 也有针对农民专业合作社具体问题展开的分析，例如合作社的利益机制、④ 合作社成员的异质性、⑤ 合作社的具体运作等。⑥ 有关中国农民专业合作社的研究论文更是不胜枚举。

在上述有关农民专业合作社的理论研究中，尽管有针对合作社存在问题的研究，例如合作社发展中的股份化倾向、⑦ "假合作社" 问题，⑧ 但这些研究都仅限于提出问题，指出合作社发起人的机会主义行为，并没有对其背后的深层次原因展开分析。鉴于此，本文拟从合作社的发展数据背后所隐含的问题入手，重点分析这些问题产生的原因，并在此基础上做出总结性评述。

二　数据背后的问题

翻开相关部门提供的关于近几年当地农民专业合作社发展的资料，看到的都是每年几近翻番的发展数据和令人鼓舞的个案典型；访谈的合作社

---

① See Zusman, P., "Constitutional Selection of Collective-choice Rules in a Cooperative Enterprise", *Journal of Economic Behavior and Organization*, Vol. 17, No. 3, pp. 353 – 362, 1992; Hendrikse, G. W. J. & Veerman, C. P., "Marketing Co-operatives: An Incomplete Contracting Perspective", *Journal of Agricultural Economics*, Vol. 52, No. 1, pp. 53 – 64, 2001.

② See Porter, P. K. & Scully, G. W., "Economic Efficiency in Cooperatives", *The Journal of Law and Economics*, No. 30, pp. 489 – 512, 1987; Cook, M. L., "The Future of U. S. Agriculture Cooperatives: A Neo-institutional Approach", *American Journal of Agricultural Economics*, Vol. 77, No. 5, pp. 1153 – 1159, 1995.

③ 参见张晓山、苑鹏《合作经济理论与中国农民合作社的实践》，首都经济贸易大学出版社，2009；徐旭初、黄胜忠：《走向新合作——浙江省农民专业合作社发展研究》，科学出版社，2009。

④ 参见孙亚范《农民专业合作经济组织利益机制分析》，社会科学文献出版社，2009。

⑤ 参见黄胜忠《转型时期农民专业合作社的组织行为研究：基于成员异质性的视角》，浙江大学出版社，2008。

⑥ 参见韩俊《中国农民专业合作社调查》，上海远东出版社，2007；郭红东、张若键：《中国农民专业合作社调查》，浙江大学出版社，2010。

⑦ 参见徐旭初《中国农民专业合作经济组织的制度分析》，经济科学出版社，2005。

⑧ 参见付敏《部门和资本 "下乡" 与农民专业合作组织的发展》，《经济理论与经济管理》2009 年第 7 期。

都有宽敞的接待室或会议室，室内墙上展示着不同层级政府及相关部门和组织颁发的奖状，张贴着合作社的各种规章制度，合作社章程也都明确载有民主的管理制度以及符合法律规定的分配制度；合作社负责人介绍的也主要是合作社所取得的成就及其对当地经济发展的促进作用，找来座谈的农户也都纷纷称赞合作社发展所带来的好处。而在深入调查之后，尤其是在没有当地政府工作人员陪同的情况下走进村庄、走近农户之后，我们看到的却是另一番图景。

（一）农民对合作社的茫然和漠然

许多农民没有听说过合作社，更不知合作社怎样运作，而实际上本村就有人领办了合作社；一些对合作社有所知晓的农户对加入合作社并不感兴趣，认为它起不了什么作用；还有的农户若不是笔者"按名索户"前往拜访，还不知自己是合作社成员……

（二）许多合作社没有开展活动

据东部沿海地区一个县级市的农业经济管理部门介绍，在全市 300 多家农民专业合作社中，有 10% 的合作社没有开展活动，即是通常所说的"空壳"合作社。该管理部门获得这一信息的方式是通过电话联系合作社的发起人，也就是说，是合作社的发起人自己反馈的信息。这说明，10% 还是个很保守的数据，因为很多发起人不愿承认自己的合作社是个"空壳"。据一个直辖市郊区的农经站人员介绍，在该区的 500 多家合作社中，有 50% 的合作社没有开展活动。这是他"接管这一工作后，在 3 个月的时间里一个一个摸出来"的数据。而在笔者走访的一个村，在其三家合作社中，有两家没有开展活动；另一家虽在经营，但村民却认为是"某某自己办的"，笔者也没有看到这家合作社的牌子，只是"老板娘"介绍说自己经营的是合作社。

（三）大股东控股较为普遍

在笔者调查的合作社中，许多由第一大股东占据控股地位，而且其中不乏省、市示范社。如果说笔者的调查数量有限，欠缺代表性，不妨以浙江大学 2009 年 7～9 月和 2010 年 1～2 月组织学生对全国 10 个省 29 个地（市）的农民专业合作社的调查数据为例。在所调查的 442 家合作社中，第一大股东出资额占合作社出资总额的比例平均为 29.4%，有 25% 的合作社其第一大股东的出资额所占比例超过了 30%，有的甚至达到 100%。[①]

三　成立合作社的目的及农户的选择

在农民专业合作社发展形势 "一片大好" 之下，许多农户却对合作社反应茫然和漠然，还有相当多的合作社没有开展活动，如何解释这种看似矛盾的现象？针对发展中国家农民专业合作社未能发展的现象，有西方学者指出，其根本原因是合作社的原则和价值观与这些国家的体制框架不相符;[②] 也有中国学者得出了影响比较广泛的中国农民 "善分不善合" 的结论。[③] 但如果说中国农民 "善分不善合"，又如何解释目前合作社在中国迅速发展的情况？

（一）　成立合作社：对潜在利润的追求

按照新制度经济学的理论，"如果预期收益超过预期成本，一项制度安排就会被创新"。制度创新的诱因就是行为主体期望获得 "预期收益" 超出 "预期成本" 的部分，而且这部分收益是在现有制度安排下无法获得的，即通常所说的 "外部利润" 或 "潜在利润"。可以说，对潜在利润的追求，是 "诱致人们去努力改变他们的制度安排" 的主要原因。只要这种潜在利润存在，就表明社会资源的配置没有达到最优状态，有可以改进的空间。而潜在利润的来源至少有以下几种：规模经济、外部经济内部化、分散风险、交易费用转移或降低。[④]

农民专业合作社是一种制度安排。成立合作社的过程也是新制度建立的过程。对于 "农民想从合作社寻求什么" 这一问题，Rhodes

---

① 参见郭红东、张若键编著《中国农民专业合作社调查》，浙江大学出版社，2010。

② See Attwood, D. W. & Baviskar, B. S., *Who Shares? Cooperatives and Rural Development*, Oxford University Press, 1988.

③ 参见曹锦清《黄河边的中国》，上海文艺出版社，2000。

④ 参见〔美〕戴维斯、诺思《制度变迁的理论：概念与原因》，载〔美〕科斯等《财产权利与制度变迁》，刘守英译，上海三联书店，1991。

（1983）有着比较明确的概括：第一，净的经济回报（包括惠顾返还）一直是重要的（有时候是支配性的）动因；第二，必须确保产品的销路没有问题；第三，农民可以通过合作社寻求一些抗衡力量；第四，合作社能够帮助农民维持和扩大产能。Rhodes 强调指出，净的经济收益是影响农民做出加入或退出合作社决策的关键性因素。净的经济收益就是成立合作社的预期收益。

但是，创办合作社也是有成本的，它包括合作社的组建和正常运行所需要的费用。只有净的经济收益为正，即预期收益大于预期成本，合作社的创办才有可能。对于普通农户来说，由于生产规模狭小，他们对合作社所带来的收益预期有限，而组建合作社的成本却很高，因此，普通农户很难出面组建合作社。而对于专业大户来说，由于生产规模较大，他们对合作社所带来的收益预期很高，加之长期的大规模生产使他们建立起了一定的购销渠道，积累了不少经营经验和关系网络，从而能化解合作社的组建和运行成本。这也是目前中国很多农民专业合作社由专业大户发起的原因。这一点与发达国家农民合作社的发展历程有相似之处。

实际上，发达国家的农民合作社在创立初期并非如通常人们想象的那样，是由农民自动组织起来的，例如在瑞典，合作社最初是通过一些大农场主发起并说服众多小农场主参加而建立起来的。[①] 日本农协最初也只是由中上层农民组成的。[②] 大农业生产经营者在发达国家农民合作社的初期发展中起着主导作用。

不同于发达国家的是，中国农民专业合作社在组建伊始就处于农民高度分化、工商资本大量侵入农业的背景之下，合作社成员呈现出较强的异质性：既有从事农业生产的农民，也有从事农产品经销、贩运以及其他职业的农民，同时还有从事资本化经营的工商企业。出于稳定货源、获得投资收益等目的，同时又由于拥有社会资源从而可以承担新制度创新的成本等原因，一些非生产性的农民和工商企业便牵头创办了合作社。

[①] 参见刘文璞、杜吟棠、陈胜华《合作社：农民的公司——瑞典考察报告》，《中国农村经济》1997 年第 2 期。

[②] 参见日本协同组合学会原会长白石正彦在 "2008 东亚农业合作社发展论坛（青岛）" 上的发言，2008 年 10 月 18 日。

（二）政策优惠也是一种收益

合作社作为弱者的组织，在其发展过程中始终都能得到各国政府在财政、税收等方面的支持和优惠。这种支持和优惠也可以视作一种收益，合作社的收益由此具有了多种来源。

通过规模经济、减少交易费用等形式所形成的净的经济收益，是合作社的持续性收益，其伴随合作社运作的整个过程，不妨将之称作"合作收益"。除此之外，政府以资金、实物或项目建设等形式对合作社的补助，也构成合作社收益的一部分，尽管它是非经常性的。在税收减免等优惠政策下，由于减少或免除了合作社的一部分税费支出，合作社的收益也会相应增加。本书在此将这两部分收益统称为"政策性收益"。

既然成立合作社的目的是追求潜在利润，那么，这种潜在利润就既包括合作社运行过程中的持续性收益，即合作收益，也包括非经常性的政府补助、税费减免等政策性收益。换一种说法，对政府补助和税费减免等政策性收益的追求也是合作社成立的目的之一。这就在一定程度上解释了所谓"空壳社"及"假合作社"存在的原因。

注册一个合作社的成本很低。据一位合作社发起人介绍："只要提供5个人的名单，写上出资额，签上字，就可以了。镇工商所有现成的章程，不需要验资，也不收费。"合作社章程没有关于出资额的限制，出资额可多可少。同时，出资可以是现金，也可以以实物折价。例如，笔者调查的一个合作社，在当地农业经济管理部门提供的登记表上标明的出资额为300多万元，成员有5户。在深入了解后，其实际情况是该合作社的注册出资额由5户村民的果树折股构成，有2户村民的果树各折价5万元，2户村民的果树各折价10万元，剩下的均为发起人的果树折价。据发起人介绍，"果树折价也只是我们几个人在一起商量估出来的。当时听朋友说办合作社有补助，就和几个朋友一起办了。可办了以后也没拿到补助。现在仍是各干各的，没折股"。而他的几个朋友也都以类似方式注册了合作社。

由此可以看出，该合作社发起人，包括他的朋友，没有产生任何现金支出便成立了一个合作社，可见成本之低廉。而他的预期收益——"政府补助"，无论其数额为多少，都是"净的收益"，这种"净的收益"，对于农村中头脑比较灵活的人，包括一些非农产业从业人士而言，无疑是个很大的诱惑。

公司组建合作社的目的就不只是获得政府补助了，税费减免是其组建合作社的重要推动力。找来公司的一些农民客户，做一个公司与农户的出资清单，就可以注册一个合作社。公司基本上仍以原来的方式运作，但由于挂上了合作社的牌子，就可以规避很多税费。不用花费多少成本，就可以获得较大的收益，这是许多公司纷纷注册合作社的原因。

当然，以获取政策性收益为主要目的的合作社只是少部分，多数合作社在以获取合作收益为主要目标的同时，也利用各种机会获取政策性收益。

（三）农户的选择

合作社的发展受制于很多限制性因素，例如徐旭初、孙亚范分别从商品化水平、人们对合作社的认知程度、合作社企业家缺乏等角度对此予以分析。[①] 正是诸如此类的限制性因素制约了合作社在很多地区的发展，也影响了不同地区合作社的发展水平。这也是广大农户没有加入合作社的重要原因。但是，对于同一地区相同环境下农户存在差异性选择的原因，即在合作社已有发展的地区，广大农户为什么仍然没有选择参加合作社或对合作社反应漠然，目前学界还没有给出令人信服的解释。这其中固然有农民对合作社不了解，或发起者为防止利益扩散而不接纳过多农户等原因，但同时，还有其他因素影响农户的选择。

按照戴维斯、诺思的观点，从认知制度变迁到启动制度变迁有一个过程，这个过程就是制度变迁的时滞，它包括"认知和组织""菜单选择""启动时间"等，具体来说，包括认知新制度的好处、如何在不同制度之间进行筛选、如何发起制度变迁等。[②] 辨识合作社所能带来的潜在利润，在合作社及其他组织之间进行选择和比较，宣传和发动民众加入等，都需要时间。由于存在诸如此类的时间阻滞，合作社发起人不可能在一个时点或某段时间内同时发起创立合作社，这就决定了合作社的产生是一个逐渐

[①] 参见徐旭初《中国农民专业合作经济组织的制度分析》，经济科学出版社，2005；孙亚范：《农民专业合作经济组织利益机制分析》，社会科学文献出版社，2009。

[②] 参见〔美〕戴维斯、诺思《制度变迁的理论：概念与原因》，载〔美〕科斯等《财产权利与制度变迁》，刘守英译，上海三联书店，1991。

的发展过程。同样，农户在选择加入合作社时也存在时间阻滞问题。

尽管有研究显示，入社农户所面临的农业生产及销售问题远少于未入社农户，[①] 但是，毕竟农民对发生在自己身边的制度变迁以及自己相应的行为选择有一个认知和判断的过程。预期收益如何，所付出的成本是否在自己的承受范围之内，对发起人信任与否，都在农户的考量范畴之中。据笔者调查，收益预期不明，对发起者缺乏信任，是许多农户选择不加入合作社的原因。

不同人群存在着自然禀赋的差异。这种差异不仅是客观存在的，也是主观可以感知的。资源禀赋低的农户能感知自己的劣势，从而有动机构建防范机制，以避免损失。相对于强势的合作社发起人和核心成员，农户能够感知自己在合作社中的劣势地位，这种地位使他们很难知晓合作社的具体运作情况以及收益情况。预期收益不明使农户在是否加入合作社问题上选择了观望。

对发起人信任与否也直接影响农户在是否加入合作社问题上的行为选择。即使对发起人信任，农户也不一定就选择加入合作社，因为还有其他因素的制约；但是，如果对发起人不信任，农户则会选择不加入合作社。农村这一熟人社会既是信任生成的土壤，也是不信任产生的温床。正是由于是熟人，才对其行为和个性有较多的了解，肯定的则给予信任，否定的则不予信任。合作社的发起人一般在农村比较活跃，头脑灵活，善于捕捉机会，而有些村民往往看不惯这类人，给予这类人一些负面评价，例如"油头滑脑""不靠谱"，内心深处对其存在排斥心理。农民选择不参与、不加入这类人所发起组建的合作社正是这种心理自然而然的流露。

四 合作社的本质属性

对于合作社的本质属性，各国乃至各思想流派都有其不同的表述。有的侧重于它的企业属性，有的侧重于它的联盟特点。但是，各种表述都具

---

① 在"第四届农业政策与实践研讨会——'农民专业合作组织发展与制度建设'理论研讨会"上，与会代表对该问题进行了较详细的阐述。参见李玉勤《"农民专业合作组织发展与制度建设研讨会"综述》，《农业经济问题》2008年第2期。

有以下共同特征：合作社是一种经济行为；合作社满足的是成员的共同需要；合作社是由成员所有和控制的。如果依此来审视当下的中国农民专业合作社，会发现很多值得人们深思的问题。

（一）合作社原则：最后坚守什么？

合作社原则①是合作社的行动指南，是合作社的本质体现。在合作社160多年的发展历程中，合作社原则也历经变迁，具体表述也有不同，但其核心内涵始终没有改变，那就是：成员民主控制；盈余按交易额返还；资本报酬有限。《合作社法》列明了中国农民专业合作社应当遵循的原则：成员以农民为主体；以服务成员为宗旨，谋求全体成员的共同利益；入社自愿，退社自由；成员地位平等，实行民主管理；盈余主要按照成员与农民专业合作社的交易量（额）比例返还。应当说，《合作社法》所列明的五项原则基本上反映了合作社的内涵。

然而，现实中的中国农民专业合作社却使许多学者和从事合作社管理的实际工作者陷入纠结之中：绝大多数合作社的盈余以按股分配为主；许多合作社没有按交易额比例返还盈余，即使有，也只是"意思"一下，以应付有关部门的评估考核；民主管理流于形式，"民主议决"成了"通告议决结果"，大家举手通过；大股东控股普遍，单个成员持股超过百分之八九十的并不是特例；等等。

面对如此现状，一些学者也由对合作社原则的坚守转变为对现状的默认，这是对现实的无奈，还是与时俱进？

合作社原则，最后还能坚守什么？百分之八九十的股权掌控在单个成员手中，在这样的合作社中，还能有真正的民主吗？如果说合作社是低成本运作，没有多少盈余，从而不能按交易额比例返还盈余，人们对此还可以理解；那么，没有按交易额比例返还的盈余，却有按股分配的利润，这利润又是从何而来？如果合作社盈余全部按股分红，与交易额没有任何关联，那合作社又与投资者所有的企业有何区别？

---

① 对于合作社原则，不同国家、不同组织都有不同的表述，但具权威性、在国际上通行的是国际合作社联盟所提出的合作社原则，尽管对这一原则也存在质疑之声。

（二）合作社的产权及相关问题

合作社由成员所有并控制。成员通过投资入股，形成合作社产权。正如美国学者菲吕博腾等所指出的，"产权不是指人与物之间的关系，而是指由物的存在及关于它们的使用所引起的人们之间相互认可的行为关系，是一系列用来确定每个人相对于稀缺资源使用时的地位的经济和社会关系"①。产权的形成方式和结构决定了成员在合作社中的地位和相互关系：成员共同分享合作社的产权（所有权）和控制权。成员地位平等、民主管理是合作社的一大特征，而大体均等的股权结构是实现民主管理的基础。

当然，股权相差多少才属于大体均等，这是个见仁见智的问题。由于成员的异质性在不断增强，成员持股比例的差距也在拉大。但是，有一点是确定的，过于悬殊的持股比例，甚至单个成员的持股比例超过百分之八九十，则远超出了人们对"大体均等"的认知底线。2005 年实施的《浙江省农民专业合作社组织条例》规定，单个成员的股金最多不得超过股金总额的 20%，这反映了该条例制定者的认知标准。在这一条例实施后，浙江省开展了合作社的规范化活动，一些合作社通过调整大股东股份，相应增加了合作社普通成员的持股比重。

但是，由于《合作社法》并没有限定单个成员的持股比例，这就使悬殊的持股比例差距脱离了法律的控制。尽管《合作社法》规定，出资额较多的成员按照章程规定可以享有附加表决权，附加表决权总票数不得超过本社成员基本表决权总票数的 20%，但是，大股东并不满足于这 20% 的表决权，他要全面控制合作社。在大股东持有合作社绝大部分股份的情况下，普通成员也会默认持大股者有更多的表决权和话语权，这就形成了事实上的大股东而非成员共同控制合作社的局面。大股东控制合作社，其最终目的是要使合作社的剩余以有利于自己的方式分配。

在成员同质性较强的合作社中，成员同为生产者，所持股份也大体相当，限制资本报酬、按交易额比例返还盈余尚可以被大多数成员接受。

---

① 〔美〕菲吕博腾、配杰威齐：《产权与经济理论：近期文献的一个综述》，载〔美〕科斯等《财产权利与制度变迁》，刘守英译，上海三联书店，1991。

而在成员异质性较强的合作社中，由于既有生产者，又有非生产者即纯投资者，盈余按交易额比例分配这一原则则会受到挑战。如果持大股者同时又是生产大户，其经营规模远超过其他成员，是合作收益的最大受益者，那么，大股东也许可以接受盈余主要按交易额比例返还的分配方式；而如果大股东是非生产者成员①或其生产规模并不很大，在大股东的控制下，合作社就不可能做出有利于普通生产者成员的盈余分配决策，按股分红就将是合作社的首选盈余分配方式。出于应付有关部门评估考核的需要，他们会在利润中拿出一小部分作为盈余按交易额比例返还。可以说，在这些合作社中，按交易额比例返还盈余仅仅是作为应付检查从而获得政策性收益所必须付出的成本。

其实，大股东的股金分红也不能完全看作股金报酬，其中也包含一部分人力资本报酬。大股东一般都是合作社的主要管理者，许多大股东在合作社中并不取酬，其收入均包括在一年一度的分红之中。这也就不难理解这样一种现象：合作社主要管理人员基本上都是持股比重较高者；主要管理人员之间持股比重相差不大，从而其年终分红也大体相当——因为大家也都付出了大体相当的人力资本。在管理人员少尤其是只靠一人运转的合作社中，管理人员往往在合作社股金中持大股。只有通过股权占有的绝对优势，他才能获得高于普通成员的收入，从而使收入与其所付出的人力资本相匹配。因此，按股分红，大股东享有较高的投资回报，这种分配方式有一定的合理性。

但是，在合作社这一有着特殊内涵的组织中，股权差额应有个限度。针对一些合作社规定单个成员的股金不得超过股金总额的20%的原则，曾有国外学者在考察时提出，是否四五个股东就可以在合作社处于绝对控股地位？② 而在大股东的股金超过总股金的绝大部分、盈余主要按股分红的合作社，就不是几个成员控股的问题了，而是一个成员就控制了合作社的绝大部分股份。这样的"合作社"，也就很难称得上是合作社了。

① 在合作社中，大股东是非生产者成员的情况很普遍。大股东既包括个人，也包括公司等法人。
② 参见张晓山、苑鹏《合作经济理论与中国农民合作社的实践》，首都经济贸易大学出版社，2009。

（三）合作社的成员边界

合作社是归成员所有并为成员服务的。农户通过入股成为合作社的所有者，同时也成为合作社成员，并有权利获得合作社提供的服务。投资入股是合作社成员身份的重要标志。

不过，中国农民专业合作社的成员边界很模糊，不同合作社有不同的成员边界。有的以投资入股为标志，有的以在登记机关注册为标志，有的以与合作社发生交易为标志。与此相对应，合作社中也就有了持股成员、注册成员和交易成员。

为什么农民专业合作社存在很多未入股成员？据笔者调查，主要原因有以下几点。第一，协会转制。《合作社法》颁布后，许多农民专业协会转变为农民专业合作社。然而，它们尽管挂上了合作社的牌子，但仍在以协会的方式运作，成员与原来的会员没有什么区别。第二，防止利益分散。一些合作社发起人和核心成员为了掌控合作社的话语权，使自身利益最大化，不愿将股份配置给普通农户。第三，规避风险。一些农户对合作社的预期收益不明，不愿入股，不愿承担风险，但又想获得合作社提供的服务。第四，一些农户"被成员"。有关这一点，笔者将在后文详述。

《合作社法》并没有规定合作社成员一定要出资。出资与否、出资多少以及如何出资，均由合作社章程规定。《合作社法》只要求合作社"置备成员名册，并报登记机关"。由于成员边界模糊，合作社成员的数量具有很大的不确定性。在《合作社法》开始实施的一两年内，有大量合作社登记注册。按照要求，在登记部门注册的成员名册要载明成员的姓名、公民身份证号和住所，同时要提供成员的身份证明。由于工作烦琐，一些登记管理部门为了减轻工作量，在保证持股成员全部注册的前提下，要求合作社尽量减少非持股成员的注册数量，从而形成了持股成员少于注册成员、注册成员少于交易成员的局面。近两年，由于国家对合作社的扶持力度加大，为了达到扶持标准或增加考核的权重，合作社出现了一种扩张成员的趋势，交易成员的数量不断增加，从而出现成员泛化的现象。例如，一个直辖市郊区的《农民专业合作社规范化管理评价标准体系》列明：成员在 50 户以上得 2 分，每增加 50 户加 0.5 分；培训成员 100 人次以上得 2 分，每增加 50 人次加 0.5 分。按照这一考核标准，成员每增加 50 户，合作社就可以至少多得 1 分，如果增加培训人次数（这一指标很有弹性），则加分更高。在其他考核指标既定的情况下，增加分值就可以增大胜出概率。这样一来，合作社就有了扩张成员的动力，会通过各种手段将与自己进行交易甚至没有交易的农户变为合作社成员，从而出现许多农户"被成员"的现象——农户自己都不知道自己是合作社成员。

在成员边界问题上，合作社往往存在两套标准：在寻求政府资助、争取项目以及应付各种考核时，合作社会尽可能扩展自己的成员边界，以获得"带动农户数"的高评分，这样，但凡与其交易的农户都成了合作社成员；而在涉及成员权益方面，例如在分享盈余以及政府补助量化时，其又尽可能缩小成员边界，往往以持股成员或核心成员甚至少数发起人为基数，以减少利益外溢。

《合作社法》规定，合作社盈余主要按与成员的交易额比例返还，国家财政补助形成的财产要平均量化给成员。而在许多合作社，盈余只分配给持股成员，政府财政补助也按成员的持股比例量化，甚至被变相转变为发起人的个人财产，非持股成员并没有分享到合作社盈余和政策性收益。

五　总结性评述

通过上述对农民专业合作社发展数据背后所隐含的问题的解析，我们可以得出以下观点。

（一）对合作社的发展数据应有理性判断，不要放大合作社对农民的实际带动能力

农民专业合作社在促进农户增收方面的确起到了很大作用，尤其在合作社比较发达的地区，这种作用尤为明显。但是，也应该看到，在合作社的发展数据背后，还隐含着很多问题。例如，人们可能提出疑问：在 40 多万家合作社中，有多少没有开展活动？在开展活动的合作社中，有多少是由广大成员分享收益？在 3000 多万个合作社成员中，有多少属于没有开展活动的合作社的成员？又有多少属于泛化的成员或"被成员"？

出于对潜在利润的追求，合作社得以产生；而由于种种原因，一些合

作社处于停滞状态；同时又有新的合作社不断产生，还有合作社不断做大做强。以上种种，都符合组织的演进规律。但是，如果仅从合作社的数量、资金规模以及带动农户数等数据单方面解析合作社的发展情况，而忽略有相当数量的合作社处于停滞状态，又有相当数量的合作社没有惠及全体成员，还有相当数量的成员被泛化等现象，那么，合作社的真实发展状况就会被误读，而在此基础上制定的政策也就难以取得预期效果。因此，应对合作社的发展数据进行理性判断，不要放大合作社对农民的实际带动能力。

（二）激励与监管并重的合作社发展政策，才能取得政策的正效应

以政府补助、项目支持等为内容的激励型合作社发展政策固然可以在短期内见效，但是，由于疏于监管，各种不合规范的合作社也大量产生。这就陷入了一个悖论：政府希望通过合作社将农户带动起来，实现农民增收；而现实中，许多合作社由资本所有者和农村的精英群体主导，合作剩余和政策性收益并未被广大成员分享。当然，对于一些以合作社之名获取政策性收益的行为也不必过于苛责，善于利用政策捕捉获利机会也是一种理性选择。政府需要做的是完善政策体系，减少直至杜绝出现政策的这种负效应。这就需要制定激励与监管并重的合作社发展政策，以激励促发展，以监管促规范，使合作社在符合法律规定的框架下运作，实现政策的正效应：对于不符合法规要求的合作社，要责其整改，否则就取消其政策优惠；对于未按要求使用或未按成员人均量化的政府补助款，应督促合作社按要求使用和按成员人均量化，否则可以收回。这样，才能使合作剩余和政策性收益惠及广大合作社成员。

（三）持有股份是成员身份的重要标志，也是成员行使民主权利的基础

合作社由成员所有并控制。农户成为合作社所有者的前提是投资入股，获得使用合作社服务的资格，从而实现所有者与使用者的身份统一。一个单纯的享受合作社服务的使用者，称不上是真正意义上的合作社成员，而只是合作社的顾客，最多是在以潜在成员的身份与合作社发生交

易。如果将所有使用合作社服务的农户都视作合作社成员，那也就无成员交易与非成员交易之别了。《合作社法》规定，合作社成员以其出资额对合作社承担责任。没有出资也就无法承担合作社的责任，从而也就失去了成为合作社成员的资格。当然，在没有成员出资的合作社中，按照章程规定，可以不要求成员入股，但这必须以全体成员的统一约定为前提，而不能是部分成员出资，部分成员不出资。

实际上，许多未入股农户并未将自己视为合作社成员，也没有奢望分享合作剩余，他们仅以普通顾客的身份与合作社交易。合作社发起人出于规模扩张、获取政策性收益等目的，才把这些农户纳入合作社成员范围。当然，合作社发起人这样的行为也无可厚非。但是，既然将其视作合作社成员，并以这些成员为基数争取到政府补助，就应该让这些成员享受到应有的权利。

因此，我们应该创造条件实现潜在成员持股，使其能在使用合作社服务的同时，承担起对合作社的责任，成为真正意义上的合作社成员。具体来说，可以通过以下方式促成潜在成员持股。其一，通过惠顾返还金留存的方式形成成员股金。惠顾返还金并非一定要以现金形式返还给成员，也可以全部或部分留存在合作社形成成员股金。其二，加强对合作社扶持资金的监管，形成财产的部分要严格按法律规定，平均量化给每个成员，使广大成员分享到政策性收益。

通过惠顾返还金留存和补助金量化形成成员股份，具有重要意义：首先，在合作社拥有一份股权，便能获得相应的年终分红和公积金量化份额，尽管起初数额很小，但可以改变农户对合作社"事不关己"的心态，激励他们关注和参与合作社事务；其次，可以稀释大资本对合作社的控制力，缓解悬殊的股权差距；最后，同时也是最重要的，拥有合作社股权也就成为合作社的所有者，从而有权力参与合作社的管理，并监督合作社在政府规制下运作，这就在投资者导向型合作社中为生产者成员增添了一份抗衡的力量。

（四）合作社的未来走向将取决于政府导向和合作社相关主体间的利益博弈

合作社的未来走向首先取决于政府导向。政府导向包括政府规制、政府的支持与监管等。《合作社法》《农民专业合作社登记管理条例》等有关合作社发展的法规相继颁布实施，对合作社从组建到运作都做了规制，政府也不断加大了对合作社的扶持力度。目前存在的主要问题是监管缺失，致使广大合作社成员没有分享到合作剩余和政策性收益。正如前文所分析的，政府希望通过合作社将农村中的弱势群体即小农户带动起来；而现实中的大多数合作社由农村中的强势群体所主导，小农户受益有限。是严格规制、加强监管，使广大生产者成员分享收益，还是维持现状，保护资本所有者的积极性？在这一问题上，政府的政策比较游移。因此，能否制定激励与监管并重的合作社发展政策，将直接影响合作社的未来走向。

同时，合作社相关主体间的利益博弈也影响合作社的未来发展格局。合作社发起者或资本所有者与生产者成员在有关合作社发展方面存在着不同的价值取向。合作社发起者发起组建合作社的目的就是要获取利益，他们之所以选择合作社而没有选择其他组织形式，主要是由于合作社能给他们带来更大的收益：既可以获得合作收益，又可以获得政策性收益。但是，作为资本所有者，发起者有最大化资本收益的本能。如果政府政策游移、监管不力，或政策性收益减少或中止，他就有可能突破政府规制，使合作社向资本所有者尤其是少数发起人和核心成员倾斜；而如果政府加大扶持和监管力度，惩戒违规行为，他们就会使合作社在政府规制范围内运作，向生产者成员倾斜。

相对于强势的合作社发起者或资本所有者而言，生产者成员在合作社中处于弱势地位，缺少对合作社的参与，缺少话语权。但是，也应该看到，成员对合作社的参与也有一个由懵懂到觉醒的过程。在加入合作社之前，可能由于不了解、不信任，农民对合作社有一种不闻、不问、不参与的心理；当他们感觉加入合作社可以解决产品销路问题时，便随大溜儿加入，但并没有过多考虑产品销售之后的事情；随着与合作社交易次数的增多，尤其是随着对合作社知识的更多了解以及成员意识的增强，他们开始更多地关注合作社的运作、财务状况以及盈余分配等问题；进一步地，随着对相关法律知识的了解和维权意识的增长，生产者成员与资本所有者的谈判能力增强，从而能够参与到分割利润的博弈之中，为自己争得法律赋予的应得利益，促使合作社按照法律规定或力量不断增强的生产者成员的意愿分配盈余。目前，在浙江省的一些地区，已经有成员向有关部门投诉合作社发起人，追讨应该分给自己的盈余返还和政府补助的量化份额。

随着规模的扩大和专有资产的不断增多，合作社对成员的稳定惠顾更为依赖。成员退出，选择与其他组织交易，或者另起炉灶组建新的合作社，都会对现有合作社构成重大威胁。这些都可以促使合作社的利益天平由向投资者偏斜转为向惠顾者偏斜。

当然，成员力量的增长要以政府的政策导向持续倾向于生产者成员为前提，同时也取决于资本所有者是否愿意在政府规制下等待生产者成员民主参与意识的觉醒，从而使其积蓄力量与自己分庭抗礼。

参考文献

［1］ Sexton，R. J.，"Imperfect Competition in Agricultural Markets and the Role of Cooperatives：A Spatial Analysis"，*American Journal of Agricultural Economics*，Vol. 72，No. 3，pp. 709 - 720，1990.

［2］ Rhodes，V. J.，"The Large Agricultural Cooperative as a Competitor"，*American Journal of Agricultural Economics*，Vol. 65，No. 5，pp. 1090 - 1095，1983.

［3］ 刘文璞、杜吟棠、陈胜华：《合作社：农民的公司——瑞典考察报告》，《中国农村经济》1997 年第 2 期。

（本文原载于《中国农村观察》2011 年第 10 期）

农民专业合作社的发展趋势探析

张晓山 *

2006 年 10 月 31 日全国人大常委会通过了《农民专业合作社法》，该法于 2007 年 7 月 1 日起实施。从此，中国农民的合作社第一次有了合法身份，能够作为市场主体之一与其他类型的经济实体在市场上进行交易，开展经济活动。但法律颁布一年多来，农民专业合作社的发展呈现什么样的特点，未来的走势又将如何？本文试图通过一些具体的案例来做一些探讨。

一 背景——中国农民专业合作社的发展现状

（一）《农民专业合作社法》颁布和实施后，农民专业合作社的总体发展呈现加速态势

目前农民专业合作社的总体发展呈现加速态势，覆盖乡村、农户的范围不断扩大。来自农业部农业经营管理总站的最新统计数据显示，全国农民专业合作经济组织已经超过 15 万家，农户成员 3486 万户，占全国农户总数的 13.8%。但 2008 年 6 月底，全国依法登记并领取法人营业执照的农民专业合作社有 58072 家，入社成员 771850 人（户），仅占所统计的农民专业合作经济组织的农户成员总数的 2.2%。由于合作社登记注册时需要提供每个成员的身份证复印件、全体出资成员签名、盖章的出资清单，因而在登记注册的合作社中形成了大量的隐形社员，全国平均每个合作社登记的成员仅 13 人。登记注册的相当一部分合作社是由公司领办或大户领办，绝大多数合作社没有建立起成员账户制度。

---

* 张晓山，中国社会科学院学部委员，中国社会科学院农村发展研究所研究员。

（二）十七届三中全会后，农民专业合作社的地位和作用越来越受到重视

党的十七届三中全会的《决定》着重提到要"按照服务农民、进退自由、权利平等、管理民主的要求，扶持农民专业合作社加快发展，使之成为引领农民参与国内外市场竞争的现代农业经营组织"。中央的文件将农民专业合作社的地位和作用提到了前所未有的高度，地方政府也越来越重视农民专业合作社的发展，一系列优惠政策正在落实，同时合作社担负的功能也逐渐增多。在中国农业和农村未来的发展与改革上，许多方面的问题都与合作社的发展紧密相关。

在保障中国粮食安全的问题上，《农民专业合作社法》的第50条规定，对"生产国家与社会急需的重要农产品的农民专业合作社给予优先扶持"。现在一些地方正采取措施鼓励和支持种粮农民兴办粮食专业合作社。

在农村土地承包经营权的流转问题上，党的十七届三中全会《决定》提出："在明确现有土地承包关系要保持稳定并长久不变的同时，按照依法自愿有偿原则，允许农民以转包、出租、互换、转让、股份合作等形式流转土地承包经营权，发展多种形式的适度规模经营。"目前，以土地入股发展农民专业合作社的试验正在一些地方进行。

中国农村金融改革的难点之一是农民所拥有、为农民提供金融服务的正规的农民合作金融组织很难发展起来。没有合作金融的支持，中国的农民专业合作社也很难发展壮大。党的十七届三中全会《决定》提出，"允许有条件的农民专业合作社开展信用合作"。

合作社的功能越多，享有的政策优惠越多，各个利益相关方就越有积极性来建立、利用和发展合作社这个平台。但同时，合作社在发展中又暴露出种种不规范的问题。在实地调查中发现的种种问题会使我们发问：这样发展的合作社是我们所期望的合作社吗？应该说，农村改革发展中暴露出来的问题也同样体现在合作社的发展中，中国农民专业合作社创立和发展的实践必然会丰富有关合作社的政策，促进相关法律的完善，正在发展的合作社也将不断面临挑战。

二　农业现代化的发展模式——农民专业合作社现阶段的发展特点是中国农业现代化发展道路和发展模式的具体体现

推进现代农业建设，符合世界农业发展的一般规律，但世界各国所走过的农业现代化道路与各自国家的历史背景、具体国情和社会形态密切相关。发展现代农业必然涉及要走什么样的农业现代化道路和采取什么样的发展模式的问题。不同的农业现代化道路和不同的农业发展模式必然在农业上有不同的制度安排和组织架构。

概括地讲，发展现代农业有两种不同的思路和模式选择。

一种思路是：发展现代农业，要尊重和保护农民的土地承包经营权，在家庭承包经营的基础上，鼓励土地向专业农户集中、发展规模经营和集约经营，使他们成为发展现代农业的主体、主力军。江泽民同志 1998 年在安徽考察工作时的一段讲话是这种思路的最好诠释："实践看，家庭经营再加上社会化服务，能够容纳不同水平的农业生产力，既适应传统农业，也适应现代农业，具有广泛的适应性和旺盛的生命力，不存在生产力水平提高以后就要改变家庭承包经营的问题。"[①] 10 年之后，党的十七届三中全会《决定》提出"两个转变"，即"家庭经营要向采用先进科技和生产手段的方向转变，增加技术、资本等生产要素投入，着力提高集约化水平；统一经营要向发展农户联合与合作，形成多元化、多层次、多形式经营服务体系的方向转变"。一些学者认为这是对邓小平同志讲的"两个飞跃"和江泽民同志讲的"家庭经营加社会化服务"的具体诠释和发展。

但在发展现代农业时，长期以来也存在另一种思路和做法：主张走西方国家的农业现代化道路，即农业资本主义化的历程。

西方各国发展现代农业的道路虽然不同，但无论是英国大地主阶级通过"圈地运动"建立的大地主土地所有制基础上的资本主义大租佃农场，还是德国保留封建残余的农业资本主义的"普鲁士式道路"，或是通过小农经济的两极分化产生出资本主义农业的"美国式道路"，都是通过对小农的剥夺，在农业中形成和奠定了资本主义的生产关系。资本主义生产方

---

① 中共中央政策研究室农村组、中国农村杂志社编《江总书记视察农村》，中国农业出版社，1998。

式"在农业中，它是以农业劳动者的土地被剥夺，以及农业劳动者从属于一个为利润而经营农业的资本家为前提"①，在这个过程中形成了3个并存的而又互相对立的阶级——雇工（实际的耕作者）、作为租地农场主的资本家、土地所有者。

在中国农业现代化道路的讨论和实践中，一些观点和做法也在不同程度上显现出西方农业现代化道路的印痕。如有人认为，中国发展现代农业的主体应当是企业，要形成一大批大规模从事农业生产的农业企业。在一些地方，大公司进入农业，连片开发，"反租倒包"，取得大片农地的使用权，直接雇工从事规模化的农业生产。与工商企业进入农业、大规模租赁农户承包地相联系的是从事农业的主要方式由家庭经营转为雇用工人，有些地方也提出"大力培育和发展农业产业化经营主体，鼓励和支持农民向农业产业工人转变"。但不同的是，在中国，农村集体是土地的所有者，而集体的成员——承包经营的农户，一方面拥有土地的承包经营权，另一方面他们中的一部分又可能成为雇工。

在中国农业现代化的进程中，我们在各地看到的往往是社会主义初级阶段的一种混合型、多样化的新模式，走的是一条兼容性较强的道路。农业现代化的主要形态如下：一是出现对家庭经营的扩展和延伸，通过各种形式的土地承包经营权流转，专业种植、养殖和营销大户开展规模经营；二是当地的公司或合伙企业，或本地的外出创业的企业家回到地方上承包经营和进行产业化经营；三是工商外来资本或大企业进入农业，连片开发，反租倒包。这样的农业现代化发展模式必然影响农村土地制度变革的方向及乡村治理结构的演进，同时也影响农民专业合作社的发展和现状。

但这样的农业现代化发展模式能否持续和长久，我们从经济基础和政策选择两个方面提出两个有待验证的判断。第一，在保持农村土地集体所有制、赋予农民更加充分而有保障的土地承包经营权、现有土地承包关系要保持稳定并长久不变的基本制度框架内，中国农业将呈现大量小规模兼业农户与少数专业农户长期并存，市场化、商品化和专业化的农业与口粮农业长期并存的局面。第二，中共中央2001年18号文件中提出，"不提倡

---

① 《马克思恩格斯选集》第2卷，人民出版社，1995，第538页。

工商企业长时间、大面积租赁和经营农户承包地"，而党的十七届三中全会《决定》审慎地提出，"鼓励龙头企业与农民建立紧密型利益联结机制"，"有条件的地方可以发展专业大户、家庭农场、农民专业合作社等规模经营主体"，文件也没有具体涉及公司进入农业及承包农民土地的问题。可以认为，在农村土地承包经营权流转、发展适度规模经营的问题上，决策层将继续保持现行的较有弹性的、软约束的政策举措。

如果上述两个有待验证的判断能够成立的话，多样化、混合型的农业现代化发展模式和经营形态在中国农村将长期存在，作为其重要载体的农民专业合作社也将长期呈现异质性和多样性的特点。我们下面对农民专业合作社的分析就将在这两个判断所支撑的中国农业现代化的框架中进行。

三　大户领办和控制的合作社在一些地区已成为合作社的主要形式

在现已登记注册的合作社中，大户领办的合作社往往成为主要形式。安徽芜湖市已经注册的 136 个专业合作社中，农村能人（大户）兴办型的为 125 个，涉农部门领办型的为 4 个，龙头企业带动型的有 5 个，村级组织领办型的有 2 个。从合作组织的发起人来看，有家族牵头，有种植、养殖或营销专业大户牵头，也有几个人合伙发起的。还应指出，合作社中大户领办和企业领办在界限上很难划清，许多所谓的龙头企业往往就是当地大户自己牵头搞起的小公司或合伙企业。

长期以来，在全国各地农村一直就有大户领办、控股人主导的合作社存在。但从这些合作社具有合作性质的多少来看，它们并不是同质性的。有冠以合作社名称，但实际上是大股东控股型、家族型的经济组织，有多少具有合作社性质的经济组织，也有少数较为规范的合作社。

案例 1：

2002 年，笔者曾经考察过山东省某生猪运销合作社，从该合作社填写的问卷情况看，这是一个相当规范的合作社。该合作社成立于 1999 年 4 月，注册为股份合作制企业，注册资本为 80 万元人民币，合作社章程经社员大会通过，由民主选举（一人一票）产生理事会和监事会。合作社有 356 个股东社员，400 个工人，盈余 50% 按股分红，25% 按照劳动贡献分红，10% 留作公积金，10% 留作公益金，5% 为对工人的奖励。

在实地调查中了解到，这个合作社理事会由 6 人组成，包括理事长，他的大儿子（负责经营管理），二儿子（负责外联），他的叔伯弟弟（负责质量检测），他的弟弟（负责财务），理事会中唯一的外人是镇供销社主任，他平常并不出席理事会议，理事长向镇供销社租了 4 亩地，每年支付租金 4000 元，这位供销社理事的任务就是保证租金的收取。合作社只有家族的 5 个人入股，他们对合作社的两辆卡车、设备和建筑物等拥有同等所有权。理事长以个人名义从银行贷款 40 万元，贷款利息和本金从每年利润中偿还。

合作社联系 230 多个运猪户，他们每人缴 1 万元给合作社作为风险抵押，合作社年底支付他们 10% 的利息，运猪户用三轮摩托为合作社运猪，每运 1 头猪，合作社支付 5 元钱。

合作社联系约 200 个经纪人，他们同样每人缴 1 万元风险抵押金，每为合作社介绍 1 头猪，得 5 元钱。

合作社还联系约 600 个养猪户，合作社以优惠价格（每斤比市场价低 1 毛）为他们引入 100 斤重的杂交猪，提供统一的防疫和饲料供应，当生猪长到 200 斤以上时，合作社再收购回来，每斤比市场价高 2 毛，养猪户每头猪可得 250～260 元纯利。

从这个案例可以看出，这个合作社实际上是一个家族的合伙企业，通过合作社这个平台，获取稳定的货源、运输和销售渠道，最终实现多赢的格局，但它与规范的合作社仍相距甚远。

案例 2：

笔者在 2009 年 2 月的实地考察中了解到，湖北省某苗木专业合作社 2008 年 8 月在工商局注册，有 600 多名社员，他们共拥有 2000 多亩苗木，现在发展到 2000 多名社员，拥有 8000 多亩苗木。但经过进一步调查了解到，这个合作社有 5 个发起人，也只有这 5 人用苗木折价和现金入股：4 人是理事，其中 3 人分别拥有苗木约 300 亩，第 4 人负责营销，有苗木 80 多亩；监事 1 人，是村党支部书记，有苗木 100 多亩；其余的社员并没有股份。这 5 人算是紧密型社员，其余人算是松散型社员。

案例 3：

湖北省京山县永兴镇峥嵘农庄种植专业合作社，合作社的发起人和理事长刘若峥，是河南农业大学种植业专业大专毕业生，2003 年来到湖北承包耕地，后组建合作社，2008 年 4 月 3 日在工商部门进行了注册登记。该合作社现有社员 212 户，分布在 4 个乡镇 18 个村，他们共承包农地 13487 亩，根据区域合作社社员构成情况选出 27 个理事。社员不缴股金也不交会费；合作社的主要业务是生产资料的团购，社员先按照市场价支付给合作社，合作社最后按照交易量的差额返利。

从决策机制、剩余分配、财务管理等几方面看，这是一个较为规范的合作社。但这个合作社的特点之一是大户占主导地位。最初发起时是 5 个社员，刘若峥是第一大户，承包耕地 1290 亩，有一个社员是农技师，另外 3 个社员承包耕地共 900 亩。当时规定的入社门槛是承包农地 50 亩以上。此后，到 2008 年 7 月，合作社决定取消门槛，入社人数剧增，后来不得不暂停入社，现在保留在 212 户的水平上。合作社中第二大户承包 480 亩，第三大户承包 380 亩，承包 300 亩以上的有 10 多个，200 亩以上的有 7 个，都是刘若峥的河南老乡，来湖北转包土地。承包 50 亩以下的有 100 多户，都是取消限制后入社的。据统计，43 户河南籍社员承包的农地占社员承包农地面积的 60% 左右，169 户本地人承包的农地仅占 40% 左右。

通过刘若峥的案例可以看出，与大户领办和主导合作社密切相关的一个问题就是入社的门槛。笔者 2004 年在浙江调研农民专业合作社时曾发现，"农产品的专业合作社主要是以从事该种农产品生产为主业的达到一定生产规模和商品量的专业农户的联合，这种组织形式并不欢迎小规模的以农业为副业的兼业农户。"[①] 但这是否仅是发达地区合作社的特点呢？在

① 张晓山：《促进以农产品生产专业户为主体的合作社的发展——从浙江农民专业合作社的兴起再看中国农业基本经营制度的走向》，《中国农村经济》2004 年第 11 期。

此后的调研中发现，吉林省某农民生猪养殖合作社，2001 年 8 月组建，当时 8 户社员，养 516 头猪，理事长养 150 头，最少的社员养 30 头。到 2004 年合作社已发展到 36 户社员，还有 200 多户想参加。入社条件一是有介绍人，二是养猪要达到 50 头以上。据四川省社科院农经所科研人员的调查，四川某养猪协会根据生猪出栏头数将大户作为核心会员，他们比普通会员能获得更多的技术培训机会。某林竹协会目前只吸纳林竹大户。某茶叶协会虽遵循茶农自愿入会的原则，但也有种茶 3 亩以上才能入会的标准。此次调研的结论是：协会运作中有明显忽视中小农户（尤其是小农户）的趋向；协会的发展有追逐大规模的倾向。

在国外，玻利维亚的赛伯可可生产合作社联合会，36 家可可合作社的成员资格总体来说包括以下条件，成员至少 5 年是该地区的居民，至少种植有 1 公顷可可，新成员必须支付合作社 200～800 美元作为入会费。

西欧的一家豌豆公司（HFD）是单一目标的合作社协会，由一个县的 17 个农民发起成立，后来发展到 20 个成员，他们都做出了长期的承诺，要种植一定面积的豌豆。①

尽管合作社的普遍原则有一条是入社自愿，但国内外的一些农民专业合作社又都为入社社员设定门槛，其中有什么规律可循呢？这种现象从理论和实践上都可回溯到美国的合作社活动家和律师艾伦·萨皮罗（Aaron Sapiro，1884～1959）所倡导的"合法的垄断"。萨皮罗在 20 世纪 20 年代提出了一个计划（加利福尼亚计划或萨皮罗计划），要点是由合作社来控制某种农作物的较大销售比例，使其在市场上成为支配因素，达到合法垄断的目的，即试图通过发展销售合作社，消除中间商和批发商的环节，来加强农场主的谈判地位。1925 年，这一计划在美国已经有了 89 万成员，萨皮罗因而被称为"走在时代前面的人"。

萨皮罗的思想中有两点特别值得我们注意。第一，与合作社签署长期的、带强制性条款合同的入社农户应达到相当的比例。他认为：合同期长，才能使合作社的销售功能逐渐完善；签约人多，且承担义务向合作社

---

① Diana Carney, "The Role of Farmers Organizations in Facilitating the Up-Take of Improved Technologies by Farmers", *Sino-European Seminar on Farmers Technical Association*, Handan, China, pp. 27 – 31.

交售全部农产品，合法垄断才有可能实现。第二，成员应将产品全部或按照一定数量交售到合作社，并且要求成员必须种植一定数量或额度的产品。①

如果合法的垄断能促进农民专业合作社的发展并加强它们在市场竞争中的地位，社员显然就应具有较高的专业化程度和较大的种植、养殖或营销规模。中国农民专业合作社目前的发展呈现出异质性、多样化的特点，但就专业农户组成的单个合作社而言，又必须具有高度的同质性才有生命力。在这样的合作社中大户领办占据主导地位也就成为一种必然趋势，但这就必然排斥农村中相对弱势的小规模兼业农户。一位英国的合作社研究者考察了沿海某地的农民合作社后，得出结论，"合作经济的改革有利于更具有企业家特性和境遇较好的农民来寻求新的市场机会，但创造一种机制来保护甚至增进贫苦农民的利益已被证明是越发困难了"②。

从现实情况看，没有大农（专业大户）的加入，没有合作社中的企业家，就不可能有成功的合作社。目前，发展好的专业合作社，往往是大户主导，设立门槛，排斥小农。如果我们的基本判断能够成立，即当今中国农村将长期保持少数专业种植、养殖和营销专业户和大量的小规模兼业农户并存的格局，那么在鼓励和扶持农村专业大户和技术能手成立合作社的同时，能否在合作社内部的大户社员和普通小农户社员之间建立一个合理的利益联结机制？这些大户及他们发起组织的协会或合作社能否起示范效应和带动效应，把他们的技能、知识、管理和市场渠道扩散给其他的群众，尤其是村里的弱势群体，是否能建立一种机制促使和保证他们这样做？解决好这两个问题是合作社能否健康发展、合作社能否恪守其基本原则和价值观念的关键。

四　原有的"公司加农户"形式发生变化，公司或是内部化于合作社之中，或是越来越多地利用合作社作为中介来与农民交易

《农民专业合作社法》第十四条规定，"从事与农民专业合作社业务

---

① 参见张晓山、苑鹏《合作经济理论与实践——中外比较研究》，中国城市出版社，1991。
② Jenny Clegg, "Rural Cooperatives in China: Policy and Practice", *Journal of Small Business and Enterprise Development*, Volume13, Issue2, 2006, pp. 219 - 234.

直接有关的生产经营活动的企业、事业单位或者社会团体，能够利用农民专业合作社提供的服务，承认并遵守农民专业合作社章程，履行章程规定的入社手续的，可以成为农民专业合作社的成员"。按照这项规定，涉农企业也可以成为合作社的团体会员。《农民专业合作社法》颁布后，不少龙头企业，特别是一些大型龙头企业要求加入或领办合作社的积极性高涨，有些合作社本来就是公司领办的。

案例 4：

安徽某养殖合作社，是在龙头企业（某食品有限公司）的牵头扶持下组建起来的，公司的总经理兼任合作社的社长（理事长），合作社共 52 人入股，注册资金 30 万元，社长本人股金 5 万元，约占总股金的 1/6。该食品有限公司仅 3 个股东，社长是大股东。社长本人就是养鸡大户，每一批养 20 万只鸡。合作社成立后，企业与农户社员利用合作社的牌子及政府给的优惠政策，联合购买饲料，统一组织销售毛鸡，合作社在发展中具有了一定的市场谈判地位，占据了一定的市场份额。2007 年理事长的股金分红达 19 万多元。合作社 2008 年已发展到拥有社员 156 人，但新社员还没有入股。

从这个案例可以看出，这里的龙头企业实际上是由合伙企业转化的小公司，龙头企业组建的合作社与大户领办的合作社没有本质区别。

案例 5：

安徽某茶叶农民专业合作社，235 户社员，另外还有 7 个企业为团体会员。理事长也是某公司的董事长；合作社注册资金 60 万元，该公司的股份占 51%；理事长个人入 5 股（25000 元），社员最少入 1000 元。合作社销售茶叶的利润按股分红。

为什么公司（龙头企业）对加入或领办合作社有积极性？《农民专业合作社法》第 50 条提出，"中央和地方财政应当分别安排资金，支持农民专业合作社开展信息、培训、农产品质量标准与认证、农业生产基础设施建设、市场营销和技术推广等服务"。第 52 条提出，"农民专业合作社享受国家规定的对农业生产、加工、流通、服务和其他涉农经济活动相应的税收优惠"。一个政策出台，往往是与该政策相关的强势集团首先抢占制高点，充分利用政策上的优惠，合作社的问题也不例外，如加工厂变成小麦合作社，肉联厂变成肉联合作社。龙头企业加入或领办合作社是出于自身利益的考虑，有其经济合理性。

关于公司领办和控制合作社的问题，一种观点认为，尽管农户与龙头企业之间在业务交易上存在供求关系，但从交易的本质看，他们都是以合作社服务的利用者和使用者的身份，而不是投资者的身份来加入合作社的，他们的目标一致。合作社中，同类农产品的生产经营者或者同类农业生产经营服务的提供者、利用者之间是一种典型的合作关系。持这种观点的同志希望农民专业合作社真正成为龙头企业与合作社成员双方实现利益平衡的平台。合作社成为"农民的靠山、企业的基石"。

另一种观点认为，作为投资者企业的公司或龙头企业，它们只能通过返还一小部分利润的方式对农户做一些让步，但它们与农民的根本利益是不一致的。按照目前的法律规定，许多非合作社性质的龙头企业都可以堂而皇之地挂起合作社的牌子，这样的结果会使真正的农民自我服务的合作社难以得到发展。

《农民专业合作社法》规定，合作社是"同类农产品的生产经营者或者同类农业生产经营服务的提供者、利用者，自愿联合、民主管理的互助性经济组织"。在现实经济生活中，服务的提供者和服务的使用者在很多情况下是利益交换的两方。如果提供农产品销售、加工服务的是龙头企业，利用服务的是农产品的生产者（农户），农户社员希望初级产品能卖个好价钱，并能分享加工、销售的增值利润，而公司社员则希望农产品的价格越低越好，公司的利润越大越好。这部法令本身已经蕴含着利益双方的对立统一关系。龙头企业成为合作社的成员，实质上是将农业产业化中的"公司＋农户"或"龙头企业（公司）＋合作社（协会）＋农户"的外部联结形式内化于合作社之中，从而把不同利益主体之间的关系和矛盾内化于合作社中。

在农业产业化经营中，工商资本以龙头企业的形式进入农业，是剥削小农呢，还是实现双赢？龙头企业和小农户能否成为利益共同体？这是一个不可回避的问题，同样的问题也出现在合作社的发展之中。龙头企业内化于合作社中，外部矛盾转化为内部矛盾究竟是利大还是弊大？一些地方的实践表明：开展初加工、深加工和营销服务的多数是依托龙头企业创办的合作组织，农民自主创办的合作组织基本以技术信息服务和对产品进行简单包装为主。在合作社内部，龙头企业与农民社员如何建立紧密型的利益联结机制？这种机制应该是公平合理的利益联结机制，它能否建立就要看合作社内部的所有权、控制权和受益权在作为社员的专业农户与龙头企业之间怎么划分。

在现实经济生活中，对所谓的龙头企业还应做具体的区分。合作社的一条重要原则是它扎根于当地社区之中，促进当地社区的发展是其宗旨之一。一些本地农民兴办的企业领办合作社或专业技术协会，在他们自身受益的同时，也带动了其他农民增加收入、增强了他们抵御市场风险的能力，最终促进了当地社区经济社会的发展，这种经济现象有其存在和发展的合理性，即使这样的公司和农户社员之间的互利关系还不完全平等。

但对于外来的工商企业试图进入合作社或领办合作社，圈钱圈地、套取优惠政策，我们一定要保持警惕，防止侵犯农民社员利益和败坏合作社形象的事件发生。

现实经济生活中，除了一些公司内化于合作社之中以外，一些较大的涉农企业开始更多地利用合作社作为中介来和农户交易。

案例 6：

山西晋城市彤康食品有限公司①以"公司＋合作社＋基地＋农户"的形式建立绿色农业种植基地 18000 余亩，种植无公害农产品，再进行加工销售。该公司选择泽州县高都镇大兴村的泽州县晋丰源种植专业合作社作为合作伙伴，该社 2008 年 3 月在县工商局注册，发起社员共 5 户，现有社员 200 多户（全村 230 户），社长是村支部书记，理事会 4 人，监事会 2 人。公司与合作社签订《无公害农产品种植基地种

---

① 该公司为一个国有企业与一个民营企业共同出资组建，2007 年 6 月注册，注册资金 1900 万元。

收合同书》，公司为合作社提供种子、技术指导，按照保障价格收购合作社上交的合格农产品。合作社保证种植农产品符合公司制定的《操作规范及要求》，并按要求完成合同收购量。合作社再和村民社员签订《农产品种植收购合同》，合作社按保障价格收购社员提供的合格农产品。合作社还作为公司的代理与周围其他行政村的农民签订收购合同。

案例 7：

湖北兴农粮食产业发展有限公司由中央储备粮荆门直属库控股95%，是集粮食仓储、加工、贸易、检测、物流于一体的综合性粮食产业化企业。该公司打出的口号是"强化社会责任，支持农民增收"。2008 年，公司在湖北荆门市 14 个粮食主产乡镇牵头成立了 14 个优质稻产业协会，每个协会又以村为单位，选择一些群众基础好、连片种植程度高的村建立优质稻生产合作社，共成立了 30 多个农民专业合作社。在订单生产过程中，先由公司和各乡镇协会签订订单合同，乡镇协会再与合作社或农户签订协议。公司就这样通过建立"公司 + 协会 + 合作社 + 农户"的产业网络来保证其优质稻的来源。

案例 8：

湖北新美香食品有限公司是台资企业，1996 年来钟祥市建厂。加工畜产品、水产品、水果、食用菌四大类产品。在食用菌的收购加工中，该公司 2008 年在每个乡镇选一个村民小组，与小组中对食用菌感兴趣的农户签合同，公司派技术人员进行指导，按保护价收购，一共选了 4~5 个村民小组，希望能以点带面，扩展到其他农户，以此保证收购的农产品是放心和安全的。

以上 3 个案例各有不同，但可以看出，随着消费者和厂家对农产品的质量与安全越来越重视，农产品生产的整个流程都要符合质量标准，最后到达消费环节的产品应具有可追溯性，而农产品收购加工企业又无法对大量分散的小农户进行技术指导、质量监督和追溯其产品来源，它们必须要找到中介来承担这些职能，这个中介可以是合作社，或是协会，或是村社区组织。但随着《农民专业合作社法》的颁布实施，合作社成为市场经济

中合法的交易对象，合作社的中介作用逐渐突出。公司与农户之间、公司
与合作社之间不平等的互利关系正在发生微妙的变化，出现了天平逐渐向
农户和合作社倾斜的迹象。

五　农民专业合作社和农村社区组织将会更多地碰撞、交错和融合到一起

关于中国合作社的发展，有的学者认为，对于东亚小农社会而言，比
较有效的发展合作社的方式，是发展多功能的综合性合作社。

有的学者认为，中国应走日本综合农协的道路，发展以信用事业为基
础，统筹销售、供应、保险、经营指导和医疗卫生等各项事业的综合农业
合作社。[①] 它一方面是综合性（多目标）的合作组织，另一方面又在很大
程度上履行社区的职能。

以色列从事农村发展的学者曾提出，在从传统农业向现代农业转化之
际，需要一个引导性合作（guided co-operation）时期，此时的合作社应建
立在社区一级，它应是多目标合作社，是一个法定的团体，代表社区的所
有成员与有关政府机构打交道。在一个社区内只应存在一个合作社，具有
一定的垄断力量，由该组织为所有的社区成员提供服务。随着商品经济的
发展，农户的经营规模逐渐扩大，生产的专业化程度提高，农户逐渐具备
了与市场交易的经验和资本，成为某些商品性农产品的专业农户，这时多
目标合作社提供的服务逐渐满足不了这些农户的需求了，这种大一统的合
作组织应履行的功能也就越来越少，直至最终消失。[②]

中国在农村改革后，也试图建立将社区功能与多目标的服务功能结合
在一起的社区合作组织。1984 年中央 1 号文件提出，"为了完善统一经营
和分散经营相结合的体制，一般应设置以土地公有为基础的地区性合作经
济组织"。中央文件《把农村改革引向深入》（政治局 1987 年 1 月 22 日通
过）中明确提出："乡、村合作组织主要是围绕公有土地形成的，与专业
合作社不同，具有社区性、综合性的特点。"尽管在以后的农村改革实践
中，中央文件给社区合作组织规定的"生产服务、管理协调、资产积累、

---

① 参见〔日〕山田定市《现代合作社论》，李中华译，辽宁人民出版社，2005，第 98 页。
② 参见张晓山、苑鹏《合作经济理论与实践——中外比较研究》，中国城市出版社，1991。

资源开发"4项职能在大多数村一级组织中未能很好地履行，但包括农用地和农村集体建设用地在内的农村土地公有（集体所有）这一特性构成了村组社区组织从事经济活动的法理基础，正因如此，农村的社区组织不可能像一些学者设想的转化为类似城市居委会的组织。这一特性也就决定了农民专业合作社与农村社区组织之间的关系。我们在1991年曾提到，中国农村的社区组织是专业合作经济组织的母体和摇篮；① 笔者在以后的调研中也感到，在专业合作社的发展进程中，土地承包经营权的流转、用水、用电等资源的配置和利用，都离不开村社区组织。②

在《农民专业合作社法》颁布后，随着地方政府重视程度的提高，专业合作社的功能增加、作用增强。合作社在经济上越是活跃，与村社区组织之间产生的经济联系就越多，中国村一级范围内的专业合作社与社区合作社的碰撞与融合的问题也就越来越突出。

案例9：

河南焦作市下属的孟州市河雍办事处东田丈村，1080人，286户，6个村民小组，共有1250亩耕地。2006年6月，在村双委（村委会和党支部）的指导下，该村组建孟香果蔬专业合作社，当时村中有30户入社。入社社员基本都入股，10元一股，总股金几万元。支部书记兼村委会主任入了700股（7000元）；双委委员、村务公开小组组长任合作社理事长，入了500股（5000元）。理事会共7人。监事会3人，村支书任监事长。该村以专业合作社作为土地流转的平台（主体）。全村1250亩耕地，原本大棚占地300~400亩，果园占地600亩，现在由合作社统一流转，统一建蔬菜大棚，再转给社员，现在已有200多户入社。

合作社为社员提供以下服务。（1）协调和组织贷款的还本付息。2007年社员从信用社贷款100多万元，合作社统一组织贷款户缴利息或还本金，

---

① 参见张晓山等《合作经济理论与实践——中外比较研究》，中国城市出版社，1991。
② 参见张晓山《促进以农产品生产专业户为主体的合作社的发展——从浙江农民专业合作社的兴起再看中国农业基本经营制度的走向》，《中国农村经济》2004年第11期。

组织严密，一户不落，全部还款或付息。由于建立了良好的信誉，2008 年大棚户从信用社贷款近 300 万元（每户 5 万 ~ 10 万元）。（2）投入品统一供应，从草帘子、种子、化肥，到一根钢丝，全部由合作社在市场上以批发价进货，再提供给社员。（3）提供技术服务。（4）提供销售服务，了解各大市场的信息网络；合作社与市场敲定价格，每天合作社公布收购价。合作社按照大棚地净面积向社员提取管理费，每亩净面积合作社提取 500 元，用于打井、修路、参观、架线和培训等。

在从事黄瓜专业生产的同时，合作社今后还想建蔬菜批发市场、冰厂、塑料泡沫厂、纸箱厂、拉膜厂等，争取把加工和流通的利润也留在社员手中。

这个案例是以村干部主导组建专业合作社，合作社的领导也就是村的领导，合作社与双委之间的关系自然很紧密。库房是村委会无偿提供给合作社的，在农村土地集体所有制的框架内，土地流转也需要村级社区组织的扶持、协调和引导，合作社从事的一些基础设施建设又与社区组织的职能相交叉。这个村的专业合作社与社区组织的功能在很大程度上是交叉融合的，这种类似的案例在各地农村并不少见。

六　结语

在审视中国当前涌现出的农民专业合作社时，必须牢记，我们处在社会主义初级阶段，《农民专业合作社法》是社会主义初级阶段的一部法律，它将随着合作社的发展而不断修改和完善。尽管《农民专业合作社法》已经对合作社的基本原则、成员构成、组织机构和法律责任等做了规定，有关部门也出台了《农民专业合作社财务会计制度》《农民专业合作社示范章程》等文件，但由于中国农业现代化的发展模式，处于社会主义初级阶段的合作社在实践中必然呈现异质性和多样性的特点，它们只有在发展中才有可能逐步规范。关键是合作社朝什么方向发展，在今后合作社的发展进程中，作为社员的农民（从事农产品专业生产或营销的专业农户）能否成为专业合作社的利益主体，他们在合作社中的经济利益能否得到维护，民主权利能否得到保障，他们的节余能否增加，能否拥有合作社的资产所有权、控制决策权和受益权，这些问题是农民专业合作社未来走向健康与否的试金石，而这些问题是否能得到解决也必须由实践来检验。如果农民专业合作社真正能以专业农民为主体，由他们在制度安排上进行大胆的探索，则这些专业农民必能应对面临的挑战，解决令我们困惑的问题，其成功或失败的经历都将丰富合作社的理论与实践，并为国际合作社运动做出应有的贡献。

合作社实践与本土评价标准[*]

刘老石[**]

广东的余先生最近遇到了麻烦，他的合作社有可能被判定为假合作社。2008 年，余先生注册了蔬菜合作社，当地由于条件适宜，市场很好，合作社的加入户数迅速增加，如今已有几十户。农户的菜地其实是余先生承包的，他是种菜大户。原来他是雇工种植的，但是他发现这种做法不好监督，不利于发挥雇用来的农民的积极性。于是他就改变了做法：把原本自己统一承包的地重新分成小块，交回原户，让农户自己耕种，他负责定生产标准，统一管理农户；生产后收获的蔬菜余先生集中收购，最后卖给批发商。他和农户签订协议，农户作为社员，生产的蔬菜由他来销售，他收购的价格高于正常价格，但是没有盈余返还。他很得意于自己的这个创新，按照他的说法，他得益，农户也获益，他的合作方式比合作社还好。我说为什么你没有盈余返还？他说我通过提高蔬菜收购价格或者降低农资供应价格已经返还了，最后返还那种方式太麻烦了，农户也信不过。

但是这种大户引领的合作社按照有些专家们的合作社标准有可能被列为假合作社，顶多算个"企业加农户"。

同样遇到麻烦的还有山东的马先生。他按照相关的规定和十几户农民一起注册了合作社，原本也想把村民团结起来做点大事，但是参与合作的农户较少，只有十多户，股金合在一起也就 2000 多元，太少不够用。由于资金缺乏而且没有经验，结果大家争争吵吵一年多也没有做成什么事情。

---

    *   本文基本资料和数据主要来自"梁漱溟乡村建设中心农村合作社服务指导团队"多年的合作社发展实践，在成文过程中和王德斌这样有丰富的操作经验的人有过较多的交流并且获取了丰富的修改意见，同时也得益于张可、许丙举等年轻实践者的贡献。

   **   刘老石，中国人民大学乡村建设中心项目主任，天津科技大学讲师。

他原本打算争取项目，等政府有资金扶持后再干。但是他的合作社如今有可能被列为"空壳"合作社，因此将被判定为假合作社，不会得到任何支持。

今天，在轰轰烈烈的合作社发展大军中，类似余先生和马先生这样的合作社其实非常多。

一　真假合作社的评价标准

关于合作社真假的争论由来已久，但是直到最近才变得激烈起来。

很多人认为，全国8成以上的合作社是假的。中国农业大学的何秀荣教授发言说，"政策鼓励合作社，然后我们就冒出一大堆合作社来，仔细一看大概80%以上的合作社是假的，所谓的合作社，它可能是另外的一个徒有虚名的，但没有实质性活动的组织。包括前一段时间我写文章，我们有一个也是搞农经的，做得非常好的，他说他就带着这个去调查，调查五十家企业，回来告诉我，95%是假的"①。同样的结论，从很多很严谨的研究人员的口中都出现过，很多调查都得出过类似的结论。

如此看来，目前轰轰烈烈的合作社运动，虽然看起来数字光鲜，但是实际上却是有其名无其实。数字已足够令人担忧，但是更令人担忧的是接下来会有什么样的政策建议跟进。可以想象的政策当然是严格限制合作社登记，严格审查清理目前已经注册的合作社，最后对确定为真实的合作社才给予扶持，假的合作社勒令清退，以此保护合作社运动的纯洁性。有人甚至喊出了"合作社打假"的口号。也就是说，类似余先生和马先生组建的这种合作社未来将会被认定为假合作社，成为被清理的对象，经此整顿，按照比例有幸留下来的可能也就只有5%～20%，即1万家，顶多不超过5万家的真合作社。

笔者不知道这种数字是怎么得出来的。调查的？估算的？在调查基础上估算的？局部抽样的？但是只要按照常识推理，你就会发现这种数字有多么值得质疑：按照这个标准，截至2010年3月底全国正式注册的27.2万家合作社，乐观估计只有5万家，悲观地说甚至只有1万家是真的。也

---

① 摘自何秀荣教授2010年6月10日在"企业'下乡'的收获与困惑——企业与农村社区商业合作模式研讨会"上的发言。

就是说，从《农民专业合作社法》2006 年 10 月 31 日通过以来，合作社每年的实际数量增长在一万家左右，按照全国约 2800 个县级单位计算，每年每县只建立 5 家真正的合作社（还不包括原来就有的）。这样的数字符合常识吗？是不是太低估农民的创造能力了？大概没有什么人会相信这个数字的准确性。

现在关键的问题不是在数字上，一个严谨的学者或者学术团队研究所得的数据是可以信赖的。更重要的问题其实是要问，我们衡量合作社真假的标准是什么？也就是说，应当按照什么标准来判定合作社的真假？调查也好，制定评定规范也好，标准是什么？从哪里来的？有些学者是以什么为标准来判定国内合作社，并由此得出假合作社的比例是八成的？我们先来考察一下有可能构成合作社标准的来源，目前看来可能有如下判定标准。

第一，国际合作社联盟的标准。

1995 年国际合作社联盟确定了合作社七大原则，我们可以把这七大原则作为评定标准。这七大原则是：自愿和开放的社员资格，社员民主控制，社员经济参与，自治和独立，教育、培训和信息，合作社之间的合作，关心社区。

如果按照这个标准，那么国内合作社不要说八成是假的，甚至可以说只有百分之一是真的。道理很简单，目前国内的合作社绝对没有能力做到符合这七个原则，能够做到民主管理和经济参与等两三条已经不容易了。所以千万不能拿西方 150 年合作社的发展历程而形成的标准作为我们今天还处在非常羸弱的合作社发展阶段的衡量标准，否则也太"食洋不化"了。估计国内也没有多少人会采用这个不切实际的标准去评判合作社。但是它实际上内含了一个参照体系，所以还是很重要的。

第二，严格意义上的《农民专业合作社法》标准：一人一票制和交易额返还制度。

2006 年 10 月 31 日正式通过的《农民专业合作社法》有如下条款：

第二条　农民专业合作社是在农村家庭承包经营基础上，同类农产品的生产经营者或者同类农业生产经营服务的提供者、利用者，自愿联合、民主管理的互助性经济组织。

第三条　农民专业合作社应当遵循下列原则：（一）成员以农民为主体；（二）以服务成员为宗旨，谋求全体成员的共同利益；（三）入社自愿、退社自由；（四）成员地位平等，实行民主管理；（五）盈余主要按照成员与农民专业合作社的交易量（额）比例返还。①

那么按照《农民专业合作社法》，上述标准是不是可以呢？首先我们应该清楚，当初制定合作社法的时候对合作社的发展将呈现出的多样化局面虽然有所估计，但是也并没有预料到国内合作社的发展局面会如此复杂，所以今天看来，上述标准也是难以适应新情况的。

让我们来看看这个标准。前3项没有什么特别值得说的地方，因为主要是农民合作，与我们讨论的问题相关性不大；更重要的是除了第1项作出外，第2、第3项标准很模糊，很难作为严格的限定标准，法律也没有做出明确规定。但是后两项（即第4、第5项）就非常值得研究了。由于后两项标准很容易量化和操作，因此就成了硬线。

首先，第4项"（四）成员地位平等，实行民主管理"，"民主管理"如何界定呢？该法的第17条有进一步的解释：

第十七条　农民专业合作社成员大会选举和表决，实行一人一票制，成员各享有一票的基本表决权。出资额或者与本社交易量（额）较大的成员按照章程规定，可以享有附加表决权。②

也就是说，这里的民主形式就是"一人一票"制度，捎带的一个妥协标准是对"附加表决权"的补充规定。

其次，我们来看第5项"（五）盈余主要按照成员与农民专业合作社的交易量（额）比例返还。"如何看待这个原则呢？该法第37条规定：

第三十七条　在弥补亏损、提取公积金后的当年盈余，为农民专

---

① 《中华人民共和国农民专业合作社法》，2006年10月31日通过。
② 《中华人民共和国农民专业合作社法》，2006年10月31日通过。

业合作社的可分配盈余。可分配盈余按照下列规定返还或者分配给成员，具体分配办法按照章程规定或者经成员大会决议确定：（一）按成员与本社的交易量（额）比例返还，返还总额不得低于可分配盈余的百分之六十；（二）按前项规定返还后的剩余部分，以成员账户中记载的出资额和公积金份额，以及本社接受国家财政直接补助和他人捐赠形成的财产平均量化到成员的份额，按比例分配给本社成员。①

这里的核心是规定盈余返还的标准："按成员与本社的交易量（额）比例返还，返还总额不得低于可分配盈余的百分之六十"。这条标准是 5 条标准的核心。之所以要有如此的规定，原因是交易量（额）比例返还原则体现了合作社的核心理念原则，即为社员服务。社员交易额比例大，体现了合作社在为成员服务，否则就说明出了问题。如果再配备有严格可行的财务制度和税收制度做保证，那么，这条原则就同时具有了操作上的可行性。同时，这条原则也体现了合作社的本质理念，即反公司原则，按照劳动量的贡献分配，这是其和公司分配原则的根本不同。虽然这条标准后面也规定了一些按照财产份额的分配方式，但是基本方式是交易额返还。虽然也有专业合作社"从当年盈余中提取公积金，并量化给每个成员，计入个人账户"的规定，但是由于比例很小，影响很小，所以并不能起决定的作用。

所以从严格的法律意义上讲，这个标准就是"一人一票制和交易额返还"。国内合作社能够达到这个标准的确实不多，应该最多也就 10%。

第三，宽泛意义上的《农民专业合作社法》标准：交易额返还标准。

我们还是从该法的相关条款上和实践的结合上去分析合作社的标准问题。

同样还是这两款，即第 4 款和第 5 款。

首先，我们发现所谓的"一人一票制"其实并不具有可行性。"一人一票"的权利如何表达出来呢？开会的时候大家举手表决？如果没有一个比较规范的操作制度作为保障，这种规定其实就形同虚设，村民选举制度就是如

---

① 《中华人民共和国农民专业合作社法》，2006 年 10 月 31 日通过。

此。还有，"一人一票"仅仅指的是投票制度吗？肯定不是，它的核心概念是权利的民主表达，既然如此，那么这种民主制怎么能够仅仅靠"农民专业合作社成员大会选举和表决，实行一人一票制，成员各享有一票的基本表决权"这种表达方式来实现呢？国内的民主讨论和民主实践已经告诉我们，民主不等于投票，民主应该有多种方式来表达。这种依靠投票来维系的民主形式其实有非常大的缺陷，它的命运有可能和村民选举有同样的结局。所以从法律意义上而言，这种规定就已经没有意义了，另一方面，这种方式也过于狭隘，束缚了多样化的民主表达的方式选择。所以，可以说，在现有的村民自治的整体氛围下和合作社实践中，"一人一票制"其实是个不大站得住的虚化标准，所以，其也就没有办法作为合作社评定的可行标准。也正是如此，在后来的实践中学者们越来越少提及这个标准。

其次，我们再来看按照交易量返还的盈余分配制度。一方面，这个分配制度如果有相应的财务制度和税务制度的配套，应该是个很明确的硬性制度标准，这样我们就不大容易绕过这个交易额返还制度。否则，我们就要冒着合作社的内部成员互助规定变异和财务制度、税收优惠制度被毁掉的风险。同时，这种财务和分配制度相对来说还是容易考核的。所以它可以作为一条实的评价标准。

这个标准是我们合作社研究的学者通常使用的一个简化标准（也是一个变通的标准），这个标准既不同于合作社联盟的标准，也不同于合作社法律的严格规范标准。按照这个标准，也会有一系列的评价标准指标，但是核心是看合作社赚的钱究竟是给了资本大股，还是"按照交易贡献的比例"的这种章程既定权利能够把利润平等地分给了参与的农户。各地的合作社实施细则和农业部的示范社章程很多实际上都是采用这个核心标准。

如果以"交易额返还"来作为判定合作社真假的标准，合格的同样也不太多。由于这个制度操作起来麻烦而且具有远期性，因而实施效果并不好（并非合作社都不认同这个标准），而且今天土生土长的合作社仅靠自己或者文件上的规定也很难做到如此标准的制度设计，所以真正严格按照这条标准做的合作社顶多在 20%。恐怕这就是 8 成合作社是假的这一判断的来历，它判断的依据也是这个标准。

再次，寻找新的评价标准：更加宽泛的实践标准——多元兼容和混合标准。

虽然相当多的学者和地方实践都采用了"交易额返还"这个标准，但是这个标准确实是值得推崇的客观标准吗？我们凭什么说交易额返还这个标准可以衡量合作社的真假？它是否太过于局限了？60%的返还比例是客观的吗，我们为什么说这个比例适合我们今天合作社的发展实际呢？当我们的标准排斥了大多数并非恶意破坏制度的参与者的时候，我们难道不应该对我们的制度有所反省吗？

可能有人会说，这个标准是比较适合合作社的发展状况的，既放宽了标准同时也严守了底线，否则合作社就没有原则了，也就没有办法区分合作社和公司了。

我们知道这个标准的内在价值，按照法律规定，合作社的利润分配方式是，弥补亏损后先留下相应的公积金（也可以留足公益金），然后对盈余进行如下顺序的分配：至少60%的比例按交易额返还（按交易量分配），分配后剩余的利润以入股的股金为标准进行均等分配。这就体现了按照资本分配的原则，这个标准其实是个混合标准，是按资本分配和按照贡献分配的混合体。因此，这个原则就成了底线原则，成了一些学者眼中最后一道信念屏障，不能再退了。

但是我们应该看到，这个制度其实也同样过于简单地处理了合作社的分配制度。我们知道，60%的盈余按照交易量返还，是不是一定要采用《农民专业合作社法》规定的去除成本和最后的必要扣除后再进行利润返还的这种分配方式呢？如果如本书开头的余先生的合作社案例一样，采取价格转让或者盈余转化等方式是不是可行呢？还有在合作社发展的初期阶段，在各个合作社都缺少资金来实现社区资源市场化的情况下，资金的回报率其实应该高于其他资源。在这种情况下，你一定要将资金和其他资源（包括劳动力）平权，因此得出一定要规定额度是60%的分配方式，可行吗？这样做会不会将更多的资本挡在门外？在今天资金下乡或者资金参与合作社已经成为奢求的情况下，我们用一个硬性的标准挡住资金获利的步伐，那还有什么渠道来吸引资金呢？我们都非常吃惊于农民对21%年利息率的小额借贷趋之若鹜，由此可见农村资金的干渴程度。类似像社区金融（如资金互助这种方式）怎么能够实现按交易量返还呢？所以，现在看来，法律规定的这种分配方式确实过于简单化和一刀切了。

所以笔者想，穷究于这个盈余分配标准究竟是源于我们的理念呢，还是农民的现实利益选择呢？一个比较成熟的西方合作社标准是否适应我们现实的合作社的发展状况呢？这一标准是否在简化了合作社的标准的同时，也简化了甚至忽略了更为复杂的国内合作社发展极其复杂的经济和社会环境呢？在现有的农民非常急切地想有资金介入的情况下，是不是可以允许大股东（大户）多分多得的不均衡分配方式的存在，允许大股东多分得一些利益，农民少得到一些利益（不是不要利益或者被剥夺利益）？这种分配方式是不是就一定是公司专有的？更何况农民专业合作社本质上是农民自己的公司（他有公益性质，但是绝对不是公益机构），一个合作社如果不以赚钱为第一目标是不可能生存下来的。

由此，我们寻找适合我们本土的合作社评定的第4种标准，这个标准可能很难找到，因为需要大量的调研和基础数据作为支持。

但是基于现实的合作社发展状况和我们自己多年的实践，我们猜想：这个标准应该是个混合标准，把劳动收益量和资本收益量更好地结合；更为宽泛，对大家都有好处，但是未必均等，可以放宽资本介入的限制程度，适当降低交易额分配的比例（按照这种做法，虽然不能够最大可能地为入社成员牟利，但与一般的非社员相比，还是让参与合作社的普通农户被剥夺的程度减轻了一些）。只要分配差异还在社员的认可程度内，就可以算作合作社。这是个"多元兼容和混合标准"，它集合了多元价值和多种利益需要，大家都得益但可以不要求平等，但是它也要严守底线，这个底线就是民主的"一人一权"的原则。这个标准也可以叫作"民主的多元兼容和混合标准"，或者叫作本土自治的合作社标准。

如果考虑到现实的可行性和未来进一步规范与走向的分析问题，从法律角度出发，我们曾经更看重交易额返还制度，但是如果从法律改进的角度看，对资本的控制更多地不应该是依靠交易额返还这样的财务制度，而是把"一人一票"的民主制度具体化和多样化（这个不同于一人投一次票，应该更多地强调一人一份的决定权下的多样化民主实践，这个原则也应该变得严格和可操作）。笔者认为，用交易额返还来作为界限来限制资金回报率的办法远没有"一人一票"更能达到目标。一方面，60%的盈余返还等于全国各地没有差别，这种统一的底线规定不符合多样化的各地情况，也不符合多样化的合作社实践方式。所以，应该把自决权留给当地的合作社，让他们的成员自己决定合作社的标准，我相信，只要他们坚守"一人一票"（权利而并非仅指投票）的制度就一定会对他们有利。另一方面，如果农民认可，可以吸纳大笔的资金来为他们服务，只要他们能够保证这笔资金为社员所用，不至于让资金成为纯粹掠夺的工具就可以。这种把握的方式就是严格的"一人一票"的权利民主制度（也可以稍加妥协，但不能突破底线）。所以与其穷究于"60%交易额返还"，不如坚持"一人一权"的实施细节，把这条民主原则变得更为易于操作（一人一票容易造成误解并且过于狭隘）。这种方法叫作可落实的"一人一权"的"多样的民主制度"，它比"一人一票制"更易于理解。

还有，由于现在合作社主要的指导培训和评定权都操纵在政府手里，这样其实不利于合作社的多样化发展和资源分配。比较好的方式是各地合作社建立联合社协商制度（也可以叫作合作社行业协会），依靠这些协会来规范、指导、培训合作社，这些协会可以制定各地合作社的评价标准，规范其方向，开展行业自律。与此同时，基层政府和工商税务管理部门应该起到应有的以服务为宗旨的管理作用，这样，会更有利于合作社的发展。这是一条在体制上根本解决问题的方式。现在的法律虽然也考虑到给各地的农民专业合作社自治留下空间，但是这种空间与现实合作社实践的多样性要求相比，差距还是太大了。

所以，这个标准应该是对所有的参与者有利，尤其是对普通的农户有利，同时农户（合作社成员）认可和欢迎的标准。按照这个标准，在初期和合作社成员需要的情况下，公司可以拿大头儿，农户可以拿小头儿。但仅可能在初期如此，以后伴随着农户对资金需求程度的减弱，他们可以自行决定分配标准。但是必须的要求，也就是底线是，农户必须拥有合作社的控制权。这个控制权是权利性的，不一定是经济性的；它不必控制资金来源，但是要有权控制分配。这种合作社可以叫作"农民的公司"，即合作社社员起决定作用的公司（也可以叫作"人民资本"）。农民掌控资本，而并非是向资本投降。

这样做，就把裁决权给了农民自己，农民有判断权同时也有管理自治权。这样做会更有利于合作社的发展。

以上四个衡量原则相比，我们看到国际合作社联盟的标准肯定不适用于我们今天合作社的发展阶段：严格的法律规定原则（"一人一票制"和"60%交易额返还"）相对于我们刚刚开始的合作社运动而言显然还是过高了，或者没有充分考虑到我们的农村经济和社会发展的整体情况，甚至宽泛的法律原则（"60%交易额返还"）也仍然要求过高，同时也缺少灵活性和操作性。今天中国的合作社运动更多的是在公司和合作社之间摇摆，应用这个标准将会把更多的新型合作团体推到公司领域（这个下文还会论及）；而如果采用第四种标准（"多元兼容和混合标准"）看起来则是更多地考虑到了今天的合作社发展状况和各地以及各个合作社的发展实际，是"从宽原则"立法。按照这个标准对目前的合作社进行判断，笔者相信大部分合作社都能够通过审核，至少7成合作社应该是真的。

这样做虽然可以分清真假，也符合实际需要，但是需要指出的是，从长远实践的角度和未来政策改进的角度而言，其意义是需要慎重考虑的。合作社的整体发展环境和村民自治的程度如果不能获得进一步改进，就可能导致第四个标准中的民主的底线进一步虚化，使这个标准很难实现。

另一种说法也是有道理的，即现实中民主原则可能根本不必提及，因为今天农民合作社成员就是这样做的，虽然他们没有投票表决，但是如果不给他们均等的权利，理性的他们就用脚投票，主动走人了，不加入了，你想拉都拉不回来。现实的农民合作社其实就是这么做的，这体现了理论和实践的一致。

二　合作社实践与真假问题

现实地考察合作社，按照合作社的运行状况其可以大体分为三类。

第一类是运行良好，并且管理规范的，有实际收效的合作社。这种合作社不论从哪个角度上讲都基本符合合作社的要求，这类合作社被称为"真"的合作社，这类合作社按照广义的标准大约只有20%不到。

第二类是社区大户、公司，就是翻牌的合作社，这种结构本质上就是公司，没有实际意义的社员会议、理事会和监事会，当然也没有民主管理。这些合作社当初是借了些身份证注册的，其主要目的是获得政府的项目支持，其实并没有什么社员。这类合作社就是经常被批为"假"的合作社的那种类型。我们可以将其算作"真的""假"合作社一类。这类合作社应该占到总数的 30% 不到。

这中间也应该包括"异化性质"的合作社，即虽然当初是合作社但是后来慢慢异化成了个人的公司，由某一个大户在里面掌控局面。其他社员不仅不能获得收益而且有可能变相受到剥夺。

第三类合作社介于"真"合作社和"假"合作社之间，看起来又像公司又像合作社。这类合作社没有非常明确的盈余分配方案，也没有严格的"一人一票"式的管理模式，管理方式也不够民主：大家虽然也在一起开会，都是股东，合作社在形式上有成员、规章、架构，但是都没有真正地运行起来，一般情况都是大户说了算，一般成员不起决定性作用。这种类型可以叫作"大户、公司带动的合作社"，或者叫作"公司 + 合作社 + 农户"模式。

这类合作社当初注册时也有规章制度，但是运行起来就慢慢地走了样了，也有监事会、理事会，但是基本不起作用。当初注册时候人们也想做点事情，但是由于自己资金不够，也没有什么资金支持，大家总是争论不休，于是就干脆等着政策的扶持，半死不活的成了鸡肋，这种类型的合作社可以叫作"空的合作社"。

在政府的推动下成立的合作社，一般都是干部起主要作用。这种合作社主要是为了获取支持，也想凭借政府的支持做出点成绩，但是由于缺乏内聚力，形不成合作基础，所以最后结果是只有一个空壳在那里，没有办法成为凝聚众力的实体。这种类型的合作社应该叫作"官办合作社"。

整个第三种类型的合作社是相对多数，应该占到总数的 40% 以上。

对于上述第一种类型的合作社的判断大家不会有分歧，这类合作社是真的，它们是符合了第 3 条标准的那 20% 的合作社（符合宽泛意义上的《农民专业合作社法》标准：交易额返还标准）。第二类合作社也很好判断，是假的（问题不在真假，而在于如何看待农村中大户和公司的作用）。第三类是争议最大的一类，有人认为这种类型的组织是公司，但是也有人认为是合作社，这类组织在数量上占的比例多达 40% 以上，因此，判断这类组织的性质成为判断整个合作社运动走向的关键。

　　如果按照西方成熟的合作社标准，这40%肯定不能算作合作社性质的组织，按照我们《农民专业合作社法》的原则，按照交易量返还盈余分配标准，这一类也同样不能算作合作社，但是如果按照第4条标准，却是可以算作合作社的。也就是说，虽然它们没有想象的那样规范，但是其实是在合作社运动中由农民自发推动出来的合作社的一种方式，这种方式差不多囊括了中国式合作社近20年实践的种种探索，体现了农民的智慧和创造力。这种土生土长的各种类型的农村合作组织绝对可以用"千奇百怪、丰富多彩"来描述。农民自己创造的合作社可能从来没有获得专业人士的指点，他们甚至都不会想到要建立什么理事会和监事会（这对于他们而言是很麻烦的事情），即使建立了可能也仅仅是为应对注册的需要。我们可以设想，对于一个只有微不足道的几个人、十几个人的合作社，监事会、理事会有多大的意义？他们是更相信整体人心呢还是制度安排？会有哪个人相信这些非常形式化的框架对他们而言是有用的？但是问题今天出现了，如果没有这些东西，这类中国土生土长的合作社就非常可能被列入"假"的行列。

　　这种尴尬的局面其实不是合作社运动本身造成的，而是制度和实际的运动彼此疏离而导致的"两张皮"的冲突。对于那些土生土长的合作社，笔者相信要它们做到60%交易额返还肯定很困难。但它们却可以做到大概的一人一票（或者是变种形式的大家认可，其实更应该叫作"一人一权"），否则人家就不参加了，用脚投票走人了。事实上，那些规范的好看的并且在实际中起作用的合作社，多半可能不是自发产生的，或者是因为机构推动，或者是政策推动，或者是学习的结果，很少是自发产生的。

　　笔者相信制度更可能是在合作社的发展中随着问题的增多逐渐改进和完善起来，而不会一开始就生造出一个有效的规则。笔者相信合作社的现实运动最后会形成一个规范的合作社的管理方式，但是这种管理方式不太可能在合作社初期形成，尤其是在我们现在不具有制度信仰的文化条件下。可能直到村民发现民主监督负责人是必需的时候，他们才想起建立监事会；他们担心合作社成为一家公司的时候，他们才想起建立理事会；他们认为带头人拿的太多的时候才想起增加交易额返还。难道一个现实的合作社运动不应该是这样成长的吗？一个非常有意思的事情是：在今天，所谓"真"的规范的合作社的运行状况却并不一定很好；相反，一个不是那么规范的合作社却可能成绩斐然。这种吊诡恰恰印证了我们合作社的制度和实际状况的背离。

所以，从这个角度上，把这种合作社的鲜活探索都一棍子打死是非常不公平的，而且是非常不人道的，大而言之，可以说毁掉了整个合作社运动。可以说他们并不规范，有待改进（无论是用西方的合作社原则，还是用《农民专业合作社法》，或者是按照我们宽泛的《农民专业合作社法》的原则来衡量都算不上规范），但是这些组织却绝对不应该被算作假的。它们不同于一般意义上的公司，虽然合作的小户可能不能像大户那样得到同样均等的利益，也可能无法得到同样的民主决策的权利，但是这些小户一定自己认可这种方式（至少他们不得不这样做），而且很可能比以前获利更多，也就是说，这类合作社相比于传统意义的公司还是进步了：如它们偶尔也会一起开会，也可能会有情况通报，形式上也有表决，也会象征性地征询一般合作社成员的意见；小户也可以通过各种形式获得一部分利益，大户也一定要照顾到小户的利益，不能过分地伤害他们的利益；更重要的是，一般合作社成员不想干确实可以退出，没有人可以拦住他们，如果利益严重受损他们是可以通过用脚投票的方式走人或者通过其他方式发出强烈的反对的（笔者认为，搭便车对农民社员来说可能既是一种高明的策略也是一种必要的进步手段）。因此，虽然没有60%交易额返还，没有正规的投票表决，这类合作社也不应该被算作公司。

这类合作社可以被纳入合作社范畴的理由还在于他们都是合法注册的，也就是说，至少在注册的时候它们是符合法律的相关规定的，法律既然许可它们进入合作社行列，在法律的层面上也就不能说它们是假的。我们可以看看合作社的注册条件：

> 第十条 设立农民专业合作社，应当具备下列条件：（一）有五名以上符合本法第十四条、第十五条规定的成员（作者注：农民和农民占80%的规定）；（二）有符合本法规定的章程；（三）有符合本法规定的组织机构；（四）有符合法律、行政法规规定的名称和章程确定的住所；（五）有符合章程规定的成员出资。

我们可以看到，这个注册条件是非常之宽松的，没有特别严格的规范。这些原则符合了"适度规范，在规范中促进发展，在发展中规范"的指导思想。所以这种宽松的进入标准本身就具有很强的政策导向性。我们怎么可以说按照正规法律程序注册的是假的呢？除非我们改变了注册标准。

如果这些合作社后来没有做好，或者是因为条件不具备，或者是在等待时机，等待项目的到来，我们并不能因此就判定它们是假的。这样做至少是非常武断的。

笔者并不认同一种说法，即认为他们当初注册就是为了获得政府的支持。这种说法似乎是想说明为了获得政府的支持而注册是不对的。政府的政策本来就具有导向性，政府设立项目也本来就是为了能够让更多的合作社获得支持。所以不应该把农民注册合作社获取支持看作机会主义，当作错误的行为。当然这种担心的本意是好的，你可能非常担心农民的合作社没有内在的凝聚力，仅仅是由于对项目资金的追求才形成的合作团体，一旦获得资金就烟消云散。但是这种想法还是过高地估计了农民今天的合作意愿和合作行为，实际上如果没有具体看得到的利益目标的吸引，让农民去合作还是太过于美好的幻想。事实上，今天农民愿意合作绝大多数还是因为现实的合作利益回报或者是未来的利益预期。即使是在外来的相关利益因素的推动下，农民还是不十分看好合作的成本收益比，如果农民能够开始合作并且形成了初步的合作意向和合作形式，就已经非常不容易了。这就是今天农民合作的最大难处。即使农民能够看得到好处，合作社的目的也会由于分田单干形成的离散成本过高（由于缺少意识形态和合作文化，这种成本在今天的农村太高了）而无法实现。

因此，一开始参与合作的更可能是大户、公司，因为资本增值的力量或者可预期的利益回报很容易让他们追随政策合作起来，或者是大户、公司因为项目的需要用各种形式牵引着分散小户形成合作，也可能是在政府的推动下形成的官方色彩的合作组织，或者是某些关系户和政府的结盟。而真正完全由下层农户发起或者说由大户和散户平等结合而形成的合作社，其实是非常少的，纯粹意义上的农民合作社在现今条件下是很难形成的。

所以，在合作社发展的初期，我们就开始强调严格规范，吹毛求疵，是不切合实际的。

相反，在如此不利于合作的情景下，农民们能够克服困难，创造性地形成各种合作形式，是多么可贵啊。这种性质的合作社让我们看到了中国农村和农民有着无穷的智慧和创造力。事实上，这种汹涌澎湃的合作社运动最大的亮点不在于合规合矩的合作社形式，而恰恰在于这种农民的丰富的创造力。今天我们熟知的包括农村资金互助在内的丰富多彩的农村金融创新、多种形式的技术服务、各种形式的农机服务、多种形式的购销服务、多种形式的土地合作等，恰恰都来自农民多样性的创造，甚至可以说都是不规范的结果，也可以说是一个宽泛的政策推动的结果。相反，如果我们的制度规定得过死，就可能在运动初期束缚了农民的手脚，影响了创新能力。

当我们抛开我们心里的想象成分，回归到现实的农村合作基础，回归到农民合作的艰难背景下，我们其实获得的更多的应该是感动和振奋。我们由此可以形成新的判断，就是农民合作运动不是萎靡不振、踟蹰不前，而是汹涌澎湃、波澜壮阔。

那么，是不是因此就可以得出一个判断，就是合作社不存在问题了？不是，合作社问题很多，有非常多的麻烦，但是不能因为这种麻烦就得出合作社运动本质不行的判断，相反，应该是形势很好。但是在这种大好形势之下，合作社的问题很多，亟待规范，甚至可以说，如果不及时规范，合作社就会走偏走斜，走向异化，甚至摧毁整个合作社运动。

所以，当下的合作社运动更多面临的是如何规范的问题，也就是如何想方设法让各地的合作社在保持自己特色的基础上向更为规范的方向上走，比如管理上的规范、利益分配上的规范等。但是值得一提的是，我们不希望今天的农民合作最终一定要遵循西方的合作社标准才算规范，我们更希望中国的农民合作能够创生出他们自己的规范标准，形成我们本土的合作社标准。我们在现代化问题上曾经片面地确立了西方的标准话语，在合作社这种本来极具乡土意义的事情上我们不该重新回到现代化的这个错误上来。我们期待乡土的中国知识分子和农民合作社运动能够尽快形成我们自己的合作社规范和标准。

三　合作社真假的区分有意义吗？

真假合作社的争论由来已久，事实上虽然大家都在提"合作社的真假"的问题，但是其实在同样的字眼下有着多种不同的含义，并非几个字那么简单。很多人谈的真假（其实包括我们自己也经常这样说）更多指的是规范问题，我们就经常说80%的合作社是假的（意指不够规范），但是现在很多人用真假这个概念（或者是有意混淆真假和规范的概念）的目的是否定合作社发展的状况和存在的意义。事实上，不规范的合作社也是合作社，这和假的合作社完全不同，是本质上的不同。但是，今天很多人借用假合作社的概念是想传递信息给公众，使公众认为不是合作社的公司（包括异化的合作社）占了80%，从而否定合作社的发展，得出合作社运动没有希望了的结论，甚至由此导致另一种形式的政策（以限制和打假为主导）的出现。真假问题和规范问题是两个不同的问题：说不规范的合作社占总量的80%是对的，但是说假的合作社占80%就是错的；反过来，说假的合作社是20%是对的，但是说不规范的合作社是20%就是错的。这个判断忽略了太多的东西。

还有个问题是如何对待假合作社，这其实是如何对待农村的公司的问题。一个善意的说法是，区分合作社的真假是为了让公司以及冒牌的机构与合作社有所区分，其目的是让真的合作社得到更好的发展，这个说法容易被人们接受。

但是问题是，是否有必要把公司列入另类行列呢？是否要对公司有如此深的成见呢？

首先，农村的公司、个体经济并没有想象的那么风光，一般的公司（排除个别有背景的公司）一年也就两三万的赚头，远远谈不上发财，甚至不能偿付人工成本，可以说农村个体公司的生存环境其实很恶劣。如果你到农村的乡镇和村头去看看，那些所谓的公司和大户，其实更多的是在苟延残喘，并没有一般概念上的富裕和霸道。这是由农村发展的基本状态决定的。所以，相对于城市而言，农村的所有人，不论是公司还是大户，都是利益受损者，只不过这些公司或者大户比一般的农户好一些而已。所以从整体乡村关系和整个农村发展的基本脉络上看，农村的公司和个体经济都属于应该支持的对象，至少不应属于被政策歧视或者疏漏的对象。

再者，从整个农村今天的发展阶段而言，农产品普遍过剩，在整个市场体系中，农民缺少组织支持，其主体地位处于弱势的不利地位，农产品的价格也没有办法提起来，除非有暂时垄断性的品种和垄断性的操作手段。长远看，农产品是不可能有较大的价格提升的，甚至有可能生产的越多价格越低。

所以，在此情况下，如果想改善农产品的价格和提升农民的利益空间，只有一个办法可行，就是允许农业从整体上向其他领域争取价格空间，其中主要是针对上游的工业品（如化肥、农药、种子、机械等）和下游的售价（如食品行业和加工产业）。但是这样做并不容易，只有农产品全行业一致对外，共同对付上、下游，这种目标才可能实现。在现在和至少未来5年甚至10年之内，我们会清楚地看到，农民合作社不可能成为主体的农村经营方式。我们看得到的仍然是以个体农户为基本经营单位的生产经营方式（其实就是公司和大户方式）。这种情况下，我们有可能抛掉个体的公司经营而独立支持合作社吗？事实上，无论是合作社还是农村的公司和大户都应该得到支持，这种支持其实就是一种可能有所差别的价格补贴，拓展现有的农产品利润空间，增加农民的收益（无论是合作社的一般农民还是大户）。所以，所谓仅仅给合作社特殊待遇的方式姑且不说其可能性有多大，更重要的是这样做的结果会让合作社和大户、公司自相残杀，最后其实未必对整个农产品市场有什么益处，还有可能降低了利润空间。从实践上看，个体公司和大户为了和合作社争利，拼命打价格战，几乎你死我活的案例，各地屡见不鲜。从宏观角度看，合作社更多的是在争夺个体户的市场份额（农村利润总量既定）。为了生存，个体农户（大户和公司）怎么办呢？只有想方设法和合作社平权平价，否则就没有办法生存。所以他们就会以各种方式把自己转化为合作社。这样做从整个宏观政策角度而言，是个非常好的事情，客观上解决了民间对合作社的认同问题，使合作社成为大势所趋。分散的农民之间的恶性竞争导致竞"次"的结局，这是单个农户和公司无论如何都无法避免的事情，无论你怎么号召联合，他们也不会听。但现在让他们被迫形成公司去合作，最后形成合作社（包含"假"合作社、"真"公司）的进一步联合，这就有可能最终转变农户多年来的竞"次"经营的市场局面。一个合作社政策就让他们同时想办法拉近获利空间，多好的事情啊，又为什么一定要把他们赶出去呢？

同时，我们也并不反对把已经证明是"假"的合作社开除出去。这样做是可以的，但是问题是一方面这样做的必要性其实并不大，另一方面这种做法并不具有可操作性，或者说操作起来困难重重（你根本无法在现有的农村社区治理条件下区分出一个合作社的真假）。笔者认为，经过一段时间的发展之后，合作社必然形成分化，真假自现；同时，经历了一段时间的发展以后，我们也会慢慢地找到适合国内情况的合作社的发展标准，那个时候再谈清除可能还现实一些。在发展初期，整个政府和知识分子自己都在云里雾里，谈这个问题为时尚早。把规范问题变成了真假问题，因而把本来可以规范的合作社推到了"假"合作社行列，也太过极端和霸道了。回头看看，农村很多问题搞糟了，不是因为农民自身的创造力问题，而是因为我们太过于相信所谓的规范和制度，形成了制度崇拜，以至于让这些东西伤害了民间的活力。我们宁可没有规范，也不要相信相反方向的规范。今天的合作社，还是让它们走一走再谈严格规范的问题，可能更符合实际，否则，人为地施加太多的条条框框，捆绑着它们朝着我们期待的方向走未必是好事情。

所以，对待合作社和农村的发展问题，我们要有宏观视野，要有足够的批判精神，这样才不至于陷入恶性循环的泥潭。

这样看来，在现有的《农民专业合作社法》还没有做出修改之前，在没有确立更符合实践的新的切实可行的评价标准前，我们在这里提合作社的真假问题其实是个十足的假问题。这样做不仅无意义，而且忽略甚至"枪杀"了太多（可能要占到40%以上）值得我们认真观察研究的对象，也让我们的法律丧失了修改和进步的机会。

因此，我们必须重新思考我们关于合作社真假问题的讨论。

第一，判断真假问题的标准是一个由我们头脑衍生出来的理念问题，我们把自己善良的愿望和想象作为准则来衡量一个鲜活的实践运动。这样做的结果是让我们的知识分子和整个真实的合作社运动对立起来，让知识分子走在了运动的对立面。这样做的结果不是农民合作社运动的停止，而可能是知识分子将会被这个新兴的农民运动所唾弃。

第二，今天合作社的发展正处在初级阶段，在这个初期阶段必须有我们自己本土的评定标准。我们吸纳了西方的合作社思想，因此也承继了他们的规范标准，但这些标准并不符合我们合作社发展的实际情况。因此，我们可以借鉴，但不能把西方的理念拿来作为中国合作社发展的标准，我们应该想办法造就中国合作社运动的本土标准。

第三，合作社真假问题的争论仅仅是知识分子的问题，对于农民和合作社的实践者而言，真假并不是问题，农民也不会理睬这种争论。这种说法不会影响合作社按照自己的模式去发展，但是会形成不好的政策决策，这对合作社的未来发展不利。

第四，讨论真假其实既没有理论上的价值，也没有实践上的依据。我们不可能因此真的把合作社分成真假两类，并扶持"真"的，打压"假"的。很多合作社抱怨得不到扶持是缘于整个合作社发展的制度环境，和真假关系不大。

第五，国内合作社的主要问题是规范问题，而不是真假问题。如果说绝大部分合作社需要规范，这是对的；但是说绝大部分合作社是假的，就是错的。如果能够把合作社分成规范和不规范的，甚至区分规范等级，都有现实意义。我们可以因此督促不规范的合作社尽快规范起来，推动整个合作社运动的发展。

所以说，谈论合作社的规范与否确实是真问题，但是谈合作社的真假却是个假问题。

合作社发展到今天，得到了农村各个阶层尤其是普通农民阶层的欢迎，我们应该有足够的信心去支持和推动合作社运动的发展。应该看到，合作社运动发展迅猛，同时伴随着的是农民的创造力和智慧的再次迸发，所以知识分子不应该躲在这个运动的背后去评头论足，而是应该坚定地参与到运动中去，让自己与这个农民运动同步，一起成长。所以，我们不能轻率地把意识形态的"理想"、"正义"的标签加到今天尚无定论的合作社的发展问题上，我们应该有足够的胸怀去面对一个活生生的新事物的发展，在对问题尚不清楚的情况下武断地加上价值判断一定会阻碍这个运动的正常发展。

中国特色的农民合作社制度的变异现象研究

苑　鹏[*]

一　导言

随着农民专业合作社数量、规模的迅速扩张,学术界和社会各部门的争论也日益激烈,争论的焦点在于:在这些已经注册登记的合法合作社中,有多少是按照法律规定的条款运作的?又有多少是为了套取国家财政扶持、税收优惠的"假合作社"或"空壳合作社"?有学者认为,大约80%以上的合作社是徒有虚名,或出于政绩需要,或为从中牟利而设。[①]也有学者针锋相对地指出,那些认为虚假合作社泛滥的言论言过其实。合作社只要依法注册,就没有真假之分,只有规范和不规范之分。不能用抽象的概念来框定合作社的实践,农民受益是关键。[②]

学术界之所以产生如此大的争议,在很大程度上与中国特色的合作社制度的法律规定有关。公司制度与合作社制度最大的区别是所有者身份不同。企业所有者通过对企业的控制权和对企业利润或剩余收益的索取权这两项权利分享收益。[③] 公司是投资者所有,投资者按照其投入股份的多少对企业行使控制权,并获得相应的利润或剩余收益索取权。而合作社是使用者所有,使用者与所有者同一。使用者按照平等原则分享组织的控制

---

* 　苑鹏,中国社会科学院农村发展研究所研究员。
① 　参见郭小和《八成农合社被指"空壳" 农业部设槛示范社》,《中国合作经济学会会刊》2010 年第 6 期。
② 　参见韩俊、曹杰《将农民受益作为评判农村制度建设的关键》,《中国合作经济》2009 年第 12 期。
③ 　参见〔美〕亨利·汉斯曼《企业所有权论》,中国政法大学出版社,2001。

权，并按照其贡献大小获得组织的收益权。

与遵循国际合作社联盟 7 项基本原则的经典合作社理论相比，中国《农民专业合作社法》的一大突破是成员构成不再局限于具有相同市场地位、从事相同生产经营活动的同业生产者的联合，而是在此基础上，允许那些处在同一农产品产业链条上并具有上、下游业务关联的相关利益群体共同联合，组成合作社。农民专业合作社不仅是农产品生产经营者的同质者的组织，也是服务利用者和服务提供者共同组成的异质者的组织。在农民专业合作社的工商注册登记中，从笔者这些年对合作社的调研来看，合作社"登记注册类型"一栏涵盖了集体企业、股份合作企业、有限责任公司、个人合伙、私营合伙企业、社团组织以及其他企业（或组织）等多种类型。它从一个侧面反映出农民专业合作社的异质性特征及变异问题，包括产权制度、内部治理、所有者责任制度等。

针对农民专业合作社的异质性现象，运用制度经济学、产业经济学、新古典经济学等理论，国内学界研究取得了大量兼具学术价值和政策价值的研究成果。张晓山[1]最早提出要发展以专业农户为主体的农民专业合作社，并指出大户和龙头企业领办的合作社是当前中国合作社发展的现实选择。[2] 徐旭初[3]率先应用制度经济学理论，对农民专业合作社的产权制度进行了系统分析。黄祖辉、徐旭初[4]从能力和关系的视角，建立了一个分析成员异质性的合作社治理结构的理论框架，指出最具环境合用性，特别是市场合用性的要素所有者将成为合作社的实际控制者。林坚、黄胜忠[5]则进一步明确，从能力、要素贡献以及选择的角度看，核心成员将拥有合作社的主要剩余控制权。马彦丽、孟彩英[6]提出了由成员异质性产生的合作

---

[1] 参见张晓山《促进以农产品生产专业户为主体的合作社的发展——以浙江省农民专业合作社的发展为例》，《中国农村经济》2004 年第 11 期。

[2] 参见张晓山《大户和龙头企业领办的合作社是当前中国合作社发展的现实选择》，《中国合作经济》2009 年第 10 期。

[3] 参见徐旭初《中国农民专业合作经济组织的制度分析》，经济科学出版社，2005。

[4] 参见黄祖辉、徐旭初《基于能力和关系的合作治理——对浙江省农民专业合作社治理结构的解释》，《浙江社会科学》2006 年第 1 期。

[5] 参见林坚、黄胜忠《成员异质性与农民专业合作社的所有权分析》，《农业经济问题》2007 年第 10 期。

[6] 参见马彦丽、孟彩英《我国农民专业合作社的双重委托—代理关系——兼论存在的问题及改进思路》，《农业经济问题》2008 年第 5 期。

社成员"核心—外围"型的产权结构，以及农民专业合作社中的双重"委托—代理"问题。邵科、徐旭初①对浙江省 88 家合作社的数据做了实证分析，得出成员异质性会对合作社治理结构产生重要影响的结论。王军②集中探讨了合作社中公司与农户之间的关系，指出二者之间始终存在着合作与竞争两种力量，哪种力量占据主导地位取决于双方的谈判力量和谈判地位。Fulton 等人③深入比较了合作制度与"公司＋农户"制度的区别，提出了公司领办合作社的非合作社性质。任大鹏、郭海霞④从合作社运营外部多主体干预的视角，提出了合作社内部治理变革和制度创新的问题。孔祥智、蒋忱忱⑤通过典型案例分析，解释了非农户领办合作社的主流制度形式，指出从"帕累托改进"和"激励相容"的角度来讲，这是一种合理并且有效率的制度安排。全志辉、楼栋⑥则运用专业化分工理论，诠释了专业大户领办的合作社内"大农"盘剥"小农"的逻辑机理。而崔宝玉、陈强⑦认为，保证普通社员的退出权以及合理的股权结构对约束核心社员具有根本性的作用，并且合作社的资本控制具有现实性和必然性，它不一定会导致合作社功能的弱化。潘劲⑧则明确提出，持有股份应成为合作社成员的重要标志，因为成员以其出资额在合作社中承担有限责任；出资也是合作社成员行使民主权利的基础。

本文试图借鉴国内已有研究成果，以近些年来笔者对全国各地合作社的案例调研积累为素材，运用制度经济学和合作经济学的相关理论，从合

---

① 参见邵科、徐旭初《成员异质性对农民专业合作社治理结构的影响——基于浙江省 88 家合作社的分析》，《西北农林科技大学学报（社会科学版）》2008 年第 2 期。

② 参见王军《公司领办的合作社中公司与农户的关系研究》，《中国农村观察》2009 年第 4 期。

③ 参见 Fulton, M. & Zhao, Jun, "New Generation Cooperatives and Farmer Cooperatives in China"，载中国社会科学院农村发展研究所合作经济研究中心与四川省社会科学院农村发展研究所主编《中国农民专业合作社发展新走向：理论研究、实践探索》，四川出版集团、四川科学技术出版社，2009。

④ 参见任大鹏、郭海霞《多主体干预下的合作社发展态势》，《农村经营管理》2009 年第 3 期。

⑤ 参见孔祥智、蒋忱忱《成员异质性对合作社治理机制的影响分析——以四川省井研县联合水果合作社为例》，《农村经济》2010 年第 9 期。

⑥ 参见全志辉、楼栋《农民专业合作社"大农吃小农"逻辑的形成与延续》，《中国合作经济》2010 年第 4 期。

⑦ 参见崔宝玉、陈强《资本控制必然导致农民专业合作社功能弱化吗？》，《农业经济问题》2011 年第 2 期。

⑧ 参见潘劲《中国农民专业合作社：数据背后的解读》，《中国农村观察》2011 年第 6 期。

作社领办人的身份入手，对合作社的制度安排特色以及由此产生的变异问题进行初步的研究和解释。

二 背景：中国农民专业合作社的两大基本类型

从合作社的本质属性出发，农民专业合作社按照所有者成员构成的特点，可以划分为以下两大基本类型：作为合作社利用者的农民生产者组成的合作社，作为合作社利用者的农民生产者和作为合作社业务服务提供者的非农产品生产者共同组成的合作社。前者是符合经典合作社理念、与国际接轨的农民合作社；后者可以称为中国特色的农民合作社，因为它与国际主流农业合作社的成员制度安排不同，非农业生产者可以成为正式的成员，从而具有明显的中国印记。在中国农村大量存在的、具有典型代表性的合作社是第二类合作社。这也是引起争议最多的合作社类型，它的特点是：合作社的发起人不是农业生产经营者，而是与农业生产经营者有紧密的业务联系的，为其提供产前、产中、产后多个环节或单环节服务的服务提供者；或者虽然发起人是农业生产经营者并从事农业生产活动，但他们同时也从事农产品经营活动，并且以后者为主，在合作社中所扮演的角色是农产品生产者的服务供应商。本文的研究对象将锁定于第二类合作社。

三 非农产品生产者领办的农民合作社的制度安排特色

由合作社服务的提供（所有）者领办的合作社，按照领办人的身份，可以分为四大类：第一类是农产品加工企业与农户组成的合作社；第二类是商人（企）与农户组成的合作社；第三类是投资商与农户组成的合作社；第四类是社区领袖带领农户组建的合作社。

（一）以农产品加工企业为代表的实业资本家领办的农民合作社：保障原料供应

以农产品加工企业为代表的实业资本家与农户组成的合作社，通常是在"公司+农户"的基础上发展起来的，形成"公司+合作社+农户"的新模式，通过合作社的产权纽带，不仅可以强化公司与农户的联结机制，而且可以获得更多的政府财政补贴、税收优惠等资源。这类公司领办人的一个共同特点是：农产品原料对于公司的核心竞争力至关重要，并且通过简单的市场交易无法获取或获取成本较高。这类公司领办合作社的基本特征是：公司以合作社的组织方式建立起公司与农户纵向供应的长期合约。合作社本质上是公司的原料基地、第一生产车间。合作社按照公司下达的生产计划生产，包括产品品种、规格、规模、交货时间以及交货价格。而公司为其提供品种选择、生产技术、流动资金、产品回收以及生产性基础设施改善等多方面的服务。公司控制了合作社的决策，并承担了诸如产品市场、生产管理、投入品采购、销售等各个环节的经营风险。实质上，这种模式是"公司＋农户"制度的完善，公司和农户的关系本质上是劳务外包关系。农户在合作社中蜕变为可以获得稳定预期收入的公司"打工仔"，而非合作社的所有者。但是，与个人经营相比，农户的经济收益增加了，因此，他们愿意加入合作社。

（二）商人（企）领办的农民合作社：巩固、扩大客户群体

商人（企）包括农产品销售商（中介、代理商、经销商、批发商）、农资供应商（供销社、个体户）、技术推广服务商（农技推广站、农技人员、个体户）。这类商人以小微企业为主体，经营规模不大，资本实力有限，处在企业生命周期中的成长期，在扩大经营的过程中面临着激烈的同业竞争，通过带领农民发展合作社，可以培植出一个稳定的客户群体，稳固并扩大自己的经营业务量。

合作社对于商人而言，本质上是其经营业务扩张或发展战略中的一个"棋子"，是市场营销战略的应用。而对农户而言，他们也需要这样一个社会化的服务载体。这是因为现代农业的复杂性使得个体农户既无精力、也无能力关注购销活动，作为世世代代与土地打交道的农户，其购销经验明显少于生产经验。如果让农户自我从事生产经营中的购销活动，他们只能任凭市场宰割、随行就市。如果有服务商在为农户提供农资、技术的同时，还帮助他们销售农产品，或者在帮助农户销售农产品的同时，还能够为他们提供技术指导、农资服务，那么，这种行为不仅能够全面满足农户生产经营的需求，降低农户的生产经营成本，帮助他们规避风险，保障其经营收益，而且也能为服务商自身带来潜在的市场发展空间，助其实现销售增值和业务经营范围的扩张。

作为投入回报，农户将成为服务商更加忠实的客户，并且会以自身的示范效果，带动周边更多的农户参与进来，而服务商则进一步稳固了自己的经营地位。因此，商人领办的合作社通常对入社农户都有一种承诺，保证其农资和其他服务的购买成本以及产品销售的收益都优于农户个体经营，在这类合作社承诺承担所有经营风险的同时，实际上也把经营的潜在利润收于囊中。这是因为风险与收益对等、权利与义务对等是任何企业制度安排所遵循的铁律，否则，经济组织就无法维持下去。

商人与农户之间的经济关系本质上是两个市场交易主体之间的买卖关系。商人与农户是利益共享、风险共担的共同体，尽管他们在不同程度上存在一荣俱荣、一损俱损的正向相关关系。农户是商人的客户，双方通过合作社的产权纽带形成稳定的长期契约关系。在合作社中，农户负责生产，因为缺乏合作社运行的核心性、专用性资产，个体农户就缺少话语权，只能用脚投票，民主决策原则和按交易额返还原则尚难以落实。但是，鉴于外部市场的竞争压力，商人至少要保证农户入社后新增利益大于其成本付出。因此，只要对农户有利，合作社就能较好地发展下去。

（三）投资商领办的农民合作社：获取土地资源、实现投资利润率最大化

近年来，"投资农业"日益成为金融资本关注的一个重要领域。与其他非农产业相比，农业具有天然的弱质性，自然风险不可控制、市场风险变幻莫测。这些年受到社会广泛关注的食品安全风险，更加剧了农业的不确定性。在那些通过市场化方式进驻农业的投资者视农业项目为"毒品"、提出"远离毒品、远离中国农业项目"[①]的环境下，为何嗅觉灵敏、追逐利润最大化的金融资本，仍然跃跃欲试，愿意投资农业？其中很重要的一个原因就是金融资本可以由此获取土地资源，获取政府的扶持资金，通过实现农地经营的非农化或非粮化以实现投资利润的最大化。在产业定位上，这类金融资本的瞄准点通常不是农业第一产业，而是以农产品加工业为代表的第二产业和旅游观光、休闲农业等第三产业。这一点在投资者领办的农民专业合作社中也反映了出来。但是，投资商面临的最大问题是土

---

① 某农业产业化龙头企业老总接受笔者访谈时总结的一句话。

地资源从何而来。如果简单租用农户的土地，他们将面临高额的交易成本和生产经营成本，尤其在一些发达地区，农户宁愿等待土地被征用、升值，而不愿出租土地。于是，他们借助合作社的平台组织农户发展股份合作社，农户以其承包经营的土地入股，投资者以现金等入股，同时投资商承诺入股农户优先获得合作社的就业机会或（略）高于市场价的产品收购权，并保证不低于农户自我经营时的土地租金。通过合作社载体，解决了投资者有资本没资源、农户有资源却无法以市场化的资本定价的问题。并且，只要公司能够使农户的经济福利得到持续改善，这类合作社经营的稳定性就有保障。

（四）社区领袖领办的农民合作社：获取社区选票、巩固政治地位

社区政治领袖以村书记、村长为代表。尽管村书记或村长的个人身份也是农民，并且不少是经营成功的专业大户、农民企业家，但是在这里，他们是以社区领袖的身份领办合作社①，所扮演的是一种准政治企业家的角色，即通过合作社发展，巩固自己在村社中的政治地位，并为自己带来更大的经济利益。他们个人追求的目标首先是政治上的，即获得村民更多的选票。因此，在发展合作社时，他们更多的是从全村的产业发展出发，从让更大范围的村民受益出发。这类合作社的发展有着非常好的制度环境。早在 2004 年，中央就对四川省推行村党支部带领农户发展合作组织即"支部＋协会，农民得实惠"的做法给予了肯定。这些年来，随着合作社数量的快速增长，越来越多的地方党委鼓励村两委参与领办合作社。并且，随着农村民主化进程的加快推进，村两委干部领办农民专业合作社的内在动力也日益增强，特别是在近几年的村两委班子换届中，出现了一些合作社领办人进入村两委班子的情况，这无疑给现任村两委干部形成了较大的竞争压力。从笔者调研的情况看，社区领袖领办合作社通常集中在村两委组织凝聚力较强的村庄，他们领办合作社强调"以服务全村农民社员利益"为目标，甚至不惜使用村集体的资源来支持合作社运行，例如免费

---

① 需要指出的是，不少村干部领办合作社是以个人所拥有的经济身份（例如农产品经纪人、专业生产大户或私营企业主等）来实现的，这类合作社不包括在本类型中。

提供办公和活动场所、办公设备，争取上级各种项目扶持,① 等等。作为回报，村两委在村民中的社会动员力和凝聚力进一步增强。与上述其他类型的合作社相比，该类合作社兼具地缘优势和政治资源优势，有利于"一村一品"的产业发展和农村社会管理的创新。但是，从合作社的内部治理看，此类合作社仍然采用权威治理、家长式统治的模式，民主原则难以贯彻。相应地，社员在合作社中剩余索取权的水平也取决于发起人的意愿和企业家的能力。然而，农户新增收益的底线是明确的，即至少高出其自我经营时的收益水平，保证他们从合作社中得到福利改善；否则，在成员自愿的原则下，农户将退出合作社。

（五）小结

可以说，不论哪种形式的合作社，都实现了领办人和农户的帕累托改进。从农户的视角看，他们获得了家庭经营无法或难以克服的制度缺陷，例如农产品生产的规模化、标准化，农产品销售的合同化、品牌化，以及农产品生产经营中的不确定性、风险性，等等。这也是当前中国各类农民合作社生命力旺盛的一个重要原因。尽管在合作社的内部治理中，民主原则、收益分配原则已经被领办人所控制，但是，由于成员入社自愿、退社自由的原则得到了较好的贯彻，从而保障了农户的入社收益。并且，外部农资市场、农产品市场、土地市场的竞争越充分，村庄的政治民主建设越深入，农户社员获得的收益也将越有保障。这是因为只有让农户群体获益，合作社的成员基础才能巩固，领办人的自利动机才能实现。然而，不管怎样，在合作社中，领办人与农户的帕累托改进程度是明显不同的。领办人拥有了合作社经营成功所需的核心稀缺资源，并承担了经营风险，这种制度安排决定了合作社的剩余收益权归属领办人。这也将造成农户群体在市场竞争中更加处于相对弱势的地位，与领办人群体的经营实力、收入差距将进一步拉大。并且，由非农民生产者领办的各类合作社的一个共性问题是：它们的出现使得小农发展自我合作社的机会更小了。这是因为，无论从自身的风险态度、创新精神、

---

① 这种状况导致在一些地方出现了非社员村民对村领导人不满的现象。但是，由于他们通常是村中的少数弱势群体，无法影响村庄的政治格局，因此，村领导人从理性出发，选择"丢卒保车"。

资本实力、技术、经营管理才能、捕捉市场机会的嗅觉等方面，还是从外部的社会资本网络资源方面，小农都无法与领办人相比；这些领办人具有或掌握了小农缺乏的、市场竞争所必需的各种稀缺性资源。在当今农产品市场竞争白热化的条件下，这种局面意味着小农成为合作社企业家的可能性日趋渺茫，意味着农民生产者自我组成的同质性的经典合作社的发展前景黯淡。

四 合作社制度安排变异的理论解释

尽管成员"所有者—利用者"同一的经典合作社在中国仍然存在，并有不少成功的案例，[①] 但是，这种形式已经被边缘化，成为非主流。变异已经成为中国农民合作社在发展初级最突出的特征。变异不仅体现在成员关系、决策原则、收益分配规则和经营规则等方面，而且表现在合作文化、合作哲学等方面，其结果是合作社的组织性质变异：由利用者组成的组织、"所有者—利用者"同一的成员共同体，走向"所有者—业务相关者"同一、相关利益群体共同组成的联盟。

中国农民合作社制度安排变异的理论解释如下。

经典合作社发展的制度环境不复存在。合作社制度是西方的舶来品，自从 20 世纪初引入中国以来，合作社在中国的发展始终面临"先天不足、后天失调"的尴尬局面。从制度环境看，合作运动起源于工业革命初期，法国启蒙运动反对"君权神授"，主张"天赋人权"，并在平等、民主、自由的价值之下形成了自由结社制度，从而奠定了合作运动的社会制度基础；而英、法通过土地革命分别确立起的资本主义农场制度和农民土地的私有财产制度，奠定了合作运动的经济制度基础。两者的结合，出现了使用者共同体的组织形式——合作社。作为一种精神共同体，合作社建立在成员共同的事业、共同的信仰之上。而当前中国农民专业合作社的发育，一方面缺乏平等、民主、自治的市民社会环境；另一方面，农民专业合作社要直接参与国内国际两个市场、承担跨国公司和国内工商资本双重竞争的压力，为求得自我生存，小农单凭自己的力量已经不足以形成有效的市场竞争力，特别是在

---

① 参见张晓山、苑鹏《合作经济理论与中国农民合作社的实践》，首都经济贸易大学出版社，2009。

产品市场竞争环境已经从个别产品之间的竞争转向不同产品供应链之间的竞争的条件下。面对新挑战，农户参与合作社的理念、信仰不是为了对抗工商、金融资本，而是实用主义价值观指导下的工具论，即怎样利用小资本或工商、金融资本之间的竞争，为我服务。而随着成员构成从同质成员转化为农产品供应链上的相关利益群体，合作社的制度安排也由此产生了种种变异。

首先，在成员关系上，从联合集体行动的有机体走向非零和博弈的联盟。在企业间竞争的焦点从上游、下游之间的竞争转化为不同产品供应链链条之间的竞争的市场条件下，农户群体与上游、下游强势群体之间的关系从零和博弈走向非零和博弈，即从合作之前强调个人理性、个人最优结果的"你赢（输）我输（赢）"的竞争关系，通过合作社长期多次重复博弈，走向团体理性，强调效率、公平、公正，互利互惠的合作关系。双向的"回报原则"成为双方合作关系的基础，它强调相互回报使得双方利益兼容，一个人的成功是靠从其他人那里引导出合作而不是背叛，做得好的关键不在于征服对方而在于引导合作。

其次，在内部治理上，决策权安排由民主控制走向大股东控制。民主控制一直是合作社最核心的原则。160多年来，尽管国际合作运动从理想主义走向实用主义，但民主控制原则在发达国家始终得到了较好的贯彻。其中一个重要的原因在于，它是保护弱者利益的武器。民主起源于雅典富有的地产主和贫穷的家庭之间的斗争，但它最终能够成为一种制度，不是来自穷人对富人斗争的胜利，而是来自一系列的政治创新，赋予雅典人作为一个共同体自我统治的体制。然而，因为中国农民合作社的组织基础不是成员共同体而是业务相关者的群体，这就动摇了民主的根基，使民主原则不复存在成为必然的结果。进一步讲，决策民主的核心是利益分配。民主与人们的素质无关，只与利益有关。由于合作社的大股东承担了合作社的经营风险，相应地，剩余控制权、剩余索取权自然也会落入大股东手中。

再次，在合作社中企业家的主流群体构成上，自利的精英分子取代了具有合作精神的企业家。从合作运动的历史看，合作社的成功在很大程度上是由于有一批具有合作精神的企业家人才，他们放弃了作为企业家的人力资本市场定价，而奉献于合作事业。① 而目前中国农民专业合作社的领办者来自社会各路精英，他们领办合作社的直接动机是要借助农户、利用农户来实现自身利益最大化，例如前面提到的加工商解决原料来源问题，商人解决客户来源问题，投资商解决土地生产要素问题，社区领袖解决政治选票问题，等等。甚至不乏其中一些人的目的是借助合作社的外壳获得政府的税收优惠和财政扶持。② 农户是这些精英分子利用的工具，而不是帮扶的对象。而农户的意图也是要利用强者"借船出海"、规避风险、保障收益，而不是经典合作社制度下的共担风险、共享收益。

最后，合作社的哲学基础由集体主义走向个人主义，合作文化由互助走向互惠。经典合作社作为成员的共同体，其组织的哲学基础是集体主义，即组织成员相信，个人之间有着超越自我利益的共同利益、共同信仰和共同追求。而个人主义的哲学观是除了每个人自己的利益之外，社会没有自我独有的利益。

中国农民合作社成员之间的合作，是个体基于对自身利益的追求，而非出于对弱势群体的共同利益的追求而发展起来的；它是建立在个人主义基础上的合作，而非建立在集体主义基础上的合作。因此，"有利则来、无利则走"是个人主义的必然表现，而非原因。在合作文化方面，"我为人人、人人为我"、互相帮助的合作精神始终是其集中体现。帮助，即"替人出力、出主意或给以物质上、精神上的支援"③，它强调的是一种付出、一种不图回报的贡献。而互惠的动机恰恰相反，是基于回报的行动，它的目的是使受惠者承担起某种义务，而不在于改善受惠者的福利。中国农民专业合作社的合作不只是建立在互惠制度基础上的合作，更是经济学意义上通力协作的"合作"，是相关利益群体的联盟，而不再是合作社制度所特指的、建立在超越个人的、一致性的共同理念、信仰基础上的合作。

---

① 在制度经济学看来，生意场上的利他主义，并不是道德说教的胜利，而是基于经济原则。个人效用函数里既有利他主义，也有利己主义，人们最终的行为倾向受制度因素的影响。参见卢现祥、朱巧玲主编《新制度经济学》，北京大学出版社，2007。

② 参见张颖、任大鹏《论农民专业合作社的规范化——从合作社的真伪之辩谈起》，《农业经济问题》2010 年第 4 期。

③ 中国社会科学院语言研究所词典编辑室编《现代汉语词典》（第 5 版），商务印书馆，2005。

参考文献

［1］〔德〕斐迪南·腾尼斯：《共同体与社会：纯粹社会学的基本概念》，林荣远译，北京大学出版社，2010。

［2］黄胜忠：《转型时期农民专业合作社的组织行为研究：基于成员异质性的视角》，浙江大学出版社，2008。

［3］〔英〕约翰·邓肯：《让人民自由——民主的历史》，尹钛译，新星出版社，2010。

［4］赵泉民：《政府·合作社·乡村社会》，上海社会科学院出版社，2007。

农村合作社运动与第三条道路：争论与反思

严海蓉　　陈航英[*]

一　引言

农村合作社运动正在中国盛行。自 2007 年 7 月《农民专业合作社法》（以下简称《合作社法》）正式实施以来，工商登记的农村合作社数量不断增加，从 2008 年的 10 万家，增加到 2012 年底的 68.9 万家。根据国家工商总局的报告，到 2014 年 3 月，合作社已经达到 106 万家。[①]笔者认为，有两点值得注意：一是中国的《合作社法》把合作社定格在"专业"合作社上，所谓的"专业农民"被定义为"同类农产品的生产经营者或者同类农业生产经营服务的提供者、利用者"；二是允许农产品加工企业、事业单位或者社会团体加入合作社。合作社的迅速发展有几方面的助推器。2008 年，中央政府鼓励在农产品加工企业和农业生产者之间建立更为密切的关系。[②]许多准政府机构，包括农业部、中国供销合作社联合会、中国科学技术协会、中国人民银行等，积极参与推进合作社的培育工作。在地方上，不少地方政府机构也参与推进合作社的发展。[③]而三农知识分子和支农的青年学生组织也是合作社的积极倡

---

[*] 严海蓉，香港理工大学应用社会科学系教授；陈航英，香港理工大学应用社会科学系博士研究生。

[①] 参见《国家工商总局关于〈农民专业合作社年度报告办法（试行）（征求意见稿）〉公开征求意见的公告》（2014 年 5 月 12 日）的附件《〈农民专业合作社年度报告办法（试行）（征求意见稿）〉说明》，中国政府法制信息网，http://www.chinalaw.gov.cn/article/cazjgg/201405/20140500395952.shtml。

[②] 参见张晓山《农民专业合作社应朝什么方向发展》，《中国老区建设》2009 年第 2 期。

[③] 参见仝志辉、温铁军《资本和部门下乡与小农户经济的组织化道路——兼对专业合作社道路提出质疑》，《开放时代》2009 年第 4 期。

导者。

然而时至今日，人们对合作社的发展仍存有较大争议。有些人质疑是否应该提倡专业合作社，并对专业合作社的发展所带来的影响持不同意见；有些人则批评现今大部分合作社都是"假"合作社；还有些人提出应以日本、韩国和中国台湾地区的综合性农民协会作为仿效对象。这些争论既关乎农村合作社，但又不局限于农村合作社。在强烈支持或批评的背后，是中国农村发展的可持续性问题和探寻第三条发展道路的可能性问题。

回顾历史，合作社运动已经不是第一次出现在中国农村了。合作社运动首次出现在中国农村是在20世纪30年代的乡村建设运动中，当时有官方的大力支持和知识分子的积极参与。20世纪30年代的乡村建设运动及合作社运动，与今天的合作社运动具有相当的可比性。首先，两次乡村建设运动之间存在明显的知识上的承续。今天，以温铁军等为代表的"三农"知识分子将早期的运动视为一种源泉和遗产。当代中国关心农村的知识分子也把农村合作社看作新乡村建设运动的关键组成部分。尽管20世纪30年代和今天存在诸多不同之处，但新、旧两个乡村建设运动都试图探索一种中国发展的替代性方案，都看到了农村重建的基本问题在于农民缺乏组织，都确信农村合作社是把农村小生产者组织起来的有效途径。其次，两次运动都存在各自的结构性难题。伴随20世纪30年代这场运动的是知识分子关于中国未来前景的激烈辩论，梁漱溟和毛泽东关于中国社会一般性与特殊性问题的辩论便是著名的例证。虽然旧时关于中国农村性质的争论，尤其是梁漱溟和毛泽东之间的争论，已逐渐为人所淡忘，但是，对此一争论的重新审视仍有助于我们对当前农村合作社运动和农村发展的反思。

二　20世纪30年代的论辩：梁漱溟第三条道路的假设和实践

中国农民历来就有互助传统。① 中国知识分子对合作社理念的兴趣发生

---

① 史敬棠等人汇集了一批关于20世纪40年代到50年代中国不同农村地区互帮互助传统的调查报告。

在 20 世纪早期。① 早期倡导者汤苍园就是一位把合作主义视为一种替代性方案的典型人物。在他看来,"合作是反对资本主义的,其势力所及,将破坏经济帝国主义而有余,但它的方法,则与马克思主义不同。合作主义不注重革命,而注重建设,不假手国家,而期成于团体,其进也渐,其行也远。"② 但合作社运动的另一位重要支持者于树德(早期共产党员,曾担任孙中山的秘书)则认为,把合作社当作主义或道路是对合作社组织的一种误解。他于 1927 年明确指出,合作社组织的问题属于社会政策领域,它本身不是主义。③ 果然,20 世纪上半叶,国民党、共产党、无党派人士,甚至中国东北的日本侵略者这些不同的政治势力,在不同的主义背景下,为着不同的目的却都将合作社作为一项社会政策来予以推行,于的观点得到了现实的印证。

中国共产党对合作社的推动是其大规模阶级政治动员中的一部分,首先在工人中展开,当农民运动兴起之后,又迅速扩展到农民中。1922 年,在领导江西安源煤矿工人罢工时,毛泽东和他的同志们就组织工人们创办了一个消费合作社,但合作社的迅速发展在 1925 年遭到军阀的打压。以工人为中心的合作社在湖南和广东的部分地区被组织起来:④ 1925 年,共产党发表了《中国共产党告农民书》,鼓动新兴的农民协会积极参与到创办合作社的运动中来。在 1926 年至 1927 年期间,合作社成为国共合作时期广州农民运动讲习班的一个讲授话题。⑤ 1925 年到 1927 年间,在农民运动势头最强的广东、湖南、湖北、江西等地,农民协会都颁布了有关合作社的决议。⑥

合作社运动是 20 世纪 20 年代全国性农民运动的组成部分。此时的农

---

① 一批在日本、德国、法国和美国访学的中国知识分子通过刊物和大学任教的形式把合作经济理念传播给了中国读者大众。早期的发起人主要有覃寿公(1877~1938)、薛仙舟(1878~1927)、徐沧水(1895~1925)、戴季陶(1891~1949)、汤苍园(1881~1931)、朱进之(1888~1923)以及于树德(1894~1981)。参见杜润生《当代中国的农业合作制》,当代中国出版社,2002。

② 参见卜国群《中国三十年代的合作运动及乡村改良潮》,《中国经济史研究》1994 年第 4 期。

③ 参见于树德《合作社之理论与经营》,中华书局,1929。

④ 参见杜润生《当代中国的农业合作制》,当代中国出版社,2002。

⑤ 参见杜润生《当代中国的农业合作制》,当代中国出版社,2002。

⑥ 参见史敬棠《中国农业合作化运动史料》,三联书店,1957。

民运动具有阶级立场，包括打倒土豪和军阀、减租减息、反帝国主义运动、文化运动等，合作社决议的宗旨是支持"贫农"，使其免于"地主"、"富农"和"富户"的剥削。① 这些合作社主要在销售、供给和信贷方面促进了合作。1927 年国共合作破裂之后，中国共产党开始建立自己的农村根据地，实行土地改革。在土改和男劳动力参军无法顾及生产的情况下，农民们积极主动地运用传统方法或者发明新合作形式来共享生产工具、畜力以及动员妇女从事生产。② 而共产党也致力于对合作社的推进，特别是在劳动生产方面。1933 年，共产党颁布了关于劳动合作社组织的政策大纲，大纲要求合作社坚持"依靠贫农和团结中农"的原则，并将地主、富农和资本家排除在合作社之外。③ 及至 20 世纪 40 年代的抗日战争时期，中国共产党依旧在晋察冀根据地积极推进合作社建设。当时中国共产党领导的根据地已有一半实行了土地改革，还有一半实行了减租政策。④ 在此背景下，合作社不仅有力地促进了合作和生产，而且在组织抗日统一战线方面也发挥着重要作用。⑤

国民党也曾推进合作社运动，并于 1928 年组织了农村信贷合作社。⑥ 20 世纪 30 年代，合作社在国统区逐渐发展起来。1932 年，国民政府首次颁布政策，支持在当时被视为"剿匪"地区的区域发展合作社。随后几

① 参见史敬棠《中国农业合作化运动史料》，三联书店，1957。
② 毛泽东 1933 年对江西长岗和福建柴溪的调查详细反映了土地改革后农村合作社的发展状况。1932 年，苏维埃政府为合作社组织颁布了一项指导方针（魏本权、曾耀荣：《民间互助·合作运动·革命策略：中央苏区农业互助合作运动再研究》，《赣南师范学院学报》2010 年第 2 期。）参见 Selden, M., The Yenan Way in Revolutionary China, Cambridge: Harvard University Press. Thogersen, 1971. 中国共产党延安时期推行的合作社经济建设。
③ 参见史敬棠《中国农业合作化运动史料》，三联书店，1957；梅德平：《共和国成立前革命根据地互助合作组织变迁的历史考察》，《中国农史》2004 年第 2 期。
④ 参见毛泽东《论合作社》，1943，长阳土家族自治县供销合作社联合社网站，http://gxs. changyang. gov. cn/art/2012/5/11/art_ 3172_ 79829. html，最后访问日期：2016 年 12 月 1 日。
⑤ 参见刘庆礼《抗战时期晋察冀边区的合作社述论》，《党史文苑》2010 年第 4 期。
⑥ 国民党一位领导人陈国富于 1924 年创建"中国合作运动协会"，并且国民党 1926 年通过一项"农民运动"决议也提到了促进农民合作社发展的问题。1928 年，蒋介石和陈国富再次提出一项关于合作社运动的决议。1931 年，国民政府发布了《农民合作社预规定》，1934 年正式颁布《合作社法》。卜国群认为没有国民政府的推动，农村合作社是不可能的（卜国群：《中国三十年代的合作运动及乡村改良潮》，《中国经济史研究》1994 年第 4 期）。

年，国民政府继续在政策和资金上对合作社予以支持。国统区的合作社数量大增，其中大部分都为信贷合作社。但实际上，信贷合作社无助于农民的生产活动，也不能帮他们摆脱高利贷的盘剥。相反，它却使农民们更易受到那些掌控信贷合作社和充当信用担保人的地主和商人们的剥削。①

在 20 世纪 30 年代的世界性经济危机（1929—1933 年）的震荡下，中国于 1932 年爆发大规模的农村危机。与此同时，日本占领东北，使得民族危机日益迫近。在这一双重危机的背景下，一些无党派知识分子开始致力于乡村建设运动，并将推动合作社的发展视为其中的关键。② 这些知识分子把合作社运动当作群众自我组织的一种方式，也是救亡图存的关键。③ 合作社在国统区得以迅速发展，部分原因在于国民政府的支持。1933 年，首个全国性的合作社网络成立。及至 1935 年合作社网络召开第三次大会时，该网络已经吸纳了来自全国 10 个省份的 99 家组织机构，包括社会团体、大学和政府部门、部分报社。④ 在其顶峰的 1936 年末，该网络已拥有超过 1000 个乡村实验点⑤和遍及 16 个省份的超过 160 万会员的 37318 家合作社。⑥ 这些乡村实验点都由国民政府或者外国基金会资助。⑦ 费孝通在 1939 年也指出，农村合作社和乡村工业能够在中国乡村的重建过程中扮演非常重要的角色。⑧

尽管共产党和国民党是为了不同的目的而推进合作社的发展，但是投

---

① 参见梅德平《国民党政府时期农村合作社组织变迁的制度分析》，《民国档案》2004 年第 2 期。

② 人们普遍认为乡村中国正在面临崩溃和破产。部分原因是受到 1929～1931 年经济危机的影响，部分是 1931 年长江洪水泛滥和日本侵略所导致。

③ 参见卜国群《中国三十年代的合作运动及乡村改良潮》，《中国经济史研究》1994 年第 4 期。

④ 参见姜新、贾晓燕《民国乡村工作讨论会评议》，《徐州师范大学学报（哲学社会科学版）》2008 年第 3 期。

⑤ 参见晏阳初《乡村运动成功的基本条件》，《晏阳初全集》第 1 卷，湖南教育出版社，1989。转引自姜新、贾晓燕：《民国乡村工作讨论会评议》，《徐州师范大学学报（哲学社会科学版）》2008 年第 3 期。

⑥ 在所有促进和监督合作社的组织中，87% 是政府性质的，12.7% 是社会性质的（参见何建华《梁漱溟的农业合作化思想与实践》，《东南学术》2007 年第 1 期）。

⑦ 参见晏阳初《乡村运动成功的基本条件》，载《晏阳初全集》第 1 卷，湖南教育出版社，1989。

⑧ 参见费孝通《江村经济：中国农民的生活》，商务印书馆，2001。

身于这场合作社运动的知识分子们还是秉承前人的看法，即把合作社运动视为可以替代西方资本主义和共产主义的"第三条道路"。梁漱溟在山东省邹平县开展的合作社实验在当时规模最大，从 1931 年持续到 1936 年。在 1936 年顶峰时期，实验区拥有 8828 名会员，共 307 家合作社。[①] 1933 年该实验区成为国民政府授权的一个实验县，梁漱溟还曾在 1935 年短暂地担任县长一职。[②] 作为一位知名的儒学思想家和社会改革家，[③] 梁漱溟有意识地将实验区与国家重建联系在一起，赋予实验区以重大的意义。鉴于梁漱溟过去和现在的影响，我们下面通过集中讨论他的观点来审视 20 世纪 30 年代那场乡村建设运动。

围绕着 1919 年五四运动，各种社会主义思想开始在中国传播，吸引了大批中国知识分子的关注。受彼得·克里泡特金（Peter Kropotkin）的互助、合作和行会社会主义著作的影响，[④] 梁漱溟认为，乡村建设运动能够创建出一种新的社会结构，如此，中国就可以走出一条既非资本主义也非共产主义的道路。[⑤] 和同时代的很多人一样，梁漱溟目睹中国政治衰败（军阀土匪猖獗、苛捐杂税等）、经济恶化（外国经济入侵等）和文化失调、社会失序。在他看来，"中国近百年史，可以说是一部乡村破坏史"[⑥]。梁漱溟和毛泽东一样，都认为乡村是解决中国问题的关键，[⑦] 但两人恰恰在对中国社会的诊断上存在差异。对清末以来破坏社会的政治军事权力的失望，促使梁漱溟转向从社会文化结构角度寻求诊疗和救治中国的良方。[⑧] 他认为："今日中国问题在其千年相沿袭之社会组织构造既已崩溃，而新

---

① 参见邱志强《对梁漱溟乡村合作运动的反思》，《中国社会经济史研究》2002 年第 2 期。

② 参见卜国群《中国三十年代的合作运动及乡村改良潮》，《中国经济史研究》1994 年第 4 期。

③ 可参考 Alitto, G. S., The Last Confucian：Liang Shuming and Chinese Dilemma of Modernity, Berkeley CA：University of California Press, 1986. 和 Lynch, C., "The country, the city, and vision of modernity in 1930s China," Rural History, Vol. 21, No. 2, 2010, pp. 151 – 163 关于梁漱溟的研究。

④ 参见杨菲蓉《梁漱溟与社会主义》，《社会主义研究》1999 年第 5 期。

⑤ 参见梁漱溟《梁漱溟全集》第 2、3、5、6 卷，山东人民出版社，1989。

⑥ 梁漱溟：《梁漱溟全集》第 2、3、5、6 卷，山东人民出版社，1989，第 150 页。

⑦ 参见梁漱溟《梁漱溟全集》第 2、3、5、6 卷，山东人民出版社，1989，第 161、374 页。

⑧ 参见 Alitto, G. S., The Last Confucian：Liang Shuming and Chinese Dilemma of Modernity, Berkeley CA：University of California Press, 1986；梁漱溟：《梁漱溟全集》第 2、3、5、6 卷，山东人民出版社，1989。

者未立；乡村建设运动，实为吾民族重建一新组织构造之运动。"①

　　梁漱溟的乡村建设运动基于两个主要假设。第一，他假设了乡村建设的政治自足性和经济自足性，即乡村建设本身可以自足地成为整个中国社会重建的基础。一方面虽然梁漱溟强调中国社会的问题是外源的而非内生的，② 但是另一方面，他认为中国问题的解决有赖于乡村建设运动，因为它"天然包含着各种问题的解决"，涵盖着生产技术的进步、合作组织的发展、教育水平的提高以及农民力量的增加。③ 梁漱溟所设想的"乡农学校"能够提供给中国农村非常缺乏的两样东西，即科学技术知识和社会组织的新形式。④ "乡农学校"视所有村民为"学众"，教授他们协作、农业技术知识、识文断字等。"乡农学校"还组织过超过300家合作社从事生产、销售、信贷和采购等工作。除了教育功能外，"乡农学校"也涉及当地的政治、经济和军事防御等功能。梁漱溟认为他的实验有助于发展出一套全国性的政治体制模式来。这就是说，梁漱溟乡村建设运动的自足性基于这样一个设想，即不仅乡村建设运动自身可以摆脱帝国主义和地方军阀的政治经济力量的控制，而且通过乡村建设运动，中国也可以结束近代以来的破坏史。我们姑且称之为乡村建设的政治自足性假设。但是，我们看到梁漱溟对这一设想的信心在1938年受到了沉重打击。⑤

　　梁漱溟的乡村建设还假设了它的经济自足性。那就是，在当时中国与世界关系的格局下，中国的农业生产可以作为工业化的基础。⑥ 梁漱溟指出，与受西方工业利益压迫的、脆弱的中国工业相比，农业是中国的比较优势所在。⑦ 在他的设计中，中国的发展道路必将是一条立足于合作基础上的农业发展道路，工业化应为满足需要而生产，企业不应为私人所有，而应由合作社、社会组织和国家所有。⑧ 它将是一种既不同于传统农业文

---

① 梁漱溟：《梁漱溟全集》第2、3、5、6卷，山东人民出版社，1989，第375页。
② 参见梁漱溟《梁漱溟全集》第2、3、5、6卷，山东人民出版社，1989。
③ 参见梁漱溟《梁漱溟全集》第2、3、5、6卷，山东人民出版社，1989。
④ 参见梁漱溟《梁漱溟全集》第2、3、5、6卷，山东人民出版社，1989。
⑤ 参见杨菲蓉《梁漱溟合作理论与邹平合作运动》，重庆出版社，2001。
⑥ 参见梁漱溟《梁漱溟全集》第2、3、5、6卷，山东人民出版社，1989。
⑦ 参见梁漱溟《梁漱溟全集》第2、3、5、6卷，山东人民出版社，1989。
⑧ 参见梁漱溟《梁漱溟全集》第2、3、5、6卷，山东人民出版社，1989。

明又不同于西方城市文明的新文明。就此，梁漱溟①规划了一幅发展路线图：使内地农村能利用外埠过剩资金以恢复生产，增进生产，因而增进一般购买力以促兴民族工业，而后工业乃至一切产业依次可兴。使外埠屯集之资金得进输与内地农村，以冀农产原料之增加而输出，工制品及工具之需要而输入，俾资金环转流通后全国金融可以活泼流通而不滞。

　　总结而言，梁漱溟的中国发展路线是希望某种形式的资本下乡，以辅助农业发展，进而增进购买力，拉动内需，以农业原料的输出换取工业机械的输入，以达到工农业循环，完成工业化。尽管梁漱溟所希望的中国道路既不同于传统农业文明，又不同于西方的城市文明，然而他的路线设计却似曾相识，似乎是"现代化理论"的某种翻版。诚然，新兴移民国家如美国、加拿大、澳大利亚等在 19 世纪的工业化进程的确得益于农业出口。② 问题是，在时过境迁之后，在 20 世纪前半叶的世界格局下，虽然还有人对此现代化路径津津乐道，此路却已经不通。正如下面将要讨论到的那样，因为梁漱溟认为乡村建设具有政治和经济的自足性，忽视了在华占有超经济优势的帝国主义的存在，所以他的假设遭到了批评。

　　伴随乡村建设运动展开的是中国知识界关于中国社会性质的一系列辩论。这些辩论发生在 20 世纪 20 年代后期和 30 年代前期，主要涵盖中国社会性质（1927—1928）、中国社会历史（1932—1933）和乡村社会（1934—1935）三个层面的内容。其中，最后一次的辩论最为重要。③ 毫无疑问，对中国未来的严重关切推动了这些辩论的进行。正如当时一位著名编辑所观察到的那样，"关于中国社会性质问题，现在已经逼着任何阶级的学者要求答复。任何阶级的学者为着要确定或辩护他自己的阶级的前途，也非解答这问题不可"④。随着 1927 年国共两党合作的破裂，这些辩

---

① 参见梁漱溟《梁漱溟全集》第 2、3、5、6 卷，山东人民出版社，1989，第 367、368 页。
② See Friedman, Harriet & Philip McMichael, "Agriculture and the State System," Sociologia Ruralis, Vol. 29, No. 2, 1989, pp. 93 – 117.
③ 关于这些争辩的英文资料总结，参见 Chiang, Y., Social Engineering and the Social Sciences in China, Cambridge: Cambridge University Press, 2001 的第 6 – 8 章和 Han（2005）的第 4 章；关于中文方面的综合性总结，参见何干之《中国社会性质问题论战》，生活书店，1937。
④ 郭若平：《新民主主义理论的学理探源——对"中国社会性质问题论战"有益成果的吸收》，《中共党史研究》2003 年第 4 期。

论也与共产国际和中国共产党内关于中国革命的目标、策略问题的争论密切相关。辩论的结果就是中国社会不是资本主义社会，而是一个半殖民地半封建社会。

由马克思主义者和左翼知识分子组成的、参加中国农村社会性质辩论的"中国农村派"发起了对包括梁漱溟和晏阳初在内的乡村社会运动实验的批判。在 1936 年出版的《中国乡村建设批判》一书中，这部分学者对乡村建设运动自足性的假设提出质疑：乡村建设运动或者中国国民经济的建设能完全独立于民族解放这一政治任务吗？[①] 更具体地说，"农业的发展能带来工业化，能拯救城市吗？"尽管梁漱溟设想的是非资本主义式的发展，但实际情况是他所希望的"资金"——那些从商业银行或者政府财政机构出来的"资金"——在农村却表现出一种资本性质，而且，它们主要集中在交通便利的地区，并且主要有益于富农、中农，而无益于贫农。[②] 通过引证河北和山东农村合作社生产的棉花如何供给在华帝国主义企业的案例，"中国农村派"认为"乡村建设"反而有利于帝国主义在华的利益扩张。几年后，"中国农村派"领军人物陈瀚笙卓有影响的研究向世人展示了英美烟草公司是如何通过买办商人、地主士绅和乡村合作社来诱使安徽、河南和山东成千上万的中国农民为跨国公司从事烟草生产的，不仅普通农民遭受各方的欺诈，没有博弈的能力，而且中国的民族烟草产业也面临着帝国主义烟草公司超经济的挤压。[③]

梁漱溟关于乡村建设的第二个主要假设是关于中国社会的特殊性。

[①] 参见千家驹、李紫翔《中国乡村建设批判·编者序》，钟离蒙、杨凤麟主编《中国现代哲学史资料汇编：村治派批判》，辽宁大学出版社，1982。

[②] 参见关于梁漱溟以及他在山东实验的论文，有些研究者认为梁的合作社成员大部分是地主和富农（马勇：《梁漱溟评传》，安徽人民出版社，1992；朱汉国：《梁漱溟乡村建设研究》，山西教育出版社，1996）。美国学者艾恺认为尽管有富农占主导的趋势，但是合作社成员主要还是中农。杨菲蓉重新考察了合作社的记录，认为大多数合作社成员更可能是中农和贫农（参见杨菲蓉《梁漱溟合作理论与邹平合作运动》，重庆出版社，2001）。尽管合作社当时的记录保存着户员所持有的土地面积大小，但是没有每户家庭的土地面积大小信息，因此很难根据人均土地所有权来估算成员家庭的阶级地位。然而，即便合作社成员主要是中农和贫农，但是合作社记录难以告诉我们合作社内部的决策程序以及谁从中获利最多。

[③] See Chen, H., *Industrial Capital and Chinese Peasants: A Study of the Livelihood of Chinese Tobacco Cultivators*, New York: Garland Pub., 1980.

1938 年他访问延安，在那里与毛泽东的争论就涉及了这个问题。在梁漱溟看来，中国社会和西方社会有两个不同之处：第一，中国社会有职业之分，却无阶级之别；第二，中国社会的立足基础是伦理，即人们彼此之间的责任和义务，而非西方式的个人主义。梁漱溟认为中国缺乏革命所需的阶级动力，因为没有一个阶级能作为革命的阶级基础，无论是农民阶级、工人阶级，还是资产阶级。在土地问题上，一方面，他承认由私有制所导致的地权的不平等，并且认为可以通过公有制或者平均地权来实现平等；① 另一方面，梁漱溟又特别强调中国农村没有阶级分化，认为土地和农民并没有分离。他提供的证据是土地既可以集中也可以分散，土地可以自由买卖，"土地之集中垄断情形不显著"②。同样地，梁漱溟否认中国存在一个统治阶级，因为存在社会流动，统治者和被统治者的位置可以互换。因此，他公开阐明道："中国有统治者而无统治阶级。"③ 由于对立的阶级无法形成，中国社会也就不存在阶级斗争。而这一状况在梁漱溟看来对合作是极为有利的，他曾经倡导避免使用"农民"和"被压迫的民族"等具有阶级内涵的词汇，而使用"乡村居民"来构建彼此的包容性。④

　　梁漱溟的乡村建设运动是为了寻求一种新的社会组织，来超越家庭、宗族和村落等传统组织，尽管有些人认为他代表保守主义⑤或者是儒家。⑥鉴于梁漱溟将村民视为无差别的群体，可以说，他意图构造的是一个乡村公民社会，这个社会将由传统的乡村精英和新兴的城市精英来共同领导。正如他自己所解释的那样："乡村建设运动，题目便是辟造正常形态的人类文明，要使经济上的'富'、政治上的'权'综操于社会，分操于人

---

① 参见徐连明、赵静《梁漱溟的土地理论》，上海市政协网站，http：//shszx. eastday. com/node2/node4810/node4851/node4864/userobject1ai47610. html，最后访问日期：2016 年 12 月 1 日。

② 梁漱溟：《梁漱溟全集》第 2、3、5、6 卷，山东人民出版社，1989；徐连明、赵静：《梁漱溟的土地理论》，参见上海市政协网站，http：//shszx. eastday. com/node2/node4810/node4851/node4864/userobject1ai47610. html，最后访问日期：2016 年 12 月 1 日。

③ 梁漱溟：《梁漱溟全集》第 2、3、5、6 卷，山东人民出版社，1989。

④ 参见梁漱溟《中国民族自救运动之最后觉悟：乡村建设理论》，上海书店，1992。

⑤ See Webb, A. K., "The countermodern movement: a world-historical perspective on the thought of Rabindranath Tagore, Muhammad Iqbal, and Liang Shuming," *Journal of World History*, Vol. 19, No. 2, 2008, pp. 189 – 212.

⑥ See Alitto, G. S., The Last Confucian: Liang Shuming and Chinese Dilemma of Modernity, Berkeley CA: University of California Press, 1986.

人。"他所宣称的"社会运动"应该由知识分子来领导并且以村民自身为基础。① 在乡村建设运动中，乡村学校成为外来社会改革家们动员村民的"公共领域"。② 而这一公共领域由新旧精英共管。学校由董事会负责执行工作，其成员从乡村精英中选取，教学任务则由社会改革家们担任。梁漱溟和他的追随者们希望他们的组织能够代表一个独立于政府之外的自治社会，但实际上它发挥的功能是"充当了中国政府、官员与穷乡僻壤之间的中介"③。所以在实践中，梁漱溟更像一位现代化者，而非其著作中所体现的保守形象。④

在"中国农村派"看来，梁漱溟乡村建设运动的哲学和实践未能处理好生产资料的所有制问题。他们质疑：如果这一运动仅仅关注农业技术、交通运输、市场与金融等问题，而不考虑生产资料所有制问题，尤其是不去触碰土地问题，那么它到底能否缓解中国农民的贫苦？⑤ 1935年，梁漱溟自己也承认乡村建设运动既不能减轻农民沉重的赋税，也不能帮助他们实现土地再分配。⑥ 此外，"中国农村派"的李紫翔在其批评中也指出：以小生产者为基础的合作社不仅不会与大企业发生矛盾，而且实际上是为大企业和银行所控制的。⑦ 李紫翔预言梁漱溟的"生产社会化"和"分配社会化"将成为难以兑现的空头支票。至于梁漱溟想象的生产和消费的良性循环，也将因帝国主义工业和商品市场的扩大而终结。虽然梁漱溟认为乡村建设运动应尽量依靠各方力量，但是实际上它

---

① 参见梁漱溟《梁漱溟全集》第 2、3、5、6 卷，山东人民出版社，1989。

② See Thogersen S., "Reconstructing society: Liang Shuming and the rural reconstruction movement in Shandong," in K. E. Brodsgaard & D. Strand (eds.), *Reconstructing Twentieth-century China*: *State Control*, Civil Society, and National Identity, Oxford: Claredon Press, 1998, p. 147.

③ See Thogersen S., "Reconstructing society: Liang Shuming and the rural reconstruction movement in Shandong," in K. E. Brodsgaard & D. Strand (eds.), *Reconstructing Twentieth-century China*: *State Control*, Civil Society, and National Identity, Oxford: Claredon Press, 1998, p. 159.

④ See Thogersen S., "Reconstructing society: Liang Shuming and the rural reconstruction movement in Shandong," in K. E. Brodsgaard & D. Strand (eds.), *Reconstructing Twentieth-century China*: *State Control*, Civil Society, and National Identity, Oxford: Claredon Press, 1998, p. 158.

⑤ 参见千家驹、李紫翔《中国乡村建设批判·编者序》，载钟离蒙、杨凤麟主编《中国现代哲学史资料汇编：村治派批判》，辽宁大学出版社，1982。

⑥ 参见梁漱溟《梁漱溟全集》第 2、3、5、6 卷，山东人民出版社，1989，第 581 页。

⑦ 参见李紫翔《中国农村运动的理论与实际》，载钟离蒙、杨凤麟主编《中国现代哲学史资料汇编：村治派批判》，辽宁大学出版社，1982，第 69 页。

几乎只依赖知识分子。① 尽管梁漱溟在乡村建设运动方法论中强调客观条件，但李紫翔指出，梁漱溟眼中的客观条件是静止不变的，因而他的理论和方法论也不可避免地表现为屈从于这种"客观条件"的保守主义形式。② 因此，梁漱溟的乡村建设运动就具有哲学的空想性、方法论的保守性，他所谓的"新文明"只能是半殖民地文明。李紫翔敏锐地总结道，乡村建设运动（包括晏阳初所领导的）意图以"文化工作"来修补中国社会政治经济问题根本矛盾的努力，就像推马车上坡一样，终有一天会以失败告终。③

因日本侵华，乡村建设运动在 1937 年宣告结束。1938 年，梁漱溟在寻求抗日希望时，对中国共产党的统一战线政策产生了浓厚兴趣，为此，他访问了延安，并和毛泽东做了长时间的交流。这次坦诚友好的交流使他们在民族解放和反对西方宪政民主方面找到了共同点，但在中国农民和中国社会的观点上却出现了分歧。当毛泽东问梁漱溟乡村建设运动的困难之时，梁漱溟坦言，"最大的困难便是农民好静、不好动"④。这是梁漱溟一向以来的观点，正如他如此评述农民："他们的信仰和习惯数千年沿用，无大改变，保守性格外深重。所以要向中国农民谈革命简直是碰壁不通。"⑤ 早在 1935 年梁漱溟就已经认识到乡村建设运动的困境：

> 号称乡村运动而乡村不动……乡下人漠不关心，只是乡村以外的人瞎嚷嚷……本来最理想的乡村运动，是乡下人动，我们帮他呐喊。退一步说，也应该是他想动，而我们领着他动。现在完全不是这样。现在是我们动，他们不动；他们不惟不动，甚至因为我们动，反来和他们闹得很不合适，几乎让我们作不下去……我们自以为我们的工作

---

① 参见李紫翔《中国农村运动的理论与实际》，钟离蒙、杨凤麟主编《中国现代哲学史资料汇编：村治派批判》，辽宁大学出版社，1982，第 70 页。

② 参见李紫翔《中国农村运动的理论与实际》，钟离蒙、杨凤麟主编《中国现代哲学史资料汇编：村治派批判》，辽宁大学出版社，1982，第 70 页。

③ 参见李紫翔《中国农村运动的理论与实际》，钟离蒙、杨凤麟主编《中国现代哲学史资料汇编：村治派批判》，辽宁大学出版社，1982，第 74 页。

④ Alitto, G. S., *The Last Confucian: Liang Shuming and Chinese Dilemma of Modernity*, Berkeley CA: University of California Press, 1986, p. 89.

⑤ 梁漱溟：《中国民族自救运动之最后觉悟：乡村建设理论》，上海书店，1992，第 176 页。

和乡村有好处，然而乡村并不欢迎。①

即便是谈到比较成功的成人义务教育项目时，梁漱溟也失望地指出，农民依旧是改革的对象，而知识分子是改革的主体。许多乡村建设运动参与者都把消极的村民比作"石头"。②

窑洞谈话发生在 1938 年，那时中国共产党已经积累了大量的农民动员经验，不少根据地不仅开展了土改运动，还有活跃的农村合作社。因此，毛泽东当即就反驳了梁漱溟关于农民的看法："你错了！农民是要动的，他哪里要静？"③ 在花了一周时间读完梁漱溟的《乡村重建理论》，听完其对文化理论和乡村建设运动的详细讲解之后，毛泽东清楚地认识到，两人的不同之处在于中国究竟是需要一场改革还是革命，以及阶级分析是否适用于中国社会。毛泽东对两人的差异总结道："中国社会亦还有其一般性；你太重视其特殊性而忽视其一般性了。"梁漱溟则坚决地回应说："中国之所以为中国，在其特殊之处；你太重视其一般性，而忽视其特殊性，岂可行呢？"④

今天，许多梁漱溟的追随者都痛惜乡村建设运动不幸遭到日本侵略者的打断，亦有人认为乡村建设运动的功绩不应该以成败来衡量。⑤ 然而，梁漱溟本人却对乡村建设运动所面临的结构性困境进行了直率而深刻的反思。首先，梁漱溟反思了乡村建设运动的社会改革定位与依赖地方军阀政权之间的矛盾，这也涉及乡村建设运动的自足性问题。梁漱溟在山东的乡村建设运动所依靠的地方政权是由旧军阀韩复榘所领导的。韩复榘屠杀共产党员及其支持者，镇压农民武装起义，推行国民党的

---

① 梁漱溟：《梁漱溟全集》第 2、3、5、6 卷，山东人民出版社，1989，第 575 页。

② Thogersen S.，"Reconstructing society：Liang Shuming and the rural reconstruction movement in Shandong，"in K. E. Brodsgaard & D. Strand（eds.），*Reconstructing Twentieth-century China*：*State Control，CivilSociety，and National Identity*，Oxford：Claredon Press，1998，p. 152.

③ Alitto，G. S.，*The Last Confucian*：*Liang Shuming and Chinese Dilemma of Modernity*，Berkeley CA：University of California Press，1986，p. 89.

④ Alitto，G. S.，*The Last Confucian*：*Liang Shuming and Chinese Dilemma of Modernity*，Berkeley CA：University of California Press，1986，p. 89；艾恺：《最后的儒家》，王宗昱、冀建中译，江苏人民出版社，2003。

⑤ 参见潘家恩《"自我保护"与另类实践：双向运动视野下的中国乡村建设》，博士学位论文，香港岭南大学，2012。

"新生活运动"，其政权是中国传统与欧洲法西斯主义的结合体。其次，梁漱溟认为最痛心的矛盾在于上面所提到的，"号称乡村运动而乡村不动"。他也意识到由于乡村建设运动未能关注农民的赋税和土地问题，无法解决关乎村民的真正问题，"因此无法赢得他们的支持"①。尽管承认这些问题是不可避免的，但他认为问题会逐渐得到缓解。甚至在 1949 年，他仍然坚持自己关于中国缺乏阶级革命条件的基本判断。然而，在目睹中国共产党取得土地革命的成功之后，梁漱溟承认他看待中国社会的观点是静态的，未能看到差异可以发展成阶级冲突。他反思自己犯了过度强调中国问题特殊性的错误。②

三 当代农村合作社的主张、争论和困境

农村改革后建立家庭联产承包责任制，这虽然还没有使农地成为完全意义上的商品，③ 却已经导致了集体所有权的空洞化，使村集体无法有效协调农村公共基础设施建设。④ 20 世纪 90 年代以来，"三农"问题困扰中国社会，这些问题包括农资、劳动力、公共服务商品化，农村青年外流，农业生产的老龄化和女性化，家庭生活碎片化，村庄内部关系原子化，社会分化加剧等。⑤ 新乡村建设运动（以下简称"新乡建"）便是对"三农"问题的一种回应。⑥ 新乡建不同于 2005 年中央政府开始实施"建设社会主

① 梁漱溟：《梁漱溟全集》第 2、3、5、6 卷，山东人民出版社，1989，第 581 页。
② 参见梁漱溟《梁漱溟全集》第 6 卷，山东人民出版社，1989，第 866，第 950、951 页；汪东林：《梁漱溟问答录》，湖北人民出版社，2004，第 157 页。
③ 对农村家庭和农地分配的考察，参见 Unger, J., "Families and farmland in Chinese villages: unexpected findings," in M. Farquhar (ed.), *Twenty-first Century China: Views from the South*, Cambridge: Cambridge Scholarly Publications, 2009, pp. 138 – 155。
④ 参见胡靖对中央政府推动的一系列使集体权力不断边缘化的政策进行了尖锐的批评。张谦（Zhang, F. Q., "The political economy of contract farming in China's agrarian transition," *Journal of Agrarian Change*, Vol. 12, No. 4, 2012, pp. 460 – 483）则认为当前的土地制度在企业下乡流转土地时仍然能为农民提供一些保护。
⑤ 这是普遍的趋势，但由于地方宗族关系的多样化，乡村社会内部连结上也存在着区域差异（贺雪峰：《村治模式：若干案例研究》，山东人民出版社，2009）。
⑥ See Day, A. & M. Hale (eds.), "Special issue on 'new rural reconstruction'", *Chinese Sociology and Anthropology: A Journal of Translations*, Vol. 39, No. 4, 2007; Day, A. & M. Hale (eds.), "Special issue on 'The Central China School of rural studies'", *Chinese Sociology and Anthropology: A Journal of Translations*, Vol. 41, No. 1, 2008; Day, A., *The Peasant in Postsocialist China: History, Politics, and Capitalism*, Cambridge: Cambridge University Press, 2013.

义新农村"的规划，中央政府的规划强调加大对农村投资、刺激农村需求。[1] 新乡建开始的标志是 2002 年在北京举行的首次乡村建设会议、2003 年初晏阳乡村建设研究院以及 2004 年梁漱溟乡村建设中心的成立。新乡建的内容包括动员和培训学生志愿者下乡支农、培育校园三农社团、政策批判和倡导、宣传农村发展的另类方向等。虽然农村的互助实践和合作组织早在改革初期就已存在，[2] 但大学生和知识分子对农村合作社的宣传和推动，以及培养农村合作社带头人等举措，是新乡建成功的关键。[3] 在此前后，许多其他知识分子也都按照自己的设想提出了农村发展的主张。

政府和主流经济学家希望龙头企业能够产生规模效应，整合中国 2 亿左右的个体农户。90 年代中期开始，政府就一直有优惠政策支持龙头企业的发展，推动公司成为农户对接市场的中介，实现"公司 + 农户"的双赢。自《合作社法》实施以来，农业部门和一些准政府机构积极推动合作社的发育和培训，使合作社遍地开花。但这些合作社的性质却引发了激烈的争议。

对可持续性发展的关注，使一些"三农"知识分子成为改革进程中主流现代化话语的批判者。基于"农民立场"，这些"三农"知识分子一方面为农民和支农学生组织提供培训，开展地方实验，另一方面就如何推动合作社和实现什么样的目标开展辩论。一些人把合作社看作对"公司 + 农户"模式的良性修正，认为"公司 + 合作社 + 农户"模式可能会使农民在处理与公司的关系时拥有更多谈判权。还有人认为用合作社取代龙头企业，能建立一种更加直接的、对农村更加有利的市场关系。根据日本的经

---

① 根据温铁军（温铁军：《现代化危机与中国新乡村建设》，2012，中国乡村发现网，http://www.zgxcfx.com/Article/51702.html，最后访问日期：2016 年 12 月 1 日）所述，经济学家林毅夫在 1999 年首次向中央政府提议新农村建设观点。亚洲金融危机爆发后，林毅夫提出了应对中国当时正面临的双重过剩问题（生产过剩和资本过剩）的解决方案，据林毅夫估计，1999 年中国的很多产业已经达到了 30% 的生产过剩。

② 20 世纪 80 年代，这种合作通常以农业技术研究会的形式存在，但是合作的内容经常超出科技合作的范围。比如，根据我们 2009 年对河北省河间市的研究，该地区在 20 世纪 80 年代有超过 100 个这类协会，均由种植经济作物的生产者发起。多年来，大多数协会都已经解散，但其中一家棉花研究会成长为一家著名的股权合作企业（关于该企业的历程，参见"农业经济合作组织研究"课题组《合作生金：国欣农研会二十年发展与思考（1984～2004）》，中国农业出版社，2005）。

③ 一个例外是，温铁军早在 1994 年就开始提倡农村金融合作。

验，李忠华建议农"超"对接，让合作社直接为超市供应产品。① 苑鹏则认为合作社组织是市场的产物，但具有反市场的性质。② 一些反资本的知识分子则采取了更具批判性的方法，即试图绕过公司，在农业生产者和城市消费者之间构建一种直接的连接。③

在支持合作社的学者们看来，合作社的形式和目的涉及中国发展道路的核心问题。与主流话语以西方为主导的参照系不同，这些学者以中国国情为中心重构全球参照系。他们绕过意识形态的争论，反复强调中国农村发展的条件：即便实现城市化，中国农村依旧会有约 9 亿人口，然而农地和资源不断减少，在此前提下，中国农村必须实现由多数人而非少数人共享的繁荣和可持续性发展④的阐述点出了此类知识分子的一个共识。她指出，以"去农民化"、工业化和城市化为特征的美国或西方农业模式，是一种少数资本主义农场主和企业享受政府高额补贴的模式，⑤ 而中国需要找到的是能够养活众多人口的发展模式。

温铁军⑥则对全球三类农业模式进行了探讨：美国的大规模农场是殖民政策的产物；欧洲的中等规模农业，主要由中产阶级和兼业的农场主经营；日本和韩国的小规模农业，因其人地资源的紧张状况，成为对中国唯一有借鉴意义的农业模式。这些学者之间的一种共识是，美国和欧洲的农业发展模式都不能作为中国借鉴的范例。此外，他们也从其他发展中国家，尤其是南亚和拉丁美洲的现代化经历中吸取教训。⑦ 李昌平⑧阐述了"菲律宾道路"，即美国的农业资本主义模式是如何摧毁了菲律宾农民的生计，以及"公司＋农户"模式是如何加速农户的破产的。杨团和李昌平都

① 参见李中华等《乡村建设与乡村合作运动巨匠——梁漱溟》，《中国合作经济》2008 年第 5 期。
② 参见苑鹏《中国市场化进程中的农民合作组织研究》，《中国社会科学》2001 年第 6 期。
③ 参见何慧丽、古学斌等《城乡链接与农民合作》，《开放时代》2009 年第 9 期。
④ 参见杨团《综合农协：新农村建设路径选择》，《今日中国论坛》2011 年第 10 期。
⑤ 杨团在她的原文中使用了"去农民化"（de-peasantization）这个概念，但这个概念在美国语境中有点突兀。
⑥ 参见温铁军《综合性合作经济组织是一种发展趋势》，《中国合作经济》2011 年第 1 期。
⑦ 参见温铁军《解构现代化：温铁军演讲录》，广东人民出版社，2004；温铁军：《"三农"问题与制度变迁》，中国经济出版社，2009。
⑧ 参见李昌平《大气候——李昌平直言"三农"》，陕西人民出版社，2009，第 85、89 页。

指出中国的"公司＋农户"模式只能让少数人获益。① 李昌平②更直言公司和农户之间存在不平等的剥削关系，公司在加工、运输、流通、农村金融等方面压榨农业生产者。张晓山③也认为，谁能从合作社获益是一个重大的原则性和方向性问题。

与主流观点力推商品生产来促进农村合作不同，温铁军、杨团和李昌平等人设想通过合作赋权于农村和农民，并在合作中使生产与再生产、经济与文化相结合。他们对日本、韩国和中国台湾地区的综合性合作实践表示了关注。在"日—韩—台"模式（也称"东亚模式"）中，政府支持全国性农民协会协调和整合生产、交通运输、金融等领域，并制定法律限制农业中的公司资本。杨团④认为"综合农协"道路适合中国60年来的农村发展状况，并提出中国的乡镇可以作为综合农协的基础。李昌平⑤则建议发展以金融合作为核心、以土地合作为基础的村庄集体经济，他赞扬了迄今幸存的集体村庄所展现出的"新集体经济"。通过在河南省的农村合作化实验，何慧丽⑥则提倡地方政府在组织社区综合性合作社中发挥关键性的作用。

贺雪峰既不赞同美欧农业模式，也对"日—韩—台"模式是否有借鉴意义提出了质疑：如果要借鉴"日—韩—台"模式，那么，它们的农村条件与中国是否有充分的可比性?⑦ 黄宗智等也注意到中国农业和所谓的"东亚模式"之间的重大差异：和中国不同，日本农村人口总数低于该国人口总数的10%，而日本的家庭农业在以雇佣劳动为基础的资本主义农业大肆扩张之下也相形见绌。⑧ 贺雪峰对中国农村所面临的主要问题提供了不同的观点：合作能解决什么问题? 贺雪峰估计70%的中国农民必须要种植粮食作物，但现

---

① 温铁军和他的团队注意到在中国的"公司＋农户"模式中，契约关系是不稳定的，80%的契约关系由于农民的退出而破裂（参见"建设社会主义新农村目标、重点与政策研究"课题组、温铁军《部门和资本"下乡"与农民专业合作经济组织的发展》，《经济理论与经济管理》2009年第7期）。

② 参见李昌平《大气候——李昌平直言"三农"》，陕西人民出版社，2009，第76～78、第85页。

③ 参见张晓山《农民专业合作社应朝什么方向发展》，《中国老区建设》2009年第2期。

④ 参见杨团《综合农协：新农村建设路径选择》，《今日中国论坛》2011年第10期。

⑤ 参见李昌平《大气候——李昌平直言"三农"》，陕西人民出版社，2009，第75～81页。

⑥ 参见何慧丽《农民合作的结构与过程》，博士学位论文，北京大学，2007，第28页。

⑦ 参见贺雪峰《谁是农民?》，《经济导刊》2013年第3期。

⑧ 参见黄宗智《小农户与大商业资本的不平等交易：中国现代农业的特色》，《开放时代》2012年第3期。

有宏观经济结构中粮价的上涨空间十分有限。因此，他认为大多数农民迫切需求的不是面对市场和资本力量的话语权，而是改善农村内部的社会文化和基础设施等公共品的供给，后者才应该是合作的目的。他进一步认为，农民的困境与其说是因为当前收入水平不高，不如说是因为现代性渗透农村空间和主体性所造成的侵蚀性影响：原子化、老龄化、留守儿童、村庄衰败等，而这些都是农民工进城的推动因素。设施公共品的提供有助于改善个体农业生产者的生产条件，文化公共品的提供则有助于重建乡村社会结构和重新营造乡村生活的意义。因此，在贺雪峰及其团队的视野里，农民的组织化问题便成了农村治理问题，即研究什么样的治理结构能够提供这两方面的公共品。他认为，与其从别处寻找启示，中国自己的历史就可以为农村组织化提供有益的参考。今后的税费时代正好需要协调不断增长的国家补贴和农民实际需求之间的关系，从而有利于促进文化和设施公共品供给的改善。

新乡建开拓者温铁军，也是现代化最严厉的批判者。他把 20 世纪末的"三农"危机解释为农村资源（资金、劳动力和土地）不断流出的结果。城市在获得农村资源的同时，却把这一过程所带来的社会和经济后果留给农村，表现为"三农"危机。新乡建之所以必需，既因为农村小生产者将继续大量和长期的存在，也因为小农的保留能使中国免受周期性资本主义危机的直接冲击。与主流观点将"三农"危机归咎于农村的落后以及现代化不足相反，温铁军认为，"三农"危机不是农村内生性的，而恰恰是现代化的后果。正因为农村的资源没有被彻底地货币化和资本化，所以农村腹地非但不是现代化的累赘，反而是现代化潜在的拯救者，其可以缓冲现代化危机带给中国的震荡，[①] 如在 2008～2009 年金融危机期间，中国农村消化了 2000 万失业的农民工，避免了社会震荡。

温铁军对现代化的批判和解构横跨了中国整个 20 世纪；将现代化视为一种错误的普世主义，因为现代化进程中的各种暴力和资源掠夺，现代化只可能在少数国家完成。[②] 在他看来，中国农村最典型的特征就是有大量分散

---

① 参见温铁军《八次危机与软着陆》，人文与社会网站，http：//wen. org. cn/modules/article/view. article. php/3485，最后访问日期：2016 年 12 月 1 日。

② 参见温铁军《"三农"问题与制度变迁，中国经济出版社，2009；温铁军：《解构现代化：温铁军演讲录》，广东人民出版社，2004。

的小农，他们缺乏资源，生产很少剩余。在 20 世纪中国的现代化进程中，一个持续的挑战是要如何从众多贫弱分散的小生产者那里汲取剩余以资助工业化。因此，温铁军致力于解释中国农村和现代化之间的矛盾是如何贯穿一波又一波的现代化浪潮和危机之中的，[①] 与主流的现代化话语不同，温铁军认为对现代化的解构和除魅是获得公众理解和支持新乡建的必要条件。[②]

基于对现代化的解构，温铁军及其团队提出以"综合农协"方法将农业生产者组织成一个较大的主体，增强其与政府和市场协商谈判的力量，[③]这种"综合农协"应该覆盖金融、市场和生产等领域。而文化重建，即组织以村庄为基础的农村文化活动将有助于重建在农村社会碎片化过程中丧失的社会资本，并促进其他方面的合作。因此他们呼吁国家要在农业等相关领域给予这样的合作组织以政策优惠和经营权。

在农村自组织问题上，这些"三农"学者则要求国家支持合作社运动，并指出农民进行自我组织历来艰难。[④] 李昌平认为尽管现时提倡农村自组织，但是连拥有优势的城市中产阶级业主都难以建立自组织抗衡房地产开发商，就更不必说农业生产者了。后者自 20 世纪 90 年代以来就一直遭到受政策扶持的龙头企业在金融、加工、流通和农业投入等四个领域的排挤和剥削，更加无法负担自我组织的成本。随着国家和农业生产者的关系由"征税—汲取"转变为"补贴—补助"，他认为国家应当支持农村组织。[⑤] 尽管与当下的"三农"研究没有特别关联，老田[⑥]通过对韩丁著作的分析，看到了土改过程中农村内部的复杂性，指出了农民自组织的困难。

同样，温铁军及其团队也指出，工商业资本在农业部门的扩张弱化了合作社的能力和机制，并且削减了合作的好处。由此，形成一个恶性循环，即合作能力的弱化导致了村庄治理的低效，并进一步减弱了调取外部

---

① 参见温铁军《八次危机与软着陆》人文与社会网站，http：//wen. org. cn/modules/article/view. article. php/3485，最后访问日期：2016 年 12 月 1 日。
② 参见温铁军《八次危机与软着陆》，人文与社会网站，http：//wen. org. cn/modules/article/view. article. php/3485，最后访问日期：2016 年 12 月 1 日。
③ 参见杨帅、温铁军《农民组织化的困境与破解》，《人民论坛》2011 年第 29 期。
④ 参见杨帅、温铁军《农民组织化的困境与破解》，《人民论坛》2011 年第 29 期。
⑤ 参见李昌平《大气候——李昌平直言"三农"》，陕西人民出版社，2009。
⑥ 参见老田《中国乡村变革中的自组织困境》，人文与社会网站，http：//wen. org. cn/modules/article/view. article. php/article＝838，最后访问日期：2016 年 1 月 1 日。

补贴和支持的能力。① 他们还进一步考察了日本政府在农会形成过程中所扮演的角色，并认为"能够促进公平、保障弱势群体权益的合作社……一定是代表社会整体和长远利益的国家战略特别扶持的结果"②。

如果说梁漱溟遇到的是"号称乡村运动而乡村不动"的困境，那么今天合作社运动的支持者们面临的困境则是"假合作社"的大量存在。如果说梁漱溟痛感农民对乡建运动所表现出的冷漠，今天这种冷漠态度同样存在，"'合作'成了政府和乡村精英们的事情，普通农民漠不关心"③。据估计，在中国 2010 年正式注册的 272000 家合作社中，有 80% ~ 95% 是假的。④ 这些合作社从不同方面表现出"假"的特征：或者只是名义上存在的空壳，或者被"大户"所掌控，很少有小生产者的真正参与合作，有的实际上是龙头企业或者"公司 + 农户"的翻牌，有的是由政府部门组织的合作社。⑤ 在安徽一个县注册的 136 家合作社里面："大户"建立的有 125 家，政府部门建立的有 4 家，龙头企业建立的有 5 家，还有 2 家由村委会建立。⑥ 在湖北省 4325 家合作社中，95% 或被村里专营农业、加工和贸易的"能人"控制（占 55%），或被农业科技协会和农业科技部门等控制（占 30%），或被龙头企业控制（占 10%）。⑦ 在这些合作社里，小生产者们的处境是"被合作"，⑧ 即他们的"合作"是被少数占主导地位的人所安排的，而非主动参与的。随着 2007 年《合作社法》的颁布，状况进一步恶化。⑨ 假合作社之所以如雨后春笋般迅速出现，主要是为了从政府提

---

① 参见温铁军、董筱丹《村社理性：破解"三农"与"三治"困境的一个新视角》，《中共中央党校学报》2010 年第 4 期。

② 杨帅、温铁军：《农民组织化的困境与破解》，《人民论坛》2011 年第 29 期。

③ 张德元：《"皮包合作社"折射出的基层官民关系——对农民合作社的所见所思的调查感悟》，《人民论坛》2011 年第 25 期。

④ 参见刘老石《合作社实践与本土评价标准》，《开放时代》2010 年第 12 期。

⑤ 参见张德元《"皮包合作社"折射出的基层官民关系——对农民合作社的所见所思的调查感悟》，《人民论坛》2011 年第 25 期。

⑥ 参见张晓山《农民专业合作社应朝什么方向发展》，《中国老区建设》2009 年第 2 期。

⑦ 参见张开华、张清林《农民专业合作社成长的困惑与思考》，《农业经济问题》第 5 期。

⑧ 参见张德元《"皮包合作社"折射出的基层官民关系——对农民合作社的所见所思的调查感悟》，《人民论坛》2011 年第 25 期。

⑨ 参见温铁军《"三农"问题与制度变迁》，中国经济出版社，2009，第 11 页；Zhao, J., "The Political Economy of Farmer Cooperative Development in China", PhD Dissertation, University of Saskatchewan, 2010。

供合作社的优惠政策和补贴中获利。① 面对这种不利情况，一些"三农"学者呼吁取缔这些假合作社。②

如何解释这一现象引发了争论。学者们注意到，③ 许多人将之部分归咎于农民在合作意识、合作文化、合作能力等方面的缺乏，或者是法律框架不健全。苑鹏则认为，合作社成员的异质性，即成员之间资源禀赋的差异，是导致合作社内部民主参与不足的原因。因此，只有等成员们都转变为同质性程度较高的专业户时，该问题才能得到最终解决。④ 刘老石则认为，假合作社的问题实则是判断标准问题。他认为：中国有 1% 的农村合作社的运作能够符合 1995 年国际合作社联盟所通过的 7 项准则；不超过 10% 的合作社能达到 2007 年中国《合作社法》规定的标准——最重要的标准是"一人一票"制和交易额返还制度；不超过 20% 的合作社建立了交易额返还制度。但是，刘老石认为问题不在于合作社是真是假，而在于这些标准，尤其是西方的标准是否可以适应中国的复杂状况。作为替代，刘老石认为"一人一权"是更灵活的"本土"标准，而这样更能使农民掌控合作社。⑤ 只要有权掌控合作社，农民就可以选择让大户在合作社发展初期获得更多的利益；只要有控制权，农民就能控制资本，而这种受到监控的资本无论其来源是什么都将是人民的资本。⑥ 这个逻辑和国家对经济定性的逻辑有不经意的相似，即国家自认为是经济的舵手，因而对资本和市场有掌控的能力，所以经济具有"社会主义"的性质。

在刘老石看来，合作社可以分为三类：一是不到 20% 经营顺利的"真"合作社，这些合作社大多数并非严格意义上的本地合作社，其发育、发展有外来非政府组织或者大学机构的参与；二是不到 30% 的、没有真正社员参加的空壳合作社，它们多由大户或者公司掌控；三是超过 40% 的、介于真假合作社之间的合作社，它们介于合作社与公司之间，这类合作社

① 参见李昌平《有这样一个农民合作社》，《村委主任》2010 年第 5 期。
② 参见刘老石《合作社实践与本土评价标准》，《开放时代》2010 年第 12 期。
③ 参见仝志辉、温铁军《资本和部门下乡与小农户经济的组织化道路——兼对专业合作社道路提出质疑》，《开放时代》2009 年第 4 期；苑鹏：《合作社民主管理制度的意义和面临的挑战》，《中国农民合作社》2010 年第 6 期。
④ 参见苑鹏《合作社民主管理制度的意义和面临的挑战》，《中国农民合作社》2010 年第 6 期。
⑤ 参见刘老石《合作社实践与本土评价标准》，《开放时代》2010 年第 12 期。
⑥ 参见刘老石《合作社实践与本土评价标准》，《开放时代》2010 年第 12 期。

包括大户创建的合作社、"公司＋农户"模式的合作社以及地方政府支持建立的合作社。最后这类合作社有社员，也制定了管理章程，但是实际经营并没有严格遵守这些章程，而是只遵循少数人的决定。刘老石认为，这40％的合作社的问题并非源于其自身，而是源于整个大环境。因此，对这些合作社需要的是管理和指导，而非斥其为假冒。他还担心，取缔假合作社的讨论将会削弱这40％合作社的积极性，导致合作社发展的停滞，甚至毁掉整个合作社运动。① 潘家恩也认为，不应人为地将合作社分为真、假两类，并赞同刘老石关于优先次序的考虑。② 黑龙江省一名鼓励当地合作社发展的县级干部秉持的也是这个逻辑："先长头发再理发。"③

关于中国农村合作社，拉玛（Lammer）提供了少有的个案深度调研。他研究的合作社在支农圈内被视为"真正"的合作社，但实际上缺乏普通社员的积极参与，为少数人所主导。与大多数合作社类似，该合作社的管理经营也是由男性主导的。④ 拉玛认为，新乡建的努力在该案例中实际上已经导致了"乡村内部资本主义阶级关系的发展"。合作社内部反对这种做法的村民称之为"假合作社"⑤，但拉玛担心"假合作社"这个说法似乎有指责创办者和支持者们造假之嫌。他更愿意称之为"想象的合作社"，以便为给它将来可能的转变留有余地："在支持和主导这些合作社的人看来，它们是名义上的'合作社'，也是被想象的合作社。但是就组织内部成员之间的主从关系和阶级关系来看，它们又不是真正的合作社。"⑥ 黑

---

① 参见刘老石《合作社实践与本土评价标准》，《开放时代》2010 年第 12 期。
② 参见潘家恩《"自我保护"与另类实践：双向运动视野下的中国乡村建设》，博士学位论文，香港岭南大学，2012，第 145 页。
③ 仝志辉：《黑龙江省田野调研笔记》，2012 年 7 月。
④ 参见 Lammer, C., "Imagined Cooperatives: An Ethnography of Cooperative and Conflict in New Rural Reconstruction Projects in a Chinese Village", Thesis (M. A.), University of Vienna, 2012。何宇飞、居正（参见何宇飞、居正：《内发性社区发展：山西永济社会经济案例》，《台湾社会研究季刊》2013 年第 91 期）和古学斌（参见古学斌《妇女、手艺与合作经济——一个西南村落的实践案例》，《台湾社会研究季刊》2013 年第 91 期）的研究案例为例外。
⑤ See Lammer, C., "Imagined Cooperatives: An Ethnography of Cooperative and Conflict in New Rural Reconstruction Projects in a Chinese Village", Thesis (M. A.), University of Vienna, 2012.
⑥ See Lammer, C., "Imagined Cooperatives: An Ethnography of Cooperative and Conflict in New Rural Reconstruction Projects in a Chinese Village", Thesis (M. A.), University of Vienna, 2012.

尔①基于对四个合作社案例的研究指出了一种结构性矛盾：它们在商业项目上的成功，需要与资本主义机制进行深度整合，这样一来其"内部"的社会——社区原则就无法完全与"外部"的市场机制干净的分离。②

刘老石以发展合作社为先的想法以及把假合作社归因于外部因素的论述，并不为所有"三农"学者所认同。全志辉、温铁军③认为，大户控制的合作社具有"大农吃小农"的特征，它们的迅速发展，不仅是由于分散的生产者对接市场的需要，而且也是由于受到资本和政府部门利益的驱使。假合作社的形成并不仅仅是因为外部因素的影响，其导源于30年农村改革历程中形成的三种动力机制：农村分化促成了农村资本和农业雇佣劳动的出现；城乡资本联合，从销售领域扩展到加工领域，现如今再到农业生产领域；政府部门利益与商业化、资本化挂钩，政府部门不仅在促进农业资本化方面发挥着引导作用，而且更是通过提供有偿服务来增加自身财政收入、补贴自身运营。以上动力机制相辅相成，并且促成更为深层次的三个演化：政府资本被转变为官僚资本，甚至私人资本；农村分化不仅为资本在农业领域扩展提供必要条件，而且在此过程中得到强化；因为受资本和政府部门青睐，大户主导了假合作社，而这又进一步加剧了农村的分化。这些假合作社在资本和小生产者之间扮演了中间人角色，不可能指望它们在市场上赋权于小生产者。④ 事实上，"合作社的核心经济目标也已被精英们成功过滤，从而使得现存的垄断被加固，农民和商业之间的不平等被维持"⑤。全志辉和温铁军⑥提议建立一种以社区为基础的综合性合作，并且呼吁政府积极介入，包括：防止政府部门从事营利性经营，节制资

---

① See Hale, M. A. , "Tilling sand: Contradictions of 'social economy' in a Chinese movement for alternative rural development", *Dialectical Anthropology*, Vol. 37, No. 1, 2013, pp. 51 – 82.

② 中国现存的集体村庄也面临着类似的矛盾，参见刘永佶《对仍保持的集体制进行合作制改革——以南街村为例》，载刘永佶《农民权利论》，中国经济出版社，2007，第454页。

③ 参见全志辉、温铁军《资本和部门下乡与小农户经济的组织化道路——兼对专业合作社道路提出质疑》，《开放时代》2009年第4期。

④ 参见全志辉、温铁军《资本和部门下乡与小农户经济的组织化道路——兼对专业合作社道路提出质疑》，《开放时代》2009年第4期。

⑤ Zhao, J. , "The Political Economy of Farmer Cooperative Development in China", PhD Dissertation, University of Saskatchewan, 2010, p. 108.

⑥ 参见全志辉、温铁军《资本和部门下乡与小农户经济的组织化道路——兼对专业合作社道路提出质疑》，《开放时代》2009年第4期。

本，支持小生产者，鼓励大、小生产者之间的互惠互利和合作。[1]

四 争论的世纪回响

关于中国农村，今天的乡建实践者和 20 世纪 30 年代的先驱们共享着一些基本假设和概念。两者的立场都是基于将农村社会视为一个没有阶级分化的整体，并认为农村可持续性发展的威胁主要来自外部。这种"整体性"的假设内嵌于"三农"（农民、农村、农业）这一术语中。"三农"这一广为接受的政策概念成功地将社会主体、社会空间和社会生产统合成一组具有内在关联的问题，然而它却使"农民"以一个同质性的整体的面目出现。[2] 这种假设不仅与早期乡建运动对农村社会的认识相呼应，并且也符合后毛泽东时代的主流意识形态，即承认分层却否认阶级分析。[3] 由此，无论是在合作社的研究或倡导方面，还是在农村研究中，农政变迁过程中阶级分析的作用都微乎其微。就此而言，乡建知识分子与中国主流知识分子一样否定从阶级分析的视角出发。

新老乡建运动具有相似的自我定位，即认为这一场正在发生的、威胁到农村可持续性发展的社会改良，其目标是在当前的政治经济结构下探寻中国另一种发展的可能性。和早期的乡建知识分子一样，今天的乡建知识

---

[1] 仝志辉和温铁军的提议与孙中山先生的观点相似，但孙和国民党中的进步分子并未能实现其目标。

[2] 即便在毛泽东时代的人民公社体制下，村庄内部也存在着显著的差异。参见李怀印对苏北农村研究的总结：最上层的 10% 的家庭占据总收入的 28%，而底层的 40% 占据总收入的 16%，而且上层的 25% 的家庭的个人平均收入是底层的 25% 的家庭的 2～3 倍。由于土地为集体所有，并且集体劳动对家庭总收入的贡献达到 20%～30%，李怀印令人信服地指出，家庭人口的生命周期差异是导致村庄内部分化的主要原因。

[3] 关于后毛泽东时代对阶级分析的否定，参见 Pun, N. & C. Chan, "The subsumption of class discourse in China", *Boundary*, Vol. 35, No. 2, 2008, p. 7591 及 Yan, H., *New Masters, New Servants: Mmigration, Development and Women Workers in China*, NC: Duke University Press, 2008。黄宗智也曾抱怨阶级分类大体上已经从官方统计中消失。大多数支持农村的知识分子没有参考恰亚诺夫的研究。温铁军在其专题著作中谈到，恰亚诺夫关于家庭农场生命力的论断和西奥多·舒尔茨关于理性农民的假设在当代中国农村都面临着挑战。随着劳动力迁移逐渐成为农村劳动力的一种关键经济活动，对那些从事农业的家庭来说，外出劳动力的价格成为他们在衡量农业劳动长入时需要比较的"隐性工资"。在中国大的政治制度背景下，农地承载着三重功能：农业生产要素、农民生存保障和农村社会稳定。因此舒尔茨基于市场的理性农民假设在中国环境下也不适用（温铁军：《"三农"问题与制度变迁》，中国经济出版社，2009，第 27～29 页）。

分子也以"超越"左右的方式为中国农村探寻第三条道路。① 黄宗智②的提议多少代表了这种共识:

> 一种不同的看法是,中国农业仍将以农民家庭经营而不是资本主义经营为主。它的理想前景既不是资本主义,也不是传统的集体化农业,而是一条通过市场化的农民合作组织来实现的发展道路,一如恰亚诺夫原来所设想的那样。

1978 年开启的市场改革包含了一个关于中国社会性质的论断,即中国社会已经消除了阶级分化,只存在劳动分工,③ 这一论断与梁漱溟在 20 世纪 30 年代关于中国社会性质的看法不谋而合,即中国社会是一个没有阶级分化的整体。在后毛泽东时代"告别革命"的趋势下,④ 20 世纪 30 年代乡村建设运动所持的社会改良主义实践,今天正作为进步事业而受到尊崇。⑤

在"文化大革命"后的主流话语中,"激进"已经成为一个负面的代指。在这一大背景下,温铁军对"激进"做出了自己的界定,他将 20 世纪致力于现代化的努力界定为"激进",从而使现代化——尤其是当下城市化和资本化的强大推力——成为需要被解构和拒绝的对象。⑥ 潘家恩则把五四运动、共产主义革命、"文化大革命"、新自由主义以及快速城市

---

① 参见潘家恩《"自我保护"与另类实践:双向运动视野下的中国乡村建设》,博士学位论文,香港岭南大学,2012。

② 参见黄宗智《小农户与大商业资本的不平等交易:中国现代农业的特色》,《开放时代》2012 年第 3 期。

③ See Meisner, M., *Mao's China and After*, New York: the Free Press, 1999, p. 453.

④ 参见李泽厚、刘再复《告别革命》,天地图书有限公司,1995。

⑤ 正如人们所观察到的,"乡村建设运动的政治评价在 20 世纪 90 年代以前多半是消极的,但是从那以后却开始变成以积极评价为主"(邱志强:《对梁漱溟乡村合作运动的反思》,《中国社会经济史研究》2002 年第 2 期)。按照林奇(Lynch)的说法,梁漱溟发展非资本主义工业化的意图展现了"进步现代性的新的可能"。(Lynch, C., "The country, the city, and vision of modernity in 1930s China," *Rural History*, Vol. 21, No. 2, 2010, pp. 151-163)。

⑥ 参见温铁军《现代化危机与中国新乡村建设》,中国乡村发现网,http://www.zgxcfx.com/Article/51702.html,最后访问日期:2016 年 12 月 1 日。

化、农村社会的现代治理以及发展主义都归入了激进主义的范畴。[1] 温铁军认为，无论是过去的苏联模式还是今天的美国模式都不应该成为中国仿效的对象，而两次乡村建设运动的关联恰恰在于今天的农村仍然需要与"现代化"脱钩，而且当今更为严峻的资源压力使得脱钩更为必要。[2] 潘家恩[3]和戴都[4]将历史的和当前的乡建运动视为波兰尼意义上的社会自我保护运动。

诚然，最近一些"三农"学者，包括贺雪峰的团队，已经开始通过考察农村家庭收入的构成而把农村社会分层纳入他们的案例研究中。[5] 基于对农村公共品供给困境、农村社会失序和治理问题，尤其是对不断加速的富人治村趋势等问题的长期关注，[6] 他们发现"中间阶层"——尤其是中等经营规模的农民（他们称之为"中农"）——是农村社会秩序的维护者，是农村生产和治理的稳定力量。这一判断不经意地套用了自由主义的常规假设，即中产阶级或中层是社会的稳定器。

在市场经济中，"中农"本身却是一个在不断分化的群体。所以，"中农"能否维持自身稳定仍是一个有待探讨的问题。张谦和杜强[7]的研究把中国农业生产者分为七类：自给自足的农民、商业化的农业生产者、企业化的农业生产者、合同式的农业生产者、半无产的农业工人（其中含有两类）和无产农业工人。贺雪峰团队所称的中农大概可以包含其中商业化或

---

① 参见潘家恩《"自我保护"与另类实践：双向运动视野下的中国乡村建设》，博士学位论文，香港岭南大学，2012。

② 参见温铁军《为什么我们还需要乡村建设》，《中国老区建设》2010 年第 3 期。

③ 参见潘家恩《"自我保护"与另类实践：双向运动视野下的中国乡村建设》，博士学位论文，香港岭南大学，2012。

④ See Day, A., "The end of the peasant? New rural reconstruction in China,"*Boundary*, Vol. 35, No. 2, 2008, pp. 49 – 73.

⑤ 参见贺雪峰《组织起来》，山东人民出版社，2011；贺雪峰：《村治模式：若干案例研究》，山东人民出版社，2009。关于这方面案例研究，参见《开放时代》2012 年第 3 期专题"中国新时代的小农经济"中陈柏峰、林辉煌和杨华等人的研究以及 Day, A. & M. Hale（eds.），"Special issue on 'The Central China School of rural studies'", *Chinese Sociology and Anthropology：A Journal of Translations*, Vol. 41, No. 1, 2008 中对贺雪峰团队有关学者论文的介绍和汇编。

⑥ 贺雪峰划分了不同类别的富人，并认为他们的财富创造与农村空间和农业生产是没有相关性的。

⑦ 参见张谦、杜强《终结的开始？——当代中国的农业现代化和农民阶层的分化》，《中国研究》2010 年第 7、第 8 期，社会科学文献出版社。

合同式的农业生产者，然而市场化又恰恰容易作用于这部分生产者，使得其中能扩大规模的转变成企业化的农业生产者，无法维持的则变为"自给自足"的农民或半无产的农业工人。陈义媛①在水稻种植区的研究也显示了农业经营主体的分化，这样的分化因为资本下乡而加速。事实上自农村改革以来，农村的分化从未停止过，而今天当企业型的种植户对生产资料的吸纳能力不断增大，② 农业企业从价值链上攫取利润的趋势越发显著③时，"中农"群体的分化更被推进了快车道。那么，对"中农"作为稳定器的期待是否面临着"树欲静而风不止"的尴尬呢？除了市场条件下固有的分化趋势之外，目前"中农"自身的再生产也取决于许多因素，其中一个因素就是"中农"流转的土地经营权的不稳定性。"中农"之所以为中农是他们大多经营了外出打工人员的土地。这部分外出人员占到了村庄劳动力的1/3，④ 而外出人员在城市的劳动就业则取决于全球和地区经济动态。即便外出人员不回乡，农村各种经营主体的竞争，尤其是合作社、大户、龙头企业等的规模化扩张，也已经在影响"中农"流转土地的机会和能力。或许正是因为认识到了中农的不稳定性，贺雪峰及其团队才呼吁国家对这一阶层给予支持。⑤

温铁军则更加强调农村的社会整体性，在他的概括中，村庄精英与农村整体性的良性关联成为一种常态。以梁漱溟的观点为参考，温铁军认为伦理道德（文化）、农村精英和内部共享的公共资源这些要素的结合形成了小农村社的"内部化"，⑥ 一种有利于降低管理成本和发展代价的乡土制度安排，⑦ 在这一制度安排下，传统精英将自己的利益与村庄整体利益结

① 参见陈义媛《资本主义式家庭农场的兴起与农业经营主体分化的再思考——以水稻生产为例》，《开放时代》2013年第4期。

② See Zhang, F. Q. & J. A. Donaldson, "The rise of agrarian capitalism with Chinese characteristics: Agricultural modernization, agribusiness and collective land rights", *The China Journal*, No. 60, 2008, pp. 25 – 47.

③ 参见武广汉《"中间商 + 农民"模式与农民的半无产化》，《开放时代》2012年第3期。

④ 参见林辉煌《江汉平原的农民流动与阶层分化：1981 ~ 2010——以湖北曙光村为考察对象》，《开放时代》2012年第3期。

⑤ 参见贺雪峰《谁是农民？》，《经济导刊》2013年第3期。

⑥ 参见温铁军《"三农"问题与制度变迁》，中国经济出版社，2009。

⑦ 参见温铁军、董筱丹《村社理性：破解"三农"与"三治"困境的一个新视角》，《中共中央党校学报》2010年第4期。

合在一起。

乡建知识分子对当前农村社会性质的判断直接影响其对农村合作社运动的态度。温铁军关于农村村社所受的威胁来自外部的看法类似于黄宗智。黄宗智[①]认为今天中国农业生产者所受到的主要威胁来自商业资本，因此资本对小农的威胁存在于流通关系而非生产关系之中。黄宗智进一步认为中国农业正经历没有无产化的资本化，因为 2000～2009 年间，中国农业生产方面的雇佣劳动投入仅占总劳动投入的 3%，这与印度的 45% 形成了鲜明对比。由于农业生产附加值的参差不齐，黄宗智也指出，2009 年蔬菜业的雇佣劳动投入占总劳动投入的 8.5%，棉花业为 6.7%、苹果业为 40%、奶牛业为 28%、鸡蛋业为 27%。

尽管黄宗智等人认为中国目前的土地制度防止了无产化，增强了农民家庭经济的生存能力，但他们并没有完全排除中国农业走向"伴随无产化的资本化"的可能性。通过对农业生产者在产业价值链上不断缩减的利润份额的研究，武广汉也得出了类似的结论，即商业资本对家庭农业收入构成了威胁。但他同时强调，农业生产者对中间商的从属也表明他们正在经历半无产阶级化的过程。武广汉认为，农业生产者表面上的生产自主性掩盖了其在流通领域对资本的从属性。这种双重性展现的既不是家庭农业的生存能力，也不是一种稳定的状态，而是一种过渡状态。因为可见的趋势是，农业生产者对资本的从属性正一步一步从流通领域扩展到生产领域。[②]基于此，黄宗智[③]和武广汉[④]或明确或含蓄地主张，农村合作社是整合生产、加工和销售，平衡商业资本的力量。

然而，我们会越来越清楚地看到资本利益已经不再外在于村庄，而是已经成为塑造农村劳动力关系的一部分。一位接受农村合作社培训的农民观察道：当前农村，有规模有效益的项目，农业龙头企业在做；小规模有效益的项目，村庄中的致富能手在做；有利可图的项目，村庄中的小商小贩则是无孔不入。市场上已经形成各自完整的利益链，逐渐形成垄断利

---

① 参见黄宗智《小农户与大商业资本的不平等交易：中国现代农业的特色》，《开放时代》2012 年第 3 期。

② 参见武广汉《"中间商＋农民"模式与农民的半无产化》，《开放时代》2012 年第 3 期。

③ 参见黄宗智《龙头企业还是合作组织？》，《中国老区建设》2010 年第 4 期。

④ 参见武广汉《"中间商＋农民"模式与农民的半无产化》，《开放时代》2012 年第 3 期。

益；村庄中占 70%～80% 的分散农户只能靠出卖原材料和劳动力获得利润……有些事，在村里已形成垄断利益，是一群特定群体的"盘中餐"，如果合作社触动了这部分利益，组织者就会受到刁难，甚至报复。[①]

自从 20 世纪 90 年代中期中国开始推行"公司 + 农户"模式至今，[②] 龙头企业在中国的农业生产者中已经占了约 1/4。[③] 在快速推进的农业资本化浪潮下，即便集体土地制度使土地集中和商品化在一定程度上受到制约，农业生产者仍在加速分化。[④] 尽管黄宗智认为当前中国农业的特征是"没有无产化的资本化"，但他也承认与企业签订契约的农业生产者实际上已经是"半无产化"。[⑤] 在关注农村发展的知识分子中，仝志辉和温铁军[⑥] 提出了一个深刻见解，即农村分化、农业资本化以及大量出现的假合作社的产生机制之间存在相互强化的关系。但对这一见解的深远含义还有待得到进一步的重视。

总结说来，不少"三农"知识分子已经越来越多地从不同于主流的全球脉络下来理解中国的农政问题，对主流的新自由主义话语提出了挑战，对农民城市化和农业资本化能创造一个可持续的未来表示质疑。尽管他们彼此之间还存在些许差异和矛盾，但当中有些人已经对专业农民合作社能够惠及大多数生产者的观点表示了质疑。当然，"大户"控制合作社并非中国独有，但有趣的是，很多"三农"知识分子和支农学生毫不犹豫地或公开或私下里把这类合作社归为"假"合作社。尽管他们大多不太认同毛泽东时代的农村公社体系，但毛泽东时代可能提高了他们在实践上的——

---

① 参见潘家恩《"自我保护"与另类实践：双向运动视野下的中国乡村建设》，博士学位论文，香港岭南大学，2012。

② 参见林其屏《"公司加农户"：引导农民走向市场的有效形式》，《农业经济问题》1994 年第 5 期。

③ 参见黄宗智《小农户与大商业资本的不平等交易：中国现代农业的特色》，《开放时代》2012 年第 3 期。

④ Zhang, F. Q. & J. A. Donaldson, "The rise of agrarian capitalism with Chinese characteristics: Agricultural modernization, agribusiness and collective land rights", *The China Journal*, No. 60, 2008, pp. 25 - 47；陈义媛：《资本主义式家庭农场的兴起与农业经营主体分化的再思考——以水稻生产为例》，《开放时代》2013 年第 4 期。

⑤ 参见黄宗智《小农户与大商业资本的不平等交易：中国现代农业的特色》，《开放时代》2012 年第 3 期。

⑥ 参见仝志辉、温铁军《资本和部门下乡与小农户经济的组织化道路——兼对专业合作社道路提出质疑》，《开放时代》2009 年第 4 期。

尽管并不一定在理论上——对平等的敏感度，从而希望恢复村社内部的一致性、共生性。

当代"三农"知识分子也和他们的先行者梁漱溟一样，对国家持有一种策略性的假设，即把国家假设为一个超然于各种利益之上的公权力。无论是把农村可持续发展的希望寄托于中农，还是以社区为基础的综合性合作社上，他们都呼吁政府节制资本，以此作为农村可持续性发展的必要条件。然而事实却是，国家（中央和地方政府）对龙头企业的支持远超过对合作社的支持。① 1935 年梁漱溟曾反思过乡村建设运动所面临的两大难处：第一，所谓乡村运动而乡村不动；第二，作为一场"社会运动"，其社会改革却以政治权力为依靠。梁漱溟坦诚的反思以及 20 世纪 30 年代关于乡村建设运动的争论仍然可以为我们反思今天的农村合作运动提供必要的参考。

参考文献

[1] 艾恺：《这个世界会好吗：梁漱溟晚年口述》，东方出版中心，2006。

[2] 曹天予：《小康、小资与市场社会主义》，《读书》2004 年第 3 期。

[3] 曹天予编《现代化、全球化与中国道路》，社会科学文献出版社，2003。

[4] 陈岩松：《中华合作事业发展史》，台湾商务印书馆有限公司，1983。

[5] 胡靖：《家庭承包早已名存实亡》，华南师范大学经济与管理学院"三农"与城镇化研究所网站，http：//www. snsnsn. net/article/article. asp? typeId = 17&id = 1454。

[6] 林毅夫：《新农村运动与启动内需》，《中国物资流通》1999 年第 10 期。

[7] 毛泽东：《毛泽东选集》，人民出版社，1991。

[8] 温铁军：《"市场失灵 + 政府失灵"：双重困境下的"三农"问题》，《读书》2001 年第 10 期。

[9] 温铁军：《农村合作金融研究与发展的基本思路》，《农村合作经济经营管理》1994 年第 1 期。

[10] Day，A. "A century of rural self-governance reforms：Reimagining rural Chinese society in the post-taxation era"，*Journal of Peasant Studies*，Vol. 40，No. 6，2013，pp. 929

---

① 黄宗智：《龙头企业还是合作组织?》，《中国老区建设》2010 年第 4 期。

- 954.

[11] Day, A., "The end of the peasant? New rural reconstruction in China", *Boundary*, Vol. 35, No. 2, 2008, pp. 49 – 73.

[12] Han, X., *Chinese Discourses on the Peasant*, 1900 – 1949, Albany: State University of New York Press; Huang, P. C. C., et al., "Capitalization without proletarianization", *Modern China*, Vol. 38, No. 2, 2005, pp. 139 – 173.

[13] Li, H., *Village China under Socialism and Reform: A Micro History*, CA: Stanford University Press, 2009.

[14] Lynch, C., "Liang Shuming and the Populist Alternative in China", PhD Dissertation, University of Wisconsin-Madison, 1989.

[15] Wen, T., "Deconstructing modernization", *Chinese Sociology and Anthropology*, Vol. 39, No. 4, 2007, p. 1025.

（本文原载于《开放时代》2015 年第 3 期）

第二部分　农民合作社发展不规范的原因和机制分析

资本和部门下乡与小农户经济的组织化道路

——兼对专业合作社道路提出质疑[*]

仝志辉　温铁军[**]

我国农村经营制度的选择和这一制度演进的背景是两个基本国情或者说两大基本矛盾：一个是人地关系高度紧张的矛盾，另一个是城乡二元结构的矛盾。人地关系高度紧张是我国占地资源的固有特点；城乡二元结构固化一方面是经济成长特定阶段的规律（工业化发展要以农业产出为资本原始积累的方式）所致，另一方面也与人地关系紧张这一基本国情相关。庞大的农村人口规模使农民无法同步享受赶超型经济增长的好处。在这两大背景下，我国农村的基本经营制度在改革之初被确立为集体土地所有制基础上均分土地的家庭承包制小农户经济，并在30多年的改革历程中力求完善。这一基本经营制度一方面适应了人多地少的基本国情，同时也适应了城乡二元结构下城市化和工业化的不同步以及城乡社会保障的不均等现状。改革30多年来，在不断完善家庭承包制小农户经济的过程中，资本和部门化的资本下乡，成为联结小农户和大市场的中介。这给日益紧迫的农民合作化带来了重大影响：专业合作社往往容易发展成"大农吃小农"的合作社，单纯靠规范合作社治理结构还无法解决这一问题。本文的任务是，立足30多年来，市场化背景下家庭承包制的演变逻辑和农业政策的发展，揭示这一特有的合作社发展背后的各方力量结构和相互作用原理，提

* 本文是仝志辉主持的国家社科基金项目"农民政治认知和农村社会冲突的相关性研究"（07BZZ003）和温铁军主持的国家社科基金项目"建设社会主义新农村的目标、重点和政策研究"（06AJY003）的成果。
** 仝志辉，中国人民大学农业与农村发展学院教授；温铁军，中国人民大学农业与农村发展学院教授。

出以加强国家介入、发展多层次综合合作体系为目标的农民合作化的新道路。

首先，文章从逻辑上分析了农村基本经营制度在一个逐步扩大的市场环境下的演进趋势，并提出改革 30 多年来基于这一逻辑的农户经济组织化的突出必要性。其次，概述 30 多年以来农户经济的分化，以及部门、资本下乡带来的部门、资本相对于农户的经济和社会优势。再次，本文将直接分析当前提高农户经济组织化程度的主导形式，即发展农民专业合作社的成败得失。多数农民专业合作社在前述的农户分化和部门、资本优势的既定结构下发展成"大户吃小户"的合作社，农户经济组织化可能演变成兼业小农不断边缘化的农户经济组织化。最后，针对现实的农民专业合作社发展的非预期前景，本文提出发展综合合作体系作为农户经济组织化的新选择。

一 家庭承包制下的小农户经济发展逻辑：从分工和专业化的演进来看

在家庭承包制下，农业和农村经济的发展在逻辑上会遵循某种规律，这是以往我们在农村基本经营制度研究中没有特别予以重视的，或者说对其做了简化处理。只有充分揭示基本经济制度演化的逻辑链条，才能判断我国农业发展的阶段，评判以往我国农村经济政策的介入方式和效果，也才能规划未来的农村组织建设思路。

（一）家庭承包制使农户经济兼业化和农户内部劳动力专业化

1978～1982 年的农村经济体制改革，确立了集体土地所有制基础上的农户家庭承包经济，农户拥有了对家庭内劳动力的完全支配权、对土地的完整经营权和对大部分生产成果的完全支配权。这一改革使得农村经济的主体变为小农户，农村经济的主要形态变为小农户经济，即"以一定的农业活动为基础"，"具有土地和（或）资本经营规模小且以家庭经营为基本组织形式"。[1]

---

① 向国成、韩绍凤：《小农经济效率分工改进论》，中国经济出版社，2007，第 29～30 页。

这一产权改革产生的逻辑结果是：相比人民公社集体生产制度下的偷懒和将大量劳动投入社会基础设施建设以及因管理和技术缺乏而致的生产过程中的无效劳动，农民对生产过程中的劳动投入在质量上大大提高；相比集体生产制度下对监管者（干部）的激励不足，农民在家庭范围内对生产过程的监管成本大为降低，收益则完全归农户，农民获得从事监管的动力，实质上没有监管难题；相比集体生产制度下对土地的粗放经营，农民对土地精耕细作的劳动密集型技术的采用更加普遍。在这一阶段，国家主动改善与农民的经济和政治关系，提高农产品收购价格，加强农资生产和优惠供应，改善良种。国家政策和农户经济良性互动，使得农业生产效率大为提高。

在以上产权改革和国家对这一改革的有效保护之下，在城乡经济关系明显宽松的政策诱导下，在家庭范围内，人民公社时期就已萌芽的农户兼业化和农村劳动力专业化得到进一步发展。原有的兼业表现为在生产队大田、自留地和社队企业之上的兼业，家庭承包制后的农户兼业进一步发展为在多种农副产品上的兼业，同时出现了在农业和非农业（包括乡镇企业和城市各产业）之间的兼业。兼业不仅在农村地域内实现，而且跨越城乡，通过远距离流动实现。从历时性上来看，兼业农户（除去纯农户）的非农产业收入占家庭总收入的比重不断增加，以非农产业收入为主的兼业户在全部农户中的比重上升，以农业收入为主的兼业户在全部农户中的比重下降。

从户内劳动力就业的角度看，其就业门路有了农业和非农业之分，户内劳动力的专业化程度提高了。农户兼业化实际上是农户范围内劳动力的专业化。兼业化是在我国人地矛盾尖锐、农村社会保障水平低、农业自然风险和市场风险大、城市化滞后于工业化的情况下，农户的一种主动适应。兼业化意味着家庭内部分化出农业从业者和非农从业者，扩大了家庭内部农业从业者的土地利用规模和专业化水平。因此，兼业化并不是不利于扩大土地经营规模，而且家庭内部农业从业者的专门化为在合作制下扩大土地经营规模准备了基础。

实际上，农户兼业化是农民以个体（家庭成员外出打工）而不是以家庭（家庭放弃土地使用权）为单位进行非农就业，同时扩大了务农劳动者的农业经营规模。假设一个村里有 100 个农户，每户有 3 个劳动力，农户兼业化的含义是说全村 300 个劳动力中有 200 个转移到非农就业，每户只有 1 个人在从事农业。就每个农户来讲，其是兼业的，但就 300 个劳动力来讲，每一个劳动力都提高了专业化水平。产权改革导致家庭内部对劳动力和土地的集约使用，提高了劳动力就业和土地就业的专业化水平，引发了对适用性农业生产技术的需求，推动了部分成员的非农化，进而扩大了农业生产规模，提高了农业生产效率。可以说，产权改革引发的农业劳动力专业化和农户兼业是同一个过程的不同侧面。

从分工意义上说，农户兼业化是家庭成员个体的专业化与家庭整体的兼业化（即专业多样化）的统一。①

（二）农户兼业和农业劳动力专业化推动农业商业化

农户兼业化使得农产品种类增加、产量提高，使发展农产品交易市场有了基本动力；农户兼业化意义上的农业劳动专业化使得农业对相关农业技术、生产技术的需求增加，推动了农业机械销售、技术交易的市场需求；农户兼业化进一步凸显了农户间农业劳动者在劳动存量和劳动能力上的差别，及其与其他生产要素的差别，推动了农户间生产要素市场的形成（从换工到雇工的劳动力市场，以土地流转为形式的农用地市场，以收割机跨区作业、农机具租赁为形式的农机作业市场等）。而国家因势利导，很快开放或开办了与农业有关的生产资料、农产品、资金、土地等各种市场，也开放了城市劳动力市场，农业由此迅速地实现了商业化。市场的发展转而进一步促进了农户兼业化中的分工和专业化过程。也就是说，农户兼业化中的分工和专业化与市场发展相互促进。农业商业化本身意味着农户与中间产品生产者之间的社会分工深化。同时，农业商业化的发展进一步推动了农户兼业化中的分工水平即专业化程度，酝酿着突破家庭界限的农业产业化和农户组织化的发展。

农业商业化意味着在农户生产和市场经营之间，专业化的经营劳动开始发达。农业生产和农业经营之间的分工开始发展。

---

① 参见向国成、韩绍凤《小农经济效率分工改进论》，中国经济出版社，2007，第 107 页。

（三）农业商业化引发农业产业化

农业商业化和农户兼业化互相促进，进一步提高了农业的分工和专业化水平。农业商业化使得农用生产资料购买和农产品销售的市场交易效率提高，从而进一步推动了农业生产的专业化。

兼业农户在农业商业化的推动下，进一步发生演变，从农户内部农、副、工的分业发展到农户间农业生产户和农业经营户的分化，一部分农户成为生产户，一部分农户成为经营户，即所谓"科技示范户""经纪人"等的出现。

此外，兼业农户需要更多的和更加专业的中间产品和加工、经营服务，而专业化了的经营者也需要更多的初级农产品和加工农产品。对加工农产品的需求推动了龙头企业的出现，也推动了龙头企业和农户间发展更紧密的利益关系。这种利益关系和以其为基础的组织形式酝酿着农业产业化。其中的动力是分工的发展，尤其是农业生产和农业经营之间的分工。

从农业发展的实际情景，我们看到：首先，农业的种植业结构发生了变化，粮食、棉花、麻类的种植面积下降，油料、蔬菜、水果等经济作物的种植面积大幅度增加；其次，农、林、牧、渔结构发生变化，从以种植业为主发展到农、林、牧、渔全面发展；最后，是初级产品、加工产品和市场服务间的结构变化，加工产品和市场服务业所占的比重迅速增加。

以上农户的生产和经营职能的分工，初级产品、加工产品和服务业的互动发展，最终产生了减少外生交易费用的需要，这种需要促使农业生产、加工和服务的一体化，也就是所谓农业产业化的出现和发展。

如果我们细究所谓农业产业化，可以发现，其包含以下几个层面：农业产业链（生产、加工、服务）的延伸、龙头企业的出现、龙头企业与农户经济关系的协调。龙头企业的出现成为农业产业链更紧密联结在一起的重要因素。

农户经济内部虽然出现了农业和非农业的专业化，但是，农业的生产劳动和经营活动没有分离，生产劳动中的生产和对生产的监管没有分离。而农业产业化进一步推动了农业的生产性劳动和管理性劳动的分离，以及农业生产过程和农业经营过程的分离。农业产业化意味着分工和专业化的进一步发展。

（四）农业商业化和农业产业化要求农户组织化

农业商业化和农业产业化加起来，可以称之为农业的市场化。或者说，农业市场化的完整含义是农业商业化加农业产业化，其基础仍是兼业农户内部的农业专业化。

农户兼业化、农业商业化、农业产业化、农业市场化的发展序列的实质是分工和专业化围绕农业生产和价值实现过程的进一步深化。这种分工和专业化进一步要求一个能够容纳这种分工和专业化的组织形式。

农业市场化存在两种发展趋向：一种是使兼业农户边缘化的市场化，一种是将兼业农户作为主体力量的市场化。在前一种市场化的组织结构下，兼业农户可能越来越受限于农业生产者的角色，而无法进入农业加工和经营环节获得市场利润；由于其分散，在与加工和经营者的谈判中越来越没有谈判地位，使得生产环节利润越来越少。前一种市场化组织结构是牺牲兼业农户长远和根本利益的，虽然在其中，农民也被组织化了，但农民不是其中的主体，农民在其中的利益实现是有限的、短期的。农业商业化和农业产业化仅仅表现为农产品交易市场的扩大、龙头企业的出现，这样的农业市场化的组织形式就是不完整的，或者说是使农户边缘化的。这是一种由农户以外的资本力量主导的农业市场化。

分散的农户经济面对农业商业化和农业产业化的发展，要实现自己的利益存在巨大的困难：一是由外界资本主导的商业化，使农户与市场对接时必然面对巨大的外生交易费用；二是在面对龙头企业时，农户处在谈判的弱势地位，无力通过争取合理价格赢得自身的合理利润。这就提出了农户经济组织化的任务。后一种农业市场化的组织结构是一种兼业农户作为主体的市场化，其中的农户经济组织化必然要求不同于前一种的新形式。

由于农业生产具有的自然生产时间和劳动时间不一致，劳动监管存在困难，因此农业发展会内生出家庭经营方式，但农业天生是弱质产业，承受自然和市场风险的能力弱，初级农产品的利润附加值低，这使得农户收入有限，农户更容易成为一个农业劳动力的拥有者。而农业商业化和产业化的发展需要更多资本要素和技术要素的加入，因此，从事农产品加工和经营的很可能不是农户，农业龙头企业很容易不为农户所有，而拥有资本的人却容易占据农产品的加工、经营领域，拥有农业龙头企业。换句话说，国内外的大量经验表明，农业商业化和农业产业化的最大获利者更可能是资本。因此，兼业农户在农业市场化中日益处于劣势：谈判地位低、获取利润份额低。这一劣势存在的实质原因是小农的资源禀赋（拥有土地和资本少，只有被动专业化了的劳动）和由此决定的"小"的生产规模，而且小农之间的分散经营，使得其产品进入市场的外生交易费用高昂。

兼业农户面对这一处境并没有完全被动，他们主动地发展出了节约外生交易费用的方式，那就是发展农民合作经济组织，并通过优化这一组织减少内部交易成本。

农民合作经济组织的实质是：通过加大生产者的数量，增大购进生产资料和出售农产品的市场需求，提高同加工、服务环节进行交易时的谈判地位；通过降低购买价格和提高销售价格提高交易收益；通过在组织内部分工，设置专门的经营、服务岗位，减少农户和市场的市场交易次数，节约外生交易成本；同时提高内部各个岗位的专业化水平和合作社内的管理水平，节约内生交易成本，从而从根本上提高农户经济的分工和专业化水平，使农户经济所获利润份额提高。

从农户经济的发展和分工演进的角度看，以农户为主体的农户经济组织化意味着在一个农户联合组织内，进一步将原来在家庭范围内无法有效分工的生产性劳动和管理性劳动，在一个超出农户经济范围的更大规模里实现分工，同时减少组织内部各种劳动之间的内生交易成本。

也就是说，农业商业化和农业产业化必然促使农户经济寻求组织化。这种组织化可以使兼业农户成为农业市场化组织结构的主体力量和农业市场化的最大获益者。但这种农户经济组织化并不会自然出现，因为虽然成立合作经济组织有节约外生交易费用的好处，但是，成立合作经济组织之后各种专业化劳动之间的内部交易成本也会随之增加，我们应该努力在节约外生交易费用与尽量减少内生交易费用之间求得平衡。而小农户经营的规模较小，这使得各种达成效率的均衡点并不能靠经济主体间的演化和博弈自动生成。此时，就需要国家农村政策的强力干预。

至此，我们可以总结出农户经济在家庭承包制下的发展逻辑：农户承包制首先会使小规模农户的兼业化趋势获得发展，取得农业劳动专业化和家庭层面专业多样化的均衡；以农户兼业化为内涵的农业劳动的专业化会扩大农业生产规模，推动农业商业化，进而使农户的生产职能和经营职能之间的分工得到发展；生产职能和经营职能的分工促进了农产品加工品种和规模的增加，使农业龙头企业出现，农业产业化得到发展；在日益壮大的农业经营资本面前，分散的小规模农户无法承担市场交易成本，开始主动寻求联合，农户组织化在农业商业化和产业化的发展中被提出。小农户经济在产权相对明晰的家庭承包制下的前途是组织化，从而突破家庭组织方式对分工的限制。

二 "分"被加强、"统"未建立：30 年间完善家庭承包制的政策努力

30 多年的农村改革历程中，家庭承包制下的中国小农户经济已经呈现出完整的农户兼业化和农业市场化的发展链条。政府的农业政策对于这一发展链条的呈现起了推动作用。也可以说，政府的农业政策基本上顺应了不断开放的市场之下的小农户经济发展的客观规律。

30 多年来的农业政策可以被这样概括：稳定土地承包权，推动农户兼业化之下的农村劳动力专业化；进行农产品流通体制改革和农业生产要素市场建设，促进农业商业化；以推动农业结构战略性调整为目标，推进农业产业化；落实《中华人民共和国农村专业合作社法》，推进农户经济的组织化。

当前越来越强烈的共识是：农户兼业化和农业市场化的大局已定，但是农户经济的组织化还没有完成。当前，我们已经把对"三农"问题成因的核心解读放在农户经济的组织化之上，下一步农村改革的核心也应该是如何更好地促进农户经济的组织化。

家庭承包制改革以后，我们在农村经济体制改革上的目标一直是"坚持和完善家庭承包制基础上的统分结合的双层经营体制"，双层经营体制被作为农村的基本经营制度，但其在政策和实践中往往直接被理解为家庭承包制。由于在改革之初，家庭承包制已经确立，"完善"的重点其实应该放在"统"的经营层次上。双层经营体制的本意是希望能够发挥"统"的层次的经营功能，对分散的农户经营提供统一服务，降低农户生产和经

营成本，产生较多利润，从而补贴或返还农户，增加农户收益。完善双层经营体制的核心应该是构建一个可以不断成长的统一经营层次，在统一经营层次和农户分散经营之间发展一种扶助农户的利益关系。

家庭承包制推行之初，设想的是通过壮大村级集体经济来构筑双层经营体制。但是由于集体经济组织退化为纯粹的集体土地发包方，事实上没有了经营功能，因此集体经济组织没有了固定资产，也就没有了经营功能。而少数没有将土地完全承包给农户的村庄，在大力发展乡镇企业的过程中确实壮大了集体经济。通过村民自治制度的保障，壮大了的集体经济在有些村庄为村民提供了农业生产、加工和经营的某些统一服务，扩大了兼业农户的外部经营规模。但是多数村庄的集体经济并没有得到多少发展，而异军突起的乡镇企业在 20 世纪 90 年代的改制中多数被私有化了，其具有的统一经营的潜力也丧失了。壮大集体经济更多表现为"有集体无经营"。

在壮大村级集体经济组织从而对兼业农户提供统一经营利润和开展统一服务的效果不明显后，伴随着农业商业化的深化，所谓小农户和大市场之间的矛盾越来越突出。于是，1988 年，在农村改革 10 周年之时，政府在政策层面上提出把完善农业社会化服务体系作为稳定、完善统分结合双层经营体制的重要内容。什么样的组织被纳入这个体系？当时提出的是以农村集体或合作组织为基础，以国家经济技术部门为依托，以企业和个体服务为补充。实际上得到发展的是后两者，尤其是国家经济技术部门得到充分发展，并不断向乡、村两级推进。这样，农业服务体系实现了"社会化"，但并没有"服务"，因为各服务主体提供的多是营利性服务。一方面，弱势小农客观上难以支付这种服务的成本；另一方面，由于面对的农民数量多，即使是免费的服务业，因经营复杂也必然出现无法克服的交易费用过高的难题。

在以国家经济技术部门为主体构建农业社会化服务体系的同时，各种农业加工和经营企业也得到发展。随着农产品供给状况的改善，卖方市场的形成，农产品从总量不足变为结构性供给不足，面临着结构调整的需求。这时候，农业产业化被作为调整农业产业结构的重要力量，同时从扩大对农户服务的角度，政策上将发展龙头企业视为统一经营层次的东西，将之提到完善双层经营体制的高度来认识。这样，完善双层经营体制从壮大集体经济、发展社会化服务体系演进到发展农业产业化，实际上也就是发展龙头企业。

但是，龙头企业提供的是经营性服务，并不能主动帮助农户扩大经济利益，因此，农业产业化带来的是"公司吃农户"——政策用于扶持龙头企业的钱并没有转化为对小农的扶持，而是发展了公司和农户的市场关系。

也可以从解决所谓"小生产和大市场之间的矛盾"的角度来理解加强"统"的层次建设的作用。家庭承包制改革以后，农民以家庭为单位组织生产，同时其产品价值要直接在市场上得到实现，随着市场化改革的深入，其产品实现价值的市场范围空前扩大，形成了所谓"小生产和大市场之间的矛盾"。

解决"小生产和大市场之间的矛盾"的核心目标是在市场环境下确保农民从农产品种植和销售中获得社会平均利润，可以持续进行农产品生产，从而确保农民收入增加，确保社会对农产品的需求得到满足。在只有一个"分"的层次，即家庭经营的前提下，这一目标无法实现。"统"的层次的功能是什么呢？其实就是解决"小生产和大市场之间的矛盾"。如果"统"的层次在解决"小生产和大市场之间的矛盾"上无所作为，那么"统"的层次就不为农民所接受，就不能发挥作用，也就无法成为农村基本经营制度的必要组成部分。

但在改革初期，人们不是这样认识"统"的层次的作用的。为什么必须存在"统"的层次？推行家庭承包之初，论证主要集中在两个方面：一是家庭经营无法保证农业公共产品的供应，如农业基础设施、公共福利等；二是当时有些农业集体化的固定资产很难完全分割，必须由集体统一经营和管理。[1] 但是，这两个方面决定的集体经营层次的存在，必须由集体提供公共产品和由集体经营某些固定资产的高效率来确保，在集体化的意识形态被抛弃的情况下，一旦出现低效率的情况，就很容易抛弃集体经营这一层次：很难分割的固定资产可以让其自然损耗或卖掉，农业基础设施和公共福利可以任其损毁或进行削减。因此，集体经营层次在全国多数

---

① 参见宋洪远主编《中国农村改革三十年》，中国农业出版社，2008，第50~51页。

村庄迅速萎缩和消失。

随着农产品面临的市场环境的深化和扩大（农产品流通体制改革不断推进），小农经营和市场对接存在的困难日益显露，人们对其的认识也逐步深化，因此，在农户经营之上的"统"的层次的功能逐步地被集中在了帮助农户联结小生产和大市场上面。这一层次到底是应纳入农户经济组织化内部，还是作为一个和农户经济分立的层次，在理论上并未辨清。

归结起来，从建立和完善双层经营体制的角度看集体经营层次上的改革，我们可以认为农村 30 多年改革的历史就是对集体经营如何发挥小生产和大市场作用的各种形式的探索。我们先后强调了壮大集体经济实力、发展农业社会化服务体系、推进农业产业化三个政策重点。

三　中国农村发展格局中的各种力量

在发展村级集体经济、拓展涉农经济技术部门、培育龙头企业的过程中，村集体或合作经济组织、乡镇企业、经济技术部门、龙头企业确实都有过相当程度的发展。但是，由于在"统"的层次和农户分散层次之间的利益关系构造上一直缺乏全面的、前瞻性的设计，"统"的层次并没有发挥期望中的引导农户进入市场并促进农户收入提高的作用，甚至往往成为农民利益的对立面，恶化了农户尤其是小农的经济和社会处境，也使得发展农民合作经济组织变得日益迫切和复杂。

30 多年来，农民收入得到了一定的提高，兼业农户的专业化发展获得了一定的市场回报，但与此同时，兼业农户的获利空间也进一步受到农村经济中其他力量的挤压，获利能力受到抑制。问题的关键在于这个市场是哪种力量主导的市场。展现农户被边缘化的农业市场化过程的分析方法，是在农户兼业化—农业商业化—农业产业化的逻辑过程中，将兼业农户、农村资本、城市资本、政府部门和中央政府各自的资源禀赋、利益结构和实际行为逻辑加上去，将有关政策对这些资源禀赋、利益结构和实际行为的影响加上去。这样的分析路径，将使我们看到一个兼业农户的困境的形成过程，看到农户经济组织化的现实图景。

由于以上各种主体的情况在 30 多年的改革过程中是逐步演化的，因此，很难静态地框定各自的资源禀赋、利益结构，也很难将其行为逻辑做一维方向的描述，因此，笔者这里就不按照各个主体的情况予以分别叙述，而是将其放在农户兼业化—农业商业化—农业产业化—农户组织化的逻辑进程中去做动态的展开。

（一）农户分化：大农和小农的分化

农户兼业化是30多年农村经济发展历程的逻辑起点，并在农村商业化、产业化中日益发展。农户层面的变化最显著的是在农户收入普遍增加的同时，收入高和收入低的农户明显分化，或者说形成了"富农"和"贫农"、大农和小农的区分。"富农"和"贫农"是从收入层面上讲的，比较表面，实质上是大农和小农。也就是说：少数农户掌握更多的固定生产资料、流动生产资料采购能力，并拥有更多的人际关系、市场信息，并因为教育投资等拥有更多的农业企业家才能；多数农户只拥有少量生产资料和自己的劳动力，在人际关系、市场信息、企业家才能上和大农相距悬殊。在兼业化（户内工农分业、在农业上从事多种经营）、商业化、产业化中这些区别越来越明显，最终导致收入差距的扩大和固化，少数大农成为农业资本家和农民企业家，小农则是自耕农和雇用工人。

大农和小农分化的背后是农村内部资本的形成，资本作用半径的扩大和作用的增大，导致多数小农在市场化环境中改善自身处境的能力下降。但应该指出的是，由于城乡二元结构的抑制、人多地少决定的农户土地规模不可能太大，所谓大农，其实规模也不大。

（二）资本下乡：农村资本和城市资本的结合

在农业商业化和产业化过程中，农村经济中资本的数量大大增加。市场过程中的资本包括农户拥有的资本和农户以外的主体拥有的资本（城市资本）。这些资本最先占据的领域是农产品流通领域，然后扩展进入农产品加工和最终经营领域。

农产品流通领域的改革使得各种资本进入农村，并且在农村流通领域形成竞争态势。不考虑区域差别，我们目前看到，国营商业和供销社仍然是重要力量，农民个体运销户、经纪人数量很多但规模较小，农业产业化龙头企业崛起，农民合作经济组织数量在较快增加。

在生产要素市场上，资本更是主角。在不断加快的城市化进程中，资本在农地非农化中获益，农用地的流转和集中也主要在资本主导下进行；农村劳动力被城市资本和农村资本雇用，加快户内兼业化步伐，少数农户成为城市居民；农户资金主要被城市资本和农村资本利用；农业科技和教育领域资本也竞相进入。

兼业农户中的务农劳动力主要还在从事初级农产品的生产，资本则主导了农产品的加工和经营。农产品加工和经营环节的利润被资本占有。

在农户兼业化和农业商业化阶段，主要还是农民自有资本和农村政府的经济技术部门所有的资本发挥作用，城市资本大量下乡主要是在农业产业化发展阶段。这其中，县以下政府的招商引资起了相当大的作用。资本下乡的同时，由于城乡二元结构下的金融体制，农村内部的资本还有流出农村的趋势。

总之，资本下乡是农业商业化和产业化的重要推动力量。资本的作用是蕴含在农村商业化和产业化过程中的，没有资本也就没有今日的农业市场化。

（三）部门下乡：公益性服务和营利性服务相互支撑

在资本下乡、在乡的发展过程中，政府的推动和扶持起了关键性的作用。对于农村流通领域的改革和生产要素市场的发育来说，政府是主导力量；在资本全面进入农产品加工和经营方面，政府是主要推动者。在引导农民自有资本投资农业和城市资本进入农村之外，政府所有的资本也加入了资本下乡的过程。由于这种资本具有特殊的主体——政府部门，我们将这种资本的下乡单独列出，称为"部门下乡"。其主要表现在政府鼓励和推动各涉农经济技术部门开展公益性涉农服务和营利性涉农服务，从不断升级的农户专业化、农村市场扩展和农业产业发展中获益。

部门下乡受两个因素的推动：第一个是中央和地方各级政府为了解决日益严重的涉农部门生存危机，通过让部门开展营利性涉农服务，增加部门的收入，从而补贴部门的公益性涉农服务，减少各级政府维持部门运转的财政投入，部门从自保的角度讲也会积极下乡开展营利性服务；第二个是中央和各级政府希望解决双层经营体制在"统"的层次力量薄弱的问题，依靠部门改善对农户的社会化服务，帮助初级农产品更好地进入市场。

由以上这两个原因推动的部门下乡如果能在部门和农户之间发展出一个更好的利益联结机制，也许会实现"部门自保和发展"与"农户增收"的双重目标。但是，部门下乡选择的方式是建立营利性公司、进行垄断性收费，甚至限制农户对服务机构的选择空间，成为面对分散农户的营利性企业和官办行政性收费机构，这样的结果是，自保的目标虽在一定程度上得以实现，但很多时候增加了农户的经营成本。部门下乡带动的农户增收有限，这进一步也限制了下乡部门的营利空间。

（四）三种趋势的相互加强

以上谈及的三个趋势其实是纠结在一起的，应该是一个互相加强的趋势。当然，其中也有互相竞争和抵消。首先，部门下乡和资本下乡是相互加强的。很多资本下乡，是部门引导、扶持的结果，资本下乡的收益要由部门分享一部分，部门则通过让渡国家利益和农户的利益来换取资本对部门的回报，在这一过程中，资本也得以顺利下乡，通过一个不公正的市场环境获利。

其次，部门下乡过程中，"官办资本"甚至私人化的"官僚资本"形成。部门在下乡过程中，很多营利性涉农服务以承包、租赁、股份合作等形式举办，使得很多应该用于公益性服务的财政投入转化为小集团资本或者是私人资本，也使许多公益性的设施和人力资源成为小集团资本或私人资本获利的手段。

最后，农户分化在资本下乡和部门下乡中加剧。大农通过和部门或资本勾结，壮大自身实力，进一步加强了自身在生产资料和财富方面的优势。大农和资本或部门的勾结，也是资本和部门顺利下乡的一个重要机制。

我们在上述过程中看到的是什么呢？是大农、资本、部门各自利用自身优势资源进行联合。联合后从何获利？只能是盘剥小农获益。

所有的利润都需要经过市场实现，而市场是有一定容量的，其容量就是消费者购买力的集合。在消费者购买力总量一定的情况下，要想获得更多利润，就只能建立部分大农对多数小农的优势，盘剥小农的利益。

四 "大农吃小农"的合作社：农户分化和资本、部门下乡背景下的农民合作经济组织发展现状

在改革的 30 多年中，农村合作经济组织从原来的地方实践发展到中央倡导，从原来的自发发展到后来的立法推动发展，从各种协会的发展到规范的专业合作社的发展，到了现在，发展农民专业合作社成为各方普遍重视的农户经济组织化的主导方式。在最新的十七届三中全会文件中，发展农民专业合作社已经成为完善农村基本经营制度的一个重要方向，并且在深化农村改革的几个重要措施中扮演着关键角色。[1] 但是，必须看到，在 30 多年来逐步发展的农户分化和资本、部门下乡的背景下，农民专业合作社的发展并不健康。在本节中，笔者将梳理作为农民合作经济组织，尤其是目前被立法规范的专业合作社的发展逻辑，以便看清其下一步发展的可能后果。

（一）部门和资本需要发展农民合作经济组织

农民合作经济组织的发展，一方面是分散的农户经济谋求组织化的需

---

[1] 党的十七届三中全会决议在"稳定和完善农村基本经营制度"中提出："统一经营要向发展农户联合与合作，形成多元化、多层次、多形式经营服务体系的方向转变，发展集体经济、增强集体组织服务功能，培育农民新型合作组织，发展各种农业社会化服务组织，鼓励龙头企业与农民建立紧密型利益联结机制，着力提高组织化程度。""按照服务农民、进退自由、权利平等、管理民主的要求，扶持农民专业合作社加快发展，使之成为引领农民参与国内外市场竞争的现代农业经营组织。"决议在"健全严格规范的农村土地管理制度"这一部分中提出："按照依法自愿有偿原则，允许农民以转包、出租、互换、转让、股份合作等形式流转土地承包经营权，发展多种形式的适度规模经营。有条件的地方可以发展专业大户、家庭农场、农民专业合作社等规模经营主体。"决议在"建立现代农村金融制度"中提出："创新农村金融体制，放宽农村金融准入政策，加快建立商业性金融、合作性金融、政策性金融相结合，资本充足、功能健全、服务完善、运行安全的农村金融体系。""允许有条件的农民专业合作社开展信用合作。"决议在"建立新型农业社会化服务体系"中提出："加快构建以公共服务机构为依托、合作经济组织为基础、龙头企业为骨干、其他社会力量为补充，公益性服务和经营性服务相结合、专项服务和综合服务相协调的新型农业社会化服务体系。支持供销合作社、农民专业合作社、专业服务公司、专业技术协会、农民经纪人、龙头企业等提供多种形式的生产经营服务。"决议在"加强农村基层组织建设"中提出："创新农村党的基层组织设置形式，推广在农村社区、农民专业合作社、专业协会和产业链上建立党组织的做法。"

要，另一方面也是下了乡的部门和资本的需要。部门和资本下乡，面临的一个突出困难是小农的分散。要想提高资本和资本化的部门实现收益的效率，就必须减少同农民交易的交易成本，因此必须组织农民。组织农民的一个重要方式是组建农民合作经济组织。也就是说，农户经济组织化部分地符合了资本和资本化的部门的利益。

农民合作经济组织符合部门、资本下乡的目标，这一观点主要有两点理由。

第一，农民合作经济组织通过组织内部分工，提高成员的专业化水平，在一定程度上可以扩大对农用生产资料和涉农服务的市场需求。

第二，农民合作经济组织将部分市场环节转化为内部管理环节，通过承担管理成本的方式使市场上的外生交易成本内在化，如果产生的管理成本（也可称为"内生交易成本"）小于其减少的外生交易成本，其中节约的部分可为合作经济组织与合作经济组织外部交易的部门、资本所分享，如合作社自我承担对使用农业机械、农业技术的培训，合作社负责收集初级农产品等。

（二）发展农民合作经济组织也存在和部门、资本利益不相符的问题

这种不相符表现在两点。第一，通过农民合作经济组织集合起来的农产品供给和农用生产资料需求是扩大了，但是，其要求以更高的价格售出，以更低的价格买进。这其中的价差，一方面将用来支付合作经济组织内部的管理成本，另一方面则表现为合作经济组织的利润。但是，出售时更高的价格和买进时更低的价格不符合与凭借资本和行政垄断占据农村流通领域的资本和部门的利益。也就是说，这一方面节约了资本和部门面对农户的交易成本，但另一方面也压缩了其购销活动中的获利空间。

随着农民合作经济组织的购销范围的扩大和其越来越有能力接近最终产品供应商和最终消费者，这种对立变得越来越尖锐，此时农民合作经济组织和资本、部门进行着同业竞争。在购销环节上，农民合作经济组织将成为资本和部门的竞争者。

第二，虽然合作经济组织节约的市场交易成本为合作经济组织和资本、部门分享，但是，如果合作经济组织分享的部分居多，也就是说合作

经济组织获利能力更强的话，那么合作经济组织就会成为竞争力更强的组织，从而危及资本和部门的生存空间。

对于部门领办合作社中的部门利益，学者已经多有省察。张晓山指出，对各级政府及有关部门来说，倡导与支持（干预）合作社的发展，甚至自己动手来办类似合作社这样的农村经济组织，也并不单单是出于意识形态的考虑，这里边亦有经济利益的驱动。[①] 这些部门之间各自为改、组织松散、不联不合，更为重要的是，不少部门既有相互重复的功能、又有各自垄断的功能，因此就在自己的行政职能和势力范围内争夺资源。《农民专业合作社法》颁布之前，合作社在不同的部门登记注册，也证明了这些部门在争夺这块新资源。随着中央文件肯定合作社的作用，加强合作社的发展，各部门为追求各自的政绩而相互竞争，导致一政多门的问题更加突出。

上面的讨论中，部分学者将政府视为一个整体，笼统理解为发展合作社中的"政府主导"，这是有失偏颇的。在我国，农业部、中国科学技术协会、全国供销合作总社、中国人民银行、银监会等分别对不同类型的农村合作经济组织实施归口管理。至于地方和农村基层，除以上四大行业系统外，人事、劳动、工商、科委等部门也有介入。而我们一般人所理解的"官办"，或者"政府主导"，其实是上述的"部门主导"。

（三）"大农吃小农"的合作社成为专业合作社发展的主流

在农民合作经济组织对于资本和部门的获利具有双重效应的基础上，资本和部门的选择就是扶持大农、压制小农。所以，现实中出现的情况就是："大农吃小农"的合作组织成为合作经济组织的主要形式。[②]

[①] 参见张晓山《有关中国农民专业合作组织发展的几个问题》，《农村经济》2005 年第 1 期。

[②] 据张晓山文章中提供的数据，"安徽芜湖市已经注册的 136 个专业合作社中，农村能人（大户）兴办型的 125 个，涉农部门领办型的 4 个，龙头企业带动型的 5 个，村级组织领办型的 2 个。从合作组织的发起人来看，有家族牵头，有种植、养殖或营销专业大户牵头，也有几个人合伙发起的"。而且，张晓山还分析说，"合作社中大户领办和龙头企业领办在界限上很难划清，许多所说的龙头企业往往就是当地大户自己牵头搞起的小公司或合伙企业"。见张晓山《中国农民专业合作社的实践与面临的挑战》，《中国老区建设》2009 年第 2 期。我们还可以从一些总量数据中发现，全国已经在工商管理部门登记的专业合作社中，相当比例是供销社系统扶持和领办的。

前面已经讲过,农户分化本身是部门和资本下乡的一个重要条件,并因部门和资本下乡而强化。强化往往是通过部门和资本扶持"大农吃小农"的合作经济组织的方式实现的。

为了减少同分散农户的交易成本,下了乡的部门和资本必然要推动农户的联合。小农因为资源有限,经济收益少,虽然有合作需求,但是产生不了现实的合作收益,也承担不了合作过程的组织和管理成本。而大农资源多,经济收益多,相互之间有合作愿望,也能承担合作过程的组织和管理成本。但是大农的联合更容易采用合伙制企业的方式,这是因为合作过程的组织和管理成本往往要比合伙制企业的组织和管理成本高。

而如果联合小农组成合作社,则可以获得政府针对合作经济组织的财政扶持,也可以分享营利性部门和资本因合作社社员同其购销量增加、购销环节减少而节约下来的市场交易成本,从而获益,大农也会主动选择联合小农组织合作社。

政府对合作经济组织的财政扶持多数通过部门下达,部门为了确保其经营职能的扩展,多数会选择与其经营和服务领域构成上、下游关系的产品和服务去组织合作社。资本下乡在实际的农业产业化过程中被赋予了"统"的层次功能,这些部门也乐于支付一定成本用于组织农民合作经济组织,因为一方面可以获得政府这方面的财政补贴,另一方面也确实可以节约交易成本。

于是,政府部门扶持合作经济组织发展的公益性和营利性目标、资本的营利性目标以及大农的选择达成一致,政府和资本共同扶持大农联合小农组建合作社。

大农联合小农组建的合作社由于其最初的一部分目的是套取国家财政扶持资金,自然不会真正完善合作社内部的民主管理和合作制度,其对交易成本的节约也会止步于汇集社员的购销需求。

而对政府部门扶持合作社的公益目标来讲,虽然其乐于见到真正的合作社,但是由于扶持资金有限,而大农事实上已经成长起来,扶持大农建立"假合作社"比建立普惠制的扶持机制或建立一个更严密的遴选机制,行政成本要低很多。同时还可以和大农共谋获得回扣或远期收益,于是,财政扶持资金就倾向于扶持大农建立"假合作社",并"知假扶假"。

　　而对政府部门来讲，合作社的广泛发展和"真合作社"的发展将对其长远营利性目标构成挑战。因此，部门乐于帮助大农建立"假合作社"以套取财政扶持，并仅限于由大农来组织市场需求，不发展合作社的谈判能力，大农的"假合作社"也符合政府部门的营利性目标。即使这样，如果大农的"假合作社"实力增加，发展成为部门在生产资料供应和农产品销售领域的平等竞争者，部门也是不愿意的，因此，部门羽翼下的试点或示范合作社要么和部门经营范围完全无关，要么就是和部门经营构成上、下游关系。

　　对于营利性的资本来讲，合作社的广泛发展和真合作社的发展也将对其长远营利性目标构成挑战。因此，资本除了乐于帮助大农建立"假合作社"套取财政扶持之外，并不支持发展合作社的经营实力和谈判能力，他们往往只同合作社发展合同购销关系，并不会发展同农户一体化的合作经济组织，也没有动力投入更多资本、人力和技术来发展规范的合作经济组织，或者去发展合作经济组织的综合服务功能。

　　在优势资源拥有者即政府部门、资本和大农的共同利益驱使下，大农联合小农的"假合作社"就成为合作社发展的主体力量。在这样的合作社里，执行的是"大农吃小农"的逻辑。几个大户联合起来，其实是个合伙制企业，在最终购销方和农户之间充当一个中间商，低价买进农户产品，高价卖出，或者低价买进生产资料和技术，高价卖给农户。在资本和部门已经充分下乡的今天，其高价卖出农产品和低价买进生产资料、技术的对象是部门和资本，部门和资本得能接受这样的价格，否则，大户的"假合作社"也存在不了。事实上，低价买进农产品和高价卖出生产资料、技术的对象是小农，因为小农没有退出同大户这一中间商的市场关系的选择权（要不就是接受直接同部门和资本打交道的更高的市场交易成本和价格），只能接受大户的盘剥。

　　"大农吃小农"的合作社实质上是在部门和资本有限的情况下，帮助部门和资本对小农进行组织，增加了一个中间商，但并不能解决小农在市场上的弱势地位，也不能帮助小农加入生产环节之外的加工和经营环节，获取更多利润。这种合作社的大量存在造成了合作社发展的虚假繁荣局面，改变了财政专项扶持资金的公益性质，降低了财政专项扶持资金的效率。

当前的新农村建设，中央和地方各级政府高度重视，纷纷加大财政投入，财政支农资金每年以很高的幅度增加，每年都创新高。可以说，基于对统筹城乡发展和以工补农、以城带乡的共识，财政支农成为新农村建设的主要手段。但是，新农村建设的目标是农村经济社会的全面发展，目前，以财政支农为主的新农村建设政策是否能促进这一目标的实现呢？进一步地，新农村建设的重点是提高农民的组织化程度，财政投入为主的新农村建设政策是否能确保这一重点取得进展呢？

财政投入总量不可能满足农村发展的需要，也不可能普惠所有农户，部门各自扶持的方式只会浪费政府资源。财政投入除了用于农村基础设施和公共服务、改善农业生产条件外，很大一部分也开始投入建立农民合作经济组织，但是，目前涉农部门的营利性部门性质和资本下乡的实际格局使得当前的财政投入不足以引导出一个健康发展的农民合作经济组织的发展格局。示范合作社建设的功能是扶大扶强，这会进一步加大小农和大农的分化。

五　中国农村合作经济组织发展的目标模式是多层次综合合作体系

资本和部门下乡格局下"大农吃小农"的合作社发展局面不是多数兼业小农利益之所在，也违背政府推动合作社发展的初衷，更不符合推动农民组织化，从而建设和谐社会的长远利益。我们必须打破这种局面。但是，如果头痛医头，脚痛医脚，政策措施也只能是杯水车薪，甚至南辕北辙，致使局面更加复杂。在诊治"大农吃小农"的合作社这一由部门和资本推动形成的怪胎时，需要到部门和资本下乡的背后找原因，需要基于我们要达成的农民组织化的最终目标找对策。

首先要确立中国农村合作经济组织发展的目标模式，作为新政策的基础。

（一）与中国以兼业小农为主的全体农户需求相合的合作组织的主导形式应该是综合性合作组织

1. 在更加宽阔的视野中理解农民合作经济组织的功能

中国兼业小农的需求是多方面的，农户组织化应该更加充分地满足这些需求。目前的讨论主要针对小农提高收入的需要，其实，小农的生存方式、文化伦理决定了其还有通过社区福利和社会保障降低风险的需要，以及以社区交往获得生活意义的需要。以上三个方面的需要，靠农民个体家庭、宗族乃至国家都是难以充分满足的。农民合作经济组织如能回应这三个方面的需求才能最终有生命力。

2. 中国兼业小农的合作组织形式首先应该是可以提供综合服务功能的社区合作经济组织

合作经济组织的成立一方面要有持续的合作剩余，另一方面要能支付足够的管理成本。而兼业小农的生产剩余很少，所以，其合作起来的合作剩余也不多，再加上对合作后内生交易成本增加的担心，他们往往会放弃现实的合作要求。而内生交易成本的支付如果依靠不多的合作剩余支付，合作就会更加困难。因此，兼业小农组成的合作社更应该依靠社区富余的社会资本，避免采用货币化支付和科层化的管理方式，以节约内生交易成本。以社区为边界、提供综合服务功能的合作经济组织因此应该成为兼业小农在合作经济方面的首选方式。现实中，村庄土地是集体所有制，其提供了最大的一笔潜在合作资产，且这一生产要素成为合作社资产不会产生更多交易成本。而社区内也有管理人员遴选的机制，这也会减少合作社成立时的成本。

3. 专业合作社的发展不足以满足兼业小农的综合需求

专业合作社（针对专业农产品、提供专业服务）并不能满足兼业小农的需求，这就决定了多数兼业小农很难进入专业合作社，能进入的只有少数的专业农户。[①] 中国目前的农村土地制度和农户经营规模决定了专业农户只是少数的，专业化了的只是兼业农户内部的专业劳动力而已。因此，中国农民合作社发展的任务是让专业的务农劳动力能够加入合作社。务农劳动力的产品数量不是单一的，其需要的生产经营服务涵盖生产技术、生产资料购买、产品销售、产品加工、信贷等多个方面，这就要求合作社能为农户提供综合性的服务，但是，现阶段的专业合作社还只能满足少数专业化生产的农户的需要。

---

① 国家工商总局最新统计，截至 2008 年 9 月底，依法新设立登记的合作社有 7.96 万家，成员仅为 108.15 万人（户），其中农民成员 104.09 万人（户），占成员总数的 96.24%。

　　根据上述分析可知，中国的农民合作社体制在农村基层应该是以社区合作经济组织为主要载体，辅之以少量的覆盖农户数量有限的专业合作社。但是，专业合作社的规模不受限制，在总体实力和单个实力上在一定区域内完全可以超过社区合作社。

　　（二）部门下乡和资本下乡不支持农民综合合作经济组织的发展，只会有限度地扶持专业合作社

　　部门下乡和资本下乡后，农村经济舞台上的主导者是部门和资本，他们追求各自利益的行为虽然促使其发展农民合作社，但是，他们也只会扶植发展专业合作社。

　　各部门的资源和某种专门服务有关，如农业局的资源多在于农业生产技术，科技局的资源主要是科技，供销社的资源主要在于生产资料和农产品购销渠道，农村信用社主要在于信贷方面。这些部门去发展农民合作经济组织，农业局和科技局会支持生产合作社，供销社则支持购销合作社，信用社支持信用合作社。如果支持其发展综合功能，会增加部门扶持成本，而收益却和部门利益不能完全对接。

　　资本，尤其是城市资本的专业化程度本身很高，其只会支持农户组建和某种专门农产品有关的合作社。一些资本确实会通过村级组织或其支持的合作社额外提供道路、防疫等村庄公共品，但是数量只够这些资本和农户结合之用。

　　在《农民专业合作社法》通过之前的农民合作社，多数是专业合作社，这与部门下乡和资本下乡的现状分不开。而这些专业合作社大多数又属于不规范的合作社，这也与部门和资本追求其自身利益分不开。

　　（三）以专业合作社为主发展农民合作社只会强化资本和部门优势

　　笔者曾经指出，假如我们真的想要农民组织起来自保自助、自我管理，重新实现社区自治，必须得改的不是农民这一头，而是政府这一头。如果政府真想让他们发展合作组织，就应该让农民的合作组织能够免税地进入有利润的涉农领域，比如金融、保险、水利、供销、批发、农机等。这是一种去除部门对涉农产业利润分割的治本之道。但是，如果这里的合

作组织仅是专业合作组织的话，就不会有这样的格局。

发展专业合作社与强化部门和资本在乡的优势是相辅相成的。如果仅仅强调发展专业合作社，只有部门和资本才有指导和扶助之力，它们自然是主要的依靠力量。由于政府没有对部门进行有效的监督和训导，资本也不受弱势小农的监督，部门和资本的结合更难为政府和农民所追究。

不论专业合作社法通过之前还是之后，所谓的"政府主导"发展合作社都沦落为部门主导的模式，在部门没有足够的财力或能力时，合作社都借助了资本之力，从而便利了资本对合作社优势的确立。政府由部门组成，从理论上说，政府主导不一定必然沦为部门主导。之所以出现部门主导是因为农民合作经济组织发展的目标模式不清，对似是而非的专业合作社的扶持也没有真正整合部门资源，还仍想利用各部门下达有限的资源，并幻想通过各部门对政绩的竞争放大有限资源的效果。

改变部门主导，并不意味着放弃政府责任而转为所谓"民办"。"民办"首先就会和部门既得利益冲突，如农民自办供销合作社，你到供销社批发农用生产资料可以，如果你直接和厂家联系，那就冲击了供销社的利益。一味强调"民办"在涉农部门各自分立的情况下只是一厢情愿。

如果我们发展合作社仅仅是发展专业合作社，那么无论是官办还是民办无疑都不会冲击部门主导和资本主导的格局，甚至会加强部门主导和资本主导。

（四）多层次的综合合作才能为兼业小农提供足够收益，满足其综合需求

合作社的主要形式应该是社区合作社，但是，社区合作社仍然无法解决合作剩余少的问题。可以想见，单一层次的社区合作社对于社区内的兼业小农的综合需求来讲，仍然不能充分满足。社区合作社所具有的综合功能应该有一个纵向的支持体系，也就是说，要靠社区外的实力更强的组织对其进行支持。这一纵向的支持体系应该支持社区合作社开展多种功能的合作业务，满足兼业农户的综合需求。我们说的多层次，首先是指这一纵向支持体系和基层的以社区合作组织形式为主、专业合作组织形式为辅的农民合作社的不同层次，上一级层次为下一个层次提供服务。其次，多层次的意思是指在这一由纵向支持体系和基层合作社构成的合作体系中的合

作内容是多样化的，起码应该包括生产合作、购销合作、信用合作、教育合作乃至文化合作。由此，构成一个多层次的综合合作体系。

通过这一多层次的综合合作体系，才能产生合作剩余，也才能真正满足农户的综合需求。

多层次的综合合作的现实组织形式，应该能够提供兼业小农所需要的生产技术、生产资料和产品购销、信贷等多种服务，兼业小农在获得这些服务之后，可以在一个市场化的农业和市场经济中取得社会平均利润，即这一组织是一个市场主体，和其他经济主体发展市场交换关系，这种交换关系是平等的。这一组织形式以兼业小农为主要成员，其既作为合作组织服务的使用者，又作为合作组织的所有者，对合作组织的生产经营和利润分配具有控制权，即贯彻合作制原则。为使这一组织形式中的各种服务事业持续运转，需要在营利性服务和非营利服务之间形成组织内部的利润转移，即在这一组织中采用类似企业的内部要素的组合安排，而不在各种服务事业之间形成市场关系。

多层次综合合作的内容是涉农服务事业，而农业具有弱质产业的特点，需要政府给予扶持，也就是说，政府对于多层次综合合作组织可能出现的利润不足应提前给予补贴。这种补贴可以采取财政直接支持方式，也可以采用给予某种事业在农村地区乃至全国的特许经营权的方式。也就是说，在多层次的综合合作体系和国家关系上要有一种特别的制度安排。

（五）在中国发展综合性农民合作体系要解决的基本问题

在发展综合性农村合作体系方面，以发展农民专业合作社为主的思路暴露出来的突出问题有三个：一是现有的专业合作社由于部门和资本对其的限制和利用而致的低收益问题；二是现有的有一定合作收益的专业合作社覆盖范围有限，不足以惠及大多数农户；三是国家发展合作社的财政支持，因依赖部门操作而产生的高额代理成本和效率损失。

其中，第一个问题是最核心的问题，如果发展综合性农民合作体系能够解决部门和资本下乡导致的合作社发展的困境（即农民自主合作空间不足，国家的合作社扶持政策被隔绝和扭曲），后两个问题即可随之迎刃而解。

也就是说，和理论界的普遍讨论不同的是，中国发展农民合作组织的核心问题不是农民合作意识、合作文化乃至合作能力的问题，也不是一般性的法律和制度供给不足的问题，更不是缺少财政支持的问题。真正的核心问题是如何破除涉农部门和下乡资本对小农的优势地位问题。

（六）小结：把综合性农民合作体系作为中国农户经济组织化道路的新选择

综上所述，多层次的综合合作体系应该成为中国农村合作组织发展的目标模式。这一目标模式的内涵或本质为：除组织小农的生产合作外，逐步将涉农的金融、流通和科技事业整合进合作体系内部，使其合作收益为小农共享；组织多层次的合作，充分发挥分工和专业化的好处，以更大的合作规模和多种服务产生足够的合作收益；合作社和市场经济体系内的企业和其他经济主体具有法律上的平等市场关系，并因其在农村地区对某些产业和服务的特许定位和基于客户（即加入合作体系的小农）数量庞大的经营优势而取得可观利润；承接和使用国家用于弥补农户务农的机会成本上升以稳定务农者的投入和补贴；获得农业部门提供的为非经济的多功能性公共物品而支付的财政资源。

六 促进农村多层次综合合作体系成长的政策框架

与日、韩等创立基于小农综合需求的综合农协时的情况不同，中国农村早已不是农民合作组织发展的真空。目前，农民合作经济发展的态势是，在市场化过程中已经分化的小农中的"大农"，在部门扶持和龙头企业的"带动"下，已经组织成立了相当数量的拥有一定规模的专业合作社，但是其覆盖的农户范围十分有限，其业务功能的发展和壮大在政策扶持力度上受到涉农部门各自分立和部门自我利益为先的限制，在发展空间上受到龙头企业的限制。也就是说，在部门下乡和资本下乡的背景下，专业合作社发展呈现虚假繁荣，多数是"大农吃小农"，无力满足兼业小农户的综合需求。这些专业合作社的存在压缩了农民自主合作的空间，使得综合农协可能缺乏来自兼业小农的自下而上的宝贵支持。

（一）寻求建立多层次综合合作体系的政策原则

2007 年 7 月 1 日，《中华人民共和国农民专业合作社法》通过并实施，然而这并没有改变上述大农创办的"假合作社"的发展态势。因为政府部门的约束条件没变，即扶持资金优先、符号可见性优先的政绩追求未变，营利性目标没变；资本的约束条件没变，即和部门结盟的逻辑没变，短期营利性目标未变；大农的约束条件没变，即政府部门和资本的强势地位没变，优势资源种类（人际关系资源、信息资源）没变；小农的约束条件也没有变，即生产规模未变，资源劣势（技术水平、信息资源）未变。在各方约束条件未变的情况下，我们很难相信，"大农吃小农"的情况只是前进中的问题，随着对合作社的"规范化"，情况就能改观。短期内，倒是有可能出现"小农吃大农"的合作社。如果政府强力按照法律精神规范合作社的话，目前的"假合作社"中大户的利益会受到限制。对于大户的经营能力和贡献如果不能科学地折股，也会导致他们的积极性下降。所以，我们看到，发展比较好的专业合作社已经开始抬高门槛，限制小农的进入。

"大农吃小农"成为专业合作社发展中的典型现象，这表面看起来是合作社治理结构的规范问题，实质上是合作化发展的各种利益主体的资源禀赋、利益结构的对比和连接方式问题。

在这样的情况下，只批评部门和资本基于自身利益发展"假合作社"，或单纯倡导政府扶持、龙头企业扶持，或仅仅强调农民的自发自愿，对于形成一个小农利益得到保护和实现的健康的合作社发展格局都是没有大用的。真正重要的是扭转上面揭示的基于部门、资本、大农、小农的资源禀赋和利益结构而生的合作经济组织变异的实际逻辑，转而寻求建立农村多层次的综合合作体系。

我国大多数小农由于收入增长和社会福利增进而产生的综合需求无法靠目前这种畸形的专业合作社的发展来承担。要发展综合农协，则必须考虑到部门下乡和资本下乡的现实和"大农吃小农"的现象的存在。发展综合农协要基于这种现实，而且要有逐步改变这种格局的内在机制。为此，可以确立这样几个基本原则。

第一个原则是国家介入。国家介入针对的首先是对农民自发的片面强调。单纯依靠农民自发合作的扩展并不现实。小农的生产剩余很少，如果再要依赖自己支付合作成本，合作要启动本身就很难。这需要农民以外的公共力量的介入，国家作为最具权威性的这种公共力量，责无旁贷。而部门和资本在农民合作社发展的问题上已形成优势地位，国家应出台法规和政策，阻止部门自求其利和资本自顾自利。只有国家介入并减少农民初期合作的成本，隔绝部门和资本的影响，才能使农民合作组织大量发育。

第二个原则是合作社要覆盖绝大多数农户。合作体系的会员应该包括中国大多数农户。小农只有被合作体系保护起来并自我产生超出单户经营的收益，才能避免市场的弱势地位。也只有农村合作体系具有全覆盖性，才能使执政党和政府同农户建立起直接的沟通和合法性认同机制。

第三个原则是要提供充分的多种合作收益，靠综合收益吸引农民、改善农民。小农作为农村合作体系的服务对象，其面向市场的农业生产和经营以及独特的社区生活所需要的服务是多方面的，合作的内容也应是多种多样的。从小农需要的合作内容看，至少会包括生产合作、金融合作、流通合作、科技合作等。从这些合作或服务涉及的产业几乎包括所有涉农产业。

第四个原则是渐进原则。对于部门和资本，我们不是要尽除之而后快，而是要充分发挥其积极作用，逐步抑制其消极作用。否则，多层次综合合作的目标就操作。

（二）主要政策组合

政府作为代表社会公共利益从而更代表合作化中小农利益的一方，在选定综合性合作组织体系作为合作化的目标模式之后，其达至这一目标的政策主要有以下几类。

第一类为基本力量引导政策，即对现有合作化格局中的基本力量实行有区别的引导，具体包括抑制部门营利化、节制资本、促进大农和小农互利合作、扶助小农。

第二类是区域扩展政策，即从县级到地方再到区域最后到全国，逐步发展综合性合作体系，具体是从市、县级综合性合作体系的构建起步，逐步过渡到区域性的综合性合作体系，最后扩展到全国的综合性合作体系。

第三类是基层合作社促进政策，即推动合作金融、合作购销、合作生产融合的社区合作社发展，把其作为综合合作体系的基层组织，具体措施是建立基层示范合作社，以此作为地方和区域发展的基础，同时基层示范合作社应该兼具金融合作、购销合作、生产合作功能，充分利用社区内的社会资本和体制性的管理资源。

（三）组织领导和政策推进

1. 设立中共中央农村工作委员会，统一规划和指导综合农协的创建与发展

这一工作委员会的职能主要有：提出国家发展综合性农村合作体系的宏观思路和主要政策体系，为此，其要承担拟定法律框架、立法前期调研、关键政策的研究等工作；对市、县以下的综合农协试验进行组织和引导，总结有关经验，组织有关试验的经验交流和研讨；利用党的组织优势，发动农村党员投身综合农协的创建工作；组织大规模的针对合作社指导者和农民合作社人才的培训。

2. 建立中华人民共和国农政部，具体执行对综合农协的扶持政策

国家进行大部制改革针对的问题主要是"政府职能转变还不到位，对微观经济活动干预仍然过多，社会管理和公共服务有待进一步加强；政府机构设置还不尽合理，部门职责交叉、权责脱节和效率不高的问题比较突出；有些方面权力仍然过于集中，且缺乏有效监督和制约，滥用职权、以权谋私、贪污腐败等现象仍然存在"。对于涉农部门来说，这些问题也都存在。

可以考虑重组中央农村工作领导小组、农业部、林业局、科技部、水利部、商务部、国土资源部、国家建设部、人民银行、银监会、供销总社等部门的涉农行政职能，设立"中华人民共和国农政部"，在省、市、县设立农政厅、农政局，并将原农业部整体改组进入农政部。县以下各地方原则上不必再设立独立的农政机关，可由农政机关委托基层农协代行有关职能。

设立农政部，对于建立综合性农民合作体系的意义在于以下几点。

第一，消除涉农部门之间的摩擦，使国家有关发展综合性农村合作体

系的政令畅通，减少行政成本。同时，减少综合性农村合作体系中的各农民组织与涉农行政部门打交道的成本。

第二，抑制涉农部门的营利性，尽可能消除涉农行政部门在发展农民合作体系上的谋利行为。

（四）当前工作：试点县综合农协，一定阶段后组建区域综合农协

当前工作的重点应该是从县级开始试点综合农协，在全国挑选不同情况的县进行综合农协试点。

要解决的突出问题是：县级涉农部门资源如何整合进综合农协；农协内部的基层区域性组织和专业性组织的类别和相互关系设定，专业合作和社区合作如何互相促进；金融合作、流通合作、科技合作乃至生产合作的衔接和内部利益联结机制的设计；设计农协利润分配方案；农协经营的风险控制。

在县级综合农协发展取得一定规模和成功经验后，我国可以县综合农协为基本会员，成立区域性的综合农协联合会，区域可不局限在省内，可以跨省建立。

在区域综合农协的结构里，重点试验以下几点：各综合农协间的合作方式和内容，以依托块块发展和强调纵向协调的合作金融作为综合农协间合作的关键内容，各综合农协以何种方式进入城市市场。

为确保县级综合农协和区域综合农协的试验取得成功，我国应制定财政扶持县级农协和县级农协区域联合组织的政策，必要时启动有关地方立法。

以上几个改革措施的提出，在实践中不应该是同时的。其实，这些政策之间有着极强的相关性，有些政策之间还互为前提或条件。如农政部和全国性综合农协。作为农民组织，综合农协能汇聚农民需求，更好地反映农民对国家涉农行政的要求，从而对农政部的工作产生推动作用；而农政部工作职责的完成、支农惠农政策的实施，又离不开综合农协的配合。但是，由于在中国创办全国性综合农协所需的条件不能一下子成熟，要经过一个从县域到区域再到全国的过程，因此，农政部的成立就得不到来自全国性综合农协的推动和校准。

这时候，改革举措的安排要考虑到农村政策某个阶段的突出矛盾，中央

农村工作委员会对此应可把握全局。如果农村经济成长使农户对于整合农政部门的需求非常大，那就必须先成立农政部。但可能出现的问题是：地方层次的农政厅、局的成立，会把原来部门推进农业政策贯彻的途径打乱，如各涉农部门一般都有主管部门—下属事业单位—附属营利性机构这样一个政策执行链条，农政部门的整合会把上述链条切断，把事业单位和附属营利性机构缩减乃至推向社会，如果此时农民综合性合作组织没有充分发育的话，就没办法承接这部分事业和经营职能，这在一定时期内会导致农村政策执行的效率降低。

参考文献

［1］ 杜润生：《杜润生自述：中国农村体制变革重大决策纪实》，人民出版社，2005。

［2］ 李中华：《日本农协给我们的借鉴与启示》，《农业经济》2003 年第 6 期。

［3］ 仝志辉：《农村改革 30 周年之际看部门和资本下乡后的农民合作之路》，《人民日报内参》2008 年第 39 期。

［4］ 仝志辉：《论我国农村社会化服务体系的部门化》，《山东社会科学》2008 年第 7 期。

［5］ 魏道南、张晓山主编《中国农村新型合作组织探析》，经济管理出版社，1998。

［6］ 温铁军：《国家资本再分配与民间资本再积累》，《新华文摘》1993 年第 12 期。

［7］ 温铁军：《制约三农问题的两个基本矛盾》，《战略与管理》1996 年第 3 期。

［8］ 向国成、韩绍凤：《小农经济效率分工改进论》，中国经济出版社，2007。

（本文原载于《开放时代》2009 年第 4 期）

农民专业合作社发展面临的结构性
困境与突围路径[*]

赵晓峰　何慧丽[**]

2007 年 7 月 1 日，《中华人民共和国农民专业合作社法》颁布实施，学界普遍认为农村合作社将迎来新的发展契机。然而，时隔四年之后，有学者提出并发起了"真假合作社"的辩论，学者们普遍认为，依据不同的标准，在全国已经正式注册登记的 27.2 万家合作社中，只有 1 万家最多不超过 5 万家的真合作社。[①] 缘何会引发"真假合作社"的讨论，农民专业合作社发展的前途又在哪里，本文将对上述问题做出一些必要的探讨。

一　农民专业合作社发展面临的结构性困境

我们认为，构成制约农民专业合作社发展的结构性因素主要有两点：一是农业产值占 GDP 的比重不断下降，且利润微薄的大宗农产品和收益较高的经济作物在农业产业结构中的分布状态基本稳定，调整空间极小；二是维持合作社正常运转的制度成本较高，且难以构建合理的成本分摊机制。

新中国成立以来，随着三大产业结构的不断调整，农业总产值占 GDP 的比重不断下降，中国已经从一个传统的农业型国家发展到 2010 年农业产值在 GDP 中只占 10.17% 的现代工业型国家。也就是说，虽然农业产值的

---

[*]　本文受到 2011 年度教育部人文社会科学青年基金项目"转型期农村合作社发展的社会基础研究（项目批准号：11YJCZH250）"的资助。

[**]　赵晓峰，西北农林科技大学人文学院副教授；何慧丽，中国农业大学人文与发展学院副教授。

[①]　参见刘老石《合作社实践与本土评价标准》，《开放时代》2010 年第 12 期。

绝对值还在不断增加，农业还有持续发展的空间，但是完全依靠农业收入的增加，无法从根本上解决农民增收迟缓和缓解城乡居民收入差距不断扩大的问题。因此，发展农民专业合作社，不仅是为了做大农业这块蛋糕，而且更重要的是要增强农民的市场主体地位，使农民能够有更好的机会分享农产品生产、加工、流通和销售等各个环节的利润，使农业发展能够为农民增收服务。

中国是一个人口大国，吃饭问题不单是一个经济问题，更是一个关系社会稳定的政治问题。所以，中国对粮食等大宗农产品的自供系数要求比较高，进口和出口的数量长期维持在 5% 左右的较低水平上。这就要求中国 18 亿亩耕地中的 90% 左右的农田必须以种植大宗农业产品为主。又因为大宗农产品是人们生存所必需的生活资料，价格波动的幅度必须在社会各阶层尤其是城市底层民众能够承受的限度内，所以，国家对大宗农产品的价格必然会通过战略储备计划等进行市场调节，从而维持相关产品价格的相对稳定。此外，农业的产业结构决定了经济作物的种植面积往往只能占到全国可耕地面积的 10% 左右。如果突破了这一限度，经济作物的价格就有可能出现较大的市场波动，形成增产不增收的尴尬局面。

交易费用是制度经济学的核心概念。孙亚范在对新型农民合作经济组织的研究中将交易费用定义为制度运行的成本，其中包括信息成本、谈判成本、起草和实施合约的成本、界定实施产权的成本、监督管理的成本与改变制度安排的成本等。[1] 这些成本几乎在任何农民合作性组织中都同样存在，只要存在制度，则制度的运行都客观上需要组织承担这些成本。制度运行的成本相对高昂，这限制了利润微薄的大宗农产品生产领域的农民合作，从而使这些领域的农民对发展专业合作经济组织望而却步。

同时，从中国农业发展的经验来看，过去几十年中国"农业隐形革命"的动力主要来自食品消费变化所导致的农业结构转型以及非农经济发展所带来的收入上升的变化。[2] 也就是说，中国农业发展的基本动力格局是消费需求主导型而非生产决定型，是城乡居民消费结构的变化促进了农

---

[1] 参见孙亚范《新型农民专业合作经济组织发展研究》，社会科学文献出版社，2006，第295 页。

[2] 参见黄宗智《中国的隐性农业革命》，法律出版社，2010，第 10 页。

业产业结构的现代转型。

受制于以上因素，在当前的经济格局和社会语境中，组织农民发展专业合作社，关键在于两点：一是如何立基于当下的农业产业结构，结合各地的实际，坚持"有所为，有所不为"的原则，因地制宜地构建将农业产业链条各个环节的利润留在农村、留给农民的制度体系，使农民切实享受到农业发展的收益；二是如何顺应新的市场消费需求的变化，创造出新的促进农业发展、农民增收的动力源。然而，农民专业合作社发展的现状和前景却并不让人感到乐观。

二　合作社发展主流路径的合理性辨析：资本与部门利益合流的隐患

根据北京梁漱溟乡村建设中心农村合作社服务指导团队多年来在全国各地的实践经验，当前中国农村运行良好、管理规范、有实际成效的真合作社，即便按照广义的标准推算也达不到20%，其他80%或是企业主导型合作社，或是官办的合作社，都难以称得上是符合"民办、民管、民受益"等基本合作社操作规范的真合作社。[①] 也就是说，当前实践中合作社发展的主流方式是政府部门和资本利益合流共同推动发展起来的专业合作经济组织。

资本下乡必然是为了利润而来。由于分散的小农家庭无法形成对资本势力的挑战，在农业商业化和产业化的过程中，城市资本已经渗入农业产业链条中几乎所有有利可图的环节。资本涌向农村，离不开地方政府的支持。在"发展才是硬道理"的发展观的指导下，地方政府招商引资的压力非常大，只要资本愿意来，什么条件都可以谈。"资本要下乡，商品要上架"成为主导地方官员大脑的基本发展思路。如此一来，在当前的中国农村，加工、流通、销售等各个产业环节的利润都已掌握在资本的手中，农村劳动力从事的则主要是微利的生产环节。

资本下乡得到了政府的支持，政府从财政、税收等各个管理环节都对涉农资本开了口子，从各个方面给予政策优惠。政府不仅从政绩的角度推

---

① 参见仝志辉、温铁军《资本和部门下乡与小农户经济的组织化道路》，《开放时代》2009年第5期。

动资本下乡的进程，而且还以自身所有的资本参与了资本下乡的过程。[1]
部门资本下乡也是在中央和地方各级政府推动下出现的，通过让各个涉农
部门开展营利性涉农服务，增加部门收入，既减少了国家财政的投入，又
缓解了涉农部门的生存危机。当然，中央和地方各级政府还有另外一个动
力，即依靠各个涉农部门改善对农户的社会化服务，帮助农产品更好地进
入市场。

资本和部门下乡必然要面临的实践难题是如何以较低的制度运行成本
解决如何与农民打交道的问题，由此衍生出的是"扶强不扶弱"的嫌贫爱
富的发展逻辑，即资本和部门优先选择乡村里的大户作为合作的主体。很
明显，如果不能打破资本与部门利益合流的发展格局，就不能从根本上解
决合作社发展过程中出现的诸如"大农吃小农"之类的"异化"现象。

由于农业的总利润是有限的，资本和部门下乡并不能从根本上改变农
业发展的基本格局，也无法实现农业增加值的快速提升。资本与部门利益
的合流只会强化农民的弱势地位，从弱势的分散小农那里争夺原本就非常
有限的利润空间，其在大多数时候发挥的不是做大蛋糕的作用，而是分享
已有蛋糕的作用。资本和部门主导农民专业合作社的发展，不是为了促进
农民增收、农业发展，而是为了剥夺农民的利益，从分散小农的身上抢夺
利益，这自然不利于农民基本权益的保护。我们认为，这是农民专业合作
社发展的主流路径存在的最大问题。

三 重新审视农民专业合作社发展的目标定位

基于以上分析，我们认为应当审视农民专业合作社发展的目标定位，
对以下关系进行辩证的再认识。

1. 家庭联产承包制与农业生产经营效益

主流的观点认为小农家庭的生产方式已经不能适应现代农业的发展需
求，必须加大制度创新的力度，推进农村土地流转的规模，加快农业规模
化经营的进程。这就意味着要有一个土地经营权从多数人向少数人集中的
过程，也要有一个小家庭农场经营模式被现代化大农场经营模式所替代的

---

[1] 参见仝志辉、温铁军《资本和部门下乡与小农户经济的组织化道路》，《开放时代》2009
年第 5 期。

过程,而农民专业合作社的发展在无形之中被寄予了发挥此作用的现实价值。但是,已有研究发现,规模化经营模式并不比小农家庭的经营方式更有效率,反而是规模越大,农业产出效率越低。而实践证明,自发的土地流转方式,会在农村造就一个夫妻俩共同经营 20 亩左右耕地的新"中农"阶层。因为劳均经营规模 10 亩左右,保证了土地的产出效益,又因为户均 20 亩土地的家庭农场经营模式可以为小家庭带来 3 万元左右的年均纯收益,保护了农民的种粮积极性,使新"中农"阶层成为农村社会重要的稳定性力量。所以,我们认为当前发展农民专业合作社,不应是以资本和部门下乡的方式推动农业规模化经营的速度,而应是在允许农地自发流转的前提下,建立在小农生产结构还将在未来一段时间内长期存在的基础之上,发挥双层经营体制中"统"的功能。

2. 资本的利益与农民的权益

依靠资本和部门下乡发展起来的合作社,从宏观层面来讲,必将优先选择农业产业化链条中利润相对丰厚的环节,挤压农民自发合作的利润空间,使以农民为主体的合作社的发展环境进一步恶化。2007 年,全国猪肉价格大幅度上涨之后,国家对养殖业制定了相当优惠的财政、税收扶持政策。由于小规模家庭养殖模式的市场效应不明显,地方政府纷纷引入资本,在全国各地兴建了一批数量多、规模大的养殖场。由于市场需求总额的相对稳定,新的养殖场的兴建,必然加剧全国市场上养殖业的内部竞争,资本和部门利益结合形成的市场合力自然要远远强于弱势的分散小农,家庭养殖业的发展形势必然会随之进一步恶化。根据我们的调查,近些年,全国各地农村分散的、小规模的家庭养殖业几乎都已经趋于破产,养殖业基本上已经被资本所控制。以此为鉴,如果给资本以下乡的机会,经济作物和有利可图的部分大宗粮食作物的经营权就有可能被资本掌握,这必将损害农民的利益,实际上等于不断地将农民从农业经营的各个领域驱赶出去,一步步侵蚀农民分享农业收益的能力和权利。从微观层面来说,资本介入一个地方相关的农业经营领域,最理想的状态是资本利益和小农利益能够实现双赢,共同获利。问题是市场形势变幻莫测,一旦合作获利的空间不复存在,则资本下乡不侵害农民利益、不将风险转嫁给农民的可能性几乎没有,资本持有者的道德感不足以让其甘愿承担经营失败的代价。因此，我们认为，不能将希望寄托在资本身上，必须依赖农民自发、自愿形成的合力，依赖政府的推动力，以维护农民的基本经济权益为出发点，推动农民专业合作社的健康良性发展。

3. 少数农民的增收权与大多数农民的收益权

发展合作社是为了解决分散小农与大市场之间的隐性交易成本过高的难题，但是合作社的发展必然会带来显性的制度运行成本的分摊问题。由于弱势的小农通过协商并达成一致意见的成本比较高，而合作社盈利的前景往往并不明朗，所以才会形成客观上需要、主观上却并未做出选择的"二元合作悖论"。由此可以看出，即便没有资本和部门利益的介入，"大农吃小农"也会成为合作社发展过程中必然要出现的社会现象。当然，如果"大农"是村庄内的农民精英，则以他们为主导力量自发发展起来的合作社，可以增强农民整体的市场主体地位，抢占尽可能多的利润空间。而且，由于"大农"仍然生活在村庄里，因此他们往往成为村庄公共品和地方社会秩序的积极提供者。问题是"大农"的增收，不能以侵害"小农"的收益权为代价，比如，不能为了发展规模经营，就通过政府推动或是资本扶持的方式，将弱势"小农"驱离土地，通过削减"小农"的收益权的方式而相应地强化"大农"的增收权。并且，从长期来看，"大农吃小农"的趋势如果不加以遏制，必将加大、加剧农民的阶层分化，给农村经济社会的发展带来新的难以预料的变数，所以，当前国家力量介入农民专业合作社的发展，应将着力点放在增强弱势小农的市场地位，促进"大农"带"小农"的机制上，逐步构建起一个能够确保大多数农民收益权不受侵犯的新的合作制度框架。

总而言之，当前的农民专业合作社，应该以小农生产结构为发展之基，以保护农民的经营收益权为发展目标，使绝大多数农民都能从中获益，而避免沦落为被资本和部门下乡所利用的工具。

四　在新的目标共识下寻求突围路径

讨论了发展农民专业合作社的目标共识问题，我们接下来探讨合作社发展的路径选择问题。

1. 构建节制资本，抑制资本下乡的政策体系

从维护农民的基本权益出发，政府必须改变旧有的发展观，放弃引导资本下乡的发展思路，提高资本进入农业经营领域的门槛，遏制资本快速扩张的势头，打击资本下乡侵害农民利益的现象，将有限的农业经营利润留给农民，为农民专业合作社的发展提供一个相对较好的竞争环境。

2. 在利润相对丰厚的经济作物区优先发展农民专业合作社，并逐步建立区域性、全国性的市场协调机制

经济作物相对收益高，经济剩余多，农户分摊合作社运行成本的压力相对较少。同时，经济作物的市场风险非常大，年景好的时候能够获取高额的利润，而年景差的时候可能连本钱都得倒贴进去，这方面农民合作的意愿比较强，转化成合作能力的可能性也比较大。但是，由于总的市场容量有限，而区域性以至全国性市场的信息并不透明，加上农民的跟风现象又比较严重，导致"多收了三五斗""果贱伤农"的事件经常上演，这使得单个合作社的发展并不能从根本上化解供给与需求之间的矛盾问题。因此，必须在发展单个合作社的基础上，构建专业性经济作物的区域性、全国性市场协调机制，使市场的需求信号能够及时传达给各个地方的专业性合作社，实现信息的共享，进而根据各个合作社的生产意愿和生产能力，合理调配生产计划，保证生产者能够获取基本的经济收益。

3. 在大宗农产品的生产地区，严格贯彻落实《村民委员会组织法》，赋予农民充分而有保障的自治权限，以村委会为主体加强农村基层组织建设，发挥农民互助合作的积极作用，改善农业生产的基础设施条件

对于种植大宗农产品的农民来说，想要依靠合作的力量提高农产品销售的价格，在当前的中国缺乏操作的空间。因此，发展专业合作社在这些地区并不存在现实的迫切性。但是，2010年西南大旱、2011年长江流域大旱说明，农民抵抗旱涝灾害等自然风险的需要是非常强烈的。当前农田水利设施陷入困境，根源在于统分结合的双层经营体制的瓦解，以及农村基层组织退出了乡村水利的统筹领域，上述原因致使水利供给成了农民自己的事情，而缺乏自发、自主合作能力的农民只能眼睁睁地看着田间地头的水利灌溉及排涝设施逐步老化，渠道淤塞，失去抗旱排涝的基本能力。所以，在大宗农产品的生产地区，关键的问题不是让农民合作起来增加经营收入，而是将农民组织起来，赋予农民完整的自治权限，动员农民出钱出力，改善农田水利等基础设施，减少自然灾害的破坏力，使农民间接地实现增收。

4. 顺应市场需求形势的变化，发展生态农业，构建跨城乡的农产品生产、加工、销售一体化机制

近年来，食品安全问题引起了城乡居民越来越强烈的现实关注，逐渐富裕起来的人们越来越关心饮食的质量。由此，农业的生产结构有了进一步调整的空间，以前的调整是在粮食、菜果及肉食之间展开，当前的调整则是向生态农业的方向转变，这就为生态型的农民专业合作社的发展提供了良好的机会。我们最近几年在河南兰考等地搞城乡互助，鼓励农民发展生态农业，基本的理论支撑即在于此。

（本文原载于《中国农村观察》1996 年第 6 期）

合作社：作为制度化进程的意外后果

熊万胜[*]

一　问题与模型

农民专业合作经济组织作为有资格参与市场经营的特殊法人，在一般的民法体系中可以被看作与企业或社团并列的"合作社"，但在社会学的视野中，它的面目依然是模糊的。社会学界对于这种新型组织的研究重心仅局限于这种经济组织中的非经济因素，比如习俗、关系网络、信任、整合或其他文化问题，而有一个最基本的问题始终没有得到解决：我们应该如何从整体上把握这类组织？或者说，作为社会学研究者，我们究竟应该如何"想象"农民专业合作经济组织？韦伯[①]将社会组织分为：强制机构、企事业团体和协会，那么农民专业合作经济组织到底可以归为哪一类呢？史密斯[②]根据联系的紧密程度针对可以产生集体行动的组织类型建立了一个谱系，这个谱系的一端代表着共同体，另一端代表着协会。显然，农民专业合作经济组织既可以是共同体，也可以是协会。社会学对于合作社的研究还处于缺乏范式的阶段。在本文中，笔者试图对农民专业合作经济组织给出一个具有社会学色彩的整体性把握。具体地说，笔者力求通过类比李猛等人[③]对于单位意象的建构策略，将农民专业合作经济组织理解为一种制度化进程的意外后果。

---

* 熊万胜，华东理工大学人文科学研究院副教授、副院长。

① 〔德〕马克斯·韦伯：《经济与社会》，林荣远译，商务印书馆，1997，第265页。

② See Smith, John, "Communities, Associations, and the Supply of Collective Goods", *American Journal of Sociology*, Vol. 82, 1976.

③ 参见李猛、周飞舟、李康：《单位：制度化组织的内部机制》，载中国社会科学院社会学研究所《中国社会学》第2卷，上海人民出版社，2004。

　　"制度化"概念是以对"制度环境"与"技术环境"的区分为基础的。根据斯科特和迈耶①的定义：技术环境主要是指市场，制度环境是那些以具有完善的规则和要求（如果其中的个体组织想获得支持和合法性就必须遵守这些规则和要求）为特征的环境。这些规则和要求可能来源于国家—政府授权的调节机构，或专业协会、行业协会，或是界定各种具体组织应如何行事的一般信仰系统，以及其他类似的事物。很显然，制度环境对于专业合作经济组织的意义十分重大。若置于法治化的市场经济环境中，则产权模糊以及内部交易成本过高会导致合作组织的技术效率与企业组织相比有明显的差距，② 所以，合作社的持续存在和发展离不开国家对它的各种扶持。在中国，这类组织的发展始终受到乡村组织、农业社会化服务体系以及从上到下的各条块的强力引导，近年来还得到越来越多的财政扶持。这些均构成了农民专业合作经济组织的制度环境。

　　"制度化"概念本身充满歧义。斯科特③说："当一个人声明他用的是制度分析方法，接下来就应该问他一个重要问题：用的是哪个版本？"李猛等人强调这个概念与新制度主义者的关联，但本文更愿在新老制度主义的共性上来界定它，以保护自己在引述西方理论解释中国经验时的理论自主性。迪马吉奥④与鲍威尔认为："新老制度主义……都认为制度化是一种状态依赖的过程，这种过程通过限制组织可以进行的选择，而使组织减少了工具理性的色彩。"应用到此，制度化是指农民专业合作经济组织的制度和行为受到所有这些制度环境的影响，不断地做出适应性的改变，使自己在这种制度环境中的生存能力不断提高。由于制度环境的强弱是可以改变的，而组织适应制度环境的能力也会改进，所以制度化是一个历史的

---

① 参见〔美〕理查德·斯科特、〔美〕约翰·迈耶：《社会部门组织化：系列命题语初步论证》，载〔美〕沃尔特·鲍威尔、〔美〕保罗·迪马吉奥主编《组织分析的新制度主义》，姚伟译，上海人民出版社，2008。

② See Alchian, A. A. &H. Demsetz, "Production, Information Costs, and Economic Organization," *American Economic Review*, Vol. 62, 1972; Poter, P. K. &G. W. Scully, "Economic Efficiency in Cooperatives", *The Journal of Law and Economics*, 1987.

③ 参见〔美〕理查德·斯科特：《制度理论的青春期》，载张永宏主编《组织社会学的新制度主义学派》，何新发译，上海人民出版社，2008。

④ 参见〔美〕沃尔特·鲍威尔：《拓展制度分析的范围》，载〔美〕沃尔特·鲍威尔、〔美〕保罗·迪马吉奥主编《组织分析的新制度主义》，姚伟译，上海人民出版社，2008。

过程。

在李猛等人的研究中，制度化进程的意外后果被理解为单位内行动对于技术目标的严重偏离，单位作为制度化组织发展的一种极端形式，其首要特征就是单位内各种活动的强烈的仪式性色彩。与单位的仪式性色彩类似，农民专业合作经济组织的制度化进程也有一个意外的后果：制度的"名实分离"。《中华人民共和国农民专业合作社法》自 2007 年 7 月 1 日起施行。在施行过程中，制度的"名实分离"现象令人瞩目，其不仅表现为专业合作社的实际制度与法律规定之间的明显差异，而且不同专业合作社之间的实际制度差异也很明显。在该法律施行一周年之际，全国人大组织了一次执法检查，较全面地了解了法律与现实间的差距。但令人感慨的是，全国人大并没有要求加强执法力度，反而对地方和合作组织的过度能动性做出了让步。执法检查的总结性报告这样写道："法律实施中要正确处理规范性与包容性的关系……提高合作社的运行质量要有一个循序渐进的过程，关键是要适度规范，促其发展，在发展的同时，逐步健全内部管理机制。"[1] 沿海某省农业厅负责人得到的信息是："只要按照合作社法的主要精神，按照国际合作社联盟的主要精神发展，就可以了。"[2] 一部法律仅施行一年，其立法和执法机构就主动放宽了执法尺度，这在当代中国的法制史上并不多见。让步的实质一方面固然是国家对于农民的额外开恩，另一方面其实也是国家面对普遍的"名实分离"现象时的无可奈何。

作为一种制度化进程的意外后果，中国的农民专业合作经济组织不仅仅是不同于企业或社团的特殊法人，更重要的是，它们与其他国家的同类组织相比也具有鲜明的特殊性：我国的农民专业合作经济组织不同于欧美国家的农业合作组织，后者是大农场经济，而我们是小农经济；其也不同于东亚国家的农协组织，后者是长链条的纵向一体化组织，与城市商业资本紧密结合，而我们的产、供、销一条龙组织不仅受到同行的无序竞争，还受到城市商业资本的无情打压。更糟的是，我们的农民专业合作经济组

---

① 乌云其木格：《关于检查〈中华人民共和国农民专业合作社法〉实施情况的报告》，全国人大官方网站，最后访问日期：2008 年 10 月 27 日。

② 赵兴泉（浙江省农业厅副厅长）在"中国农村改革三十年：中国农民合作经济组织发展国家研讨会"上的发言，2008 年 9 月 18 日。此处是笔者的记录。

织还具有名不副实的暧昧面目。面对这样的组织实践，我们是否也可以复制单位研究的想象模式，将中国的农民专业合作经济组织看成一种独特的组织类型？国内主流的单位研究往往强调中国的行政、事业或企业单位的特殊性，认为它们具有与欧美国家的同类组织很不同的特点。也就是说，中国的单位不是普通的 work unit。那么，对于农民专业合作经济组织来说，我们是否已经创造了一种中国特色的"合作社"，而不只是通常意义上的"合作团体"？

对于这样大胆的提问，回答"是"或"否"都有点言之过早。当前更重要的是说明这个制度化的意外后果的内涵及其产生机制。本文的目的是分析一系列制度化的意外后果中最引人注目的一个方面：合作制度中的"名实分离"现象。描述其事实，说明产生这种现象的制度化机制，通过与相关组织进行社会学脉络的对话，阐明农民专业合作社的制度结构。

笔者以一个县为研究范围，针对专业合作经济组织在这个县域范围的建立、发展过程开展了广泛的田野调查，走访了该县 78 个专业合作经济组织中较有活力的 30 个组织，并对组织负责人、农民以及县、乡、村相关机构的干部做了深入访谈。在这些努力的基础上，笔者研究出一个解释中国农民专业合作经济组织制度"名实分离"现象的新框架，或者说是一个二层次模型：（1）在制度环境层次上，国家在市场经济条件下强化了有选择的再分配体系以及法律体系，建立了政府对于企业和能人的非科层性集权关系。这种集权关系在纵向上是多层级的，在横向上是多条线的，其运作方式是人格化的，这给农民专业合作经济组织的"名实分离"行为提供了自主性与合法性空间。（2）在行动者层次上，选择性再分配体系中的制度行动者将农民专业合作经济组织的制度形式作为最基本的甄别依据，诱使作为组织行动者的农民专业经济组织积极嵌入制度环境，并将制度建设与选择作为获取政府资源的"门道"，从而使得这类组织在技术性结构之外，分化出了一个"资源性结构"层面。

二　桐汭县的农民专业合作社制度

桐汭县位于安徽省南部，处于长三角经济圈的外围，距上海、南京、杭州分别为 240 公里、160 公里、130 公里，明显的区位优势使得该县农业产业化和组织化发展较快。

该县专业合作组织起步的准确年代已无从查考，因为早期农民自发性的合作经济组织往往寿命很短，又未必正式登记。在县农委的档案中，该县第一家专业合作组织是 1998 年由县政府与科协合力打造的股份合作制板栗协会，这可视为政府重视专业合作组织发展的开端。此后的历史是在县行政部门、科协、企业、乡村组织、农民和供销社的全面介入下逐步展开的。2003 年是个转折点，作为省里确定的两个新型专业合作经济组织发展试点县之一，该县的专业合作经济组织进入了数量扩张阶段（见表 1）。

表 1　桐汭县专业合作经济组织发展态势　　　　　　单位：个

时间（年）	1998	1999	2000	2001	2002	2003	2004	2005	2006	2007	2008	2008
尚存专合组织数量累积	1	2	5	7	8	9	39	48	55	67	75	78
注册农民专业合作社数	—	—	—	—	—	—	—	—	—	12	34	44

注：所谓"尚存专合组织"，是指当年实际存在且被调查到的组织，或者仍然存在于县农委统计表上的专业合作经济组织。实际存在的组织未必备过案，经过备案的组织中有小部分已经名存实亡了。

"名"与"实"之间的紧张关系随着对农民专业合作经济组织制度的规范化建设而不断激化。在专业合作经济组织的起步和数量扩张阶段，我国总体上是重发展轻规范的，但规范化建设仍在不断加强。2005 年，桐汭县县政府评选了"县专业合作组织先进单位"；2006 年，桐县所在的市提出要在"十一五"期间重点建设 10 个市级行业协会和 100 家以上规范运行的农民专业合作社，开始评选"规范化合作经济组织"；2007 年，安徽省开始了 100 家省级"示范合作经济组织"的评选工作。但一次次规范化建设的标准都不尽相同，直到颁布《农民专业合作社法》以及农业部发布《农民专业合作社示范章程（试行）》（2007）之后，一个最高权威、几乎是唯一的制度模版才得以产生，但这使得专业合作组织"名"与"实"之间的紧张关系，即"名实分离"现象更清晰地凸现出来。

为更好地分析专业合作组织的"名"和"实"，笔者依据组织性、农民性和合作性三个核心特征来考量农民专业合作组织的规范程度，并根据这三个特征的内涵整理出5个具体指标，以此来进行农民专业合作社的规范制度与实际制度两者之间的对照（见表2）：第一，研究组织在哪些环节上存在统一行动，或者说是合作的内容；第二，研究由合作组织供应（销售）的生产资料（产品）所占比例，或者说是联合供销的程度；第三，对照研究农民成员的比例；第四，讨论是否将60%以上的可分配盈余按交易量返还，即按交易量返还比例；第五，研究领头人是否是经成员大会从社员中自愿选举出来的，即选举自愿问题。表2中所列举的合作组织包括该县全部3个省级示范性合作组织、7个被县和乡镇负责人认为最具有代表性的合作组织，它们是该县农民专业合作经济组织的全部精华。

表2 桐汭县农民专业合作社的实际制度与规范性制度之间的对照

	组织性		农民性	合作性	
	合作内容	联合供销	农民成员比例	按交易量返还比例	选举自愿
1. 果业专业合作社	早熟梨协会统一质量、包装、销售、品牌	优质果品统一销售的比例可以达到90%	一家企业，农民成员松散，数量无法确知	曾有返还，现按保护价收购优等品	是
2. 竹木制品专业合作社	统一原料价格、质量和用工标准、销售价格、品牌、协调关系	能够统一规定原料、用工和优等品价格，但分头销售	120户社员中，雇工达30人以上的占50%	不存在购销环节中产生的盈余	是
3. 生猪产销专业合作社	统一饲料和药品供应、销售价格、检疫、协调关系、品牌	饲料和药品统一供应可覆盖到全部大户和企业，分头销售	个体户不断转为企业，已有6户；而社员总数未达到100户	可分配盈余的80%按交易额返还	间接的政府干预
4. 菜心产销专业合作社	统一种苗、技术指导、收购	做到垄断收购，合格菜心统一销售	是否成员区别不清晰	按保护价收购优质菜心	是

续表

	组织性		农民性	合作性	
	合作内容	联合供销	农民成员比例	按交易量返还比例	选举自愿
5. 葡萄专业合作社	统一种苗、技术指导、品牌、销售	达标果品基本可以统一销售	一家企业，农民成员超过80%	基本不提取盈余	是
6. 茶叶产销专业合作社	统一技术指导、农资、收购、加工	基本兑现承诺的统一行动	都是农民	基本按股份分红	是
7. 农机专业合作社	统一联系业务、价格、协调关系、培训	基本覆盖全社	全是农民拖拉机手	基本不提取盈余	较直接的政府干预
8. 特种水产专业合作社	统一饲料、药品供应、技术指导	为本行政村范围内的社员服务	全是农民，最大养殖规模4亩	销售饲料曾提成，现改为低价供应	是
9. 田生水稻专业合作社	公司将土地反租倒包后统一运作	公司将土地反租倒包后统一运作	公司选定需要的农民能手为社员	类似工资结算及按股份分红	是
10. 禾丰水稻专业合作社	公司将土地反租倒包后统一运作	公司将土地反租倒包后统一运作	将出租地的农户统计为社员	向农户支付地租，无盈余分配	是

　　通过以上对比，我们可以说法律文件中的农民专业合作社制度与现实中的合作社制度存在着巨大差别。根据表2，我们可以将上述10种农民专业合作社按实际制度分为以下五类。第一类是公司加农户的紧密型组织，如果业合作社、菜心专业合作社、葡萄专业合作社。第二类是土地规模经营类的组织，如田生水稻专业合作社、禾丰水稻专业合作社。这类组织的实质是一个企业，因为他们已经实现了土地的反租倒包，将与农民的合作关系内化成了企业内部的科层化管理。第三类是农民组建的合作社，如茶叶专业合作社、特种水产专业合作社。这是小农在市场经济条件下的自发

联合，但可能是由大户或者村级组织领办的。成员都是地道的农民，有成员出资，有统一行动。茶叶专业合作社还建立了自己的茶厂。第四类是比较紧密的专业经济协会，如农机专业合作社。这类组织其实有着独立的起源，本不属于合作社，可国家的导向是扶持专业合作社，并没有在政策上将两者分别扶持，所以很多专业协会也注册成了专业合作社。该县共有7家农机协会，只有一家农机协会转成了合作社，因为该农机协会背后的镇农机站更有活力，能够更加频繁地组织跨区收割，实施各种相关试点和示范项目。第五类是企业合作与农民合作的混合，如生猪产销专业合作社、竹木制品专业合作社。这类组织最为特殊，因为他们体现了农民专业合作社演化为资本专业合作社的可能性。在合作过程中，每个成员都将努力壮大自己，而很少关心合作组织的壮大。同时，农户变成了企业，结果这种转变在规模壮大的同时使合作变了质。但这种混合型组织很可能是专业合作经济组织的一种未来形态。

就组织性来说，第一类组织实际上是公司加农户的紧密型组织。公司倾向于参与同产品生产的农户越多越好，因为：行情好，公司多收购，而且可以降低等级要求进行收购；行情不好，公司就少收购，提高收购门槛。所以，第一类组织的组织边界必定极为模糊，公司只与其中规模较大的农户建立紧密的联系。第二类组织的组织性最高，它们实际上只是租地经营的公司。第三类组织的情况又可分为两种：茶叶专业合作社有自己的实体，所以其组织性较高；而特种水产专业合作社没有自己的实体，一旦行情变差，组织也就难以开展活动。第四类组织中的农机专业合作社以镇为界。该镇农机站的负责人极具事业心，把农机协会办成了更有活力的专业合作社，在桐汭独此一家。第五类组织实际上是农民专业合作组织的成熟或者说是衰落形态：当组织中的个体得到发展的时候，合作组织本身却没有得到升级；当组织中的个体进一步膨胀之后，较大的企业就很可能退出。

就农民性来说，第一类组织本身是有利于公司控制农户的一种结构，其农民性的高低取决于公司与农户之间在控制与反控制的角力中到底哪一方占优。葡萄专业合作社比较特别，其龙头企业的办公室就在地头，负责人将自己直接"暴露"在农户面前，受到农户更多的牵制。另外，葡萄产业处于发展初期，企业需要更多的农户投入这种劳动密集型产业，企业有求于农户，所以龙头企业的负责人很难建立对于农户的绝对控制力。第二类组织可以说基本没有农民性。第三类组织作为农民自己的联合组织，具有最充分的农民性。茶叶合作社建立了企业，但这个企业有 120 个股东，总股本只有 36000 元。其农民性将随着产权结构的不平衡性发展而变动。特种水产合作社很难发展起自己的实体，暂时也没有别的企业对这个产业感兴趣，所以其农民性是稳定的。第四类组织实际上属于镇农机站为拖拉机手提供服务的机构，可以说是个公共服务机构，其将在服务中获得越来越多的组织资源及地位。随着越来越多的农户和个体户变成企业，第五类组织的农民性必然逐步下降：比如，生猪产销合作社 6 个发起人现在都成立了自己的公司，其中有省级龙头企业一家，市级龙头企业 3 家，县级龙头企业 2 家。

就合作性来说，第一类组织的合作极为松散，公司的首要目的是壮大自己，农户的目的是增加收入，双方各取所需，可以说是"同床异梦"式的合作。但葡萄专业合作社操作起来要更为"仁义"一些，其负责人敢于自称是"真正的合作社"。第二类组织在严格意义上说不是合作组织，但是田生水稻专业合作社组织设计得很巧妙，公司选定部分种田能手和农机户建立一个合作社，作为自己与农户之间的中介组织，这有利于协调各方面的关系，有利于保障劳动力供给，以及获得财政支持。第三类组织的合作色彩最浓厚，特种水产合作社是众多社区内自发产生的合作社的一个代表，这类合作社很民主很草根，却存在市场生存危机。第四类组织可以说更多的是个公共服务机构，而不是合作组织。拖拉机手几乎无偿地享受镇农机站提供的服务，而承担的义务只是服从安排。第五类组织合作色彩浓厚，的确是民主自愿的共同体，而且合作的持续性强。

根据以上分析，我们可以给这五类组织的组织性、农民性和合作性分别打分，以便更直观地判断其"名实分离"的程度。3 分代表符合法规的要求，2 分代表基本符合，1 分代表不符合。

表 3 表明：农民的合作社类得分最高，几乎满分，可以说基本达到了法规的期望。企业合作与农民合作混合类得分其次。公司加农户类、土地规模经营类与专业经济协会类得分较低。笔者认为，多数组织其实都没有达到法规期望的水平，也就是说名实分离的现象很明显。

表 3　专业合作经济组织的实际制度与规范性制度之间分离的程度

组织类别/各项得分	组织性	农民性	合作性	总分	组织名称
1. 公司加农户类	2	2	1	5	果业合作社、菜心专业合作社、葡萄专业合作社
2. 土地规模经营类	3	1	1	5	田生与禾丰水稻专业合作社
3. 农民的合作社类	3	3	3	9	茶叶专业合作社、特种水产专业合作社
4. 专业经济协会类	2	2	2	6	丰谷农机专业合作社
5. 企业合作与农民合作混合类	3	2	3	8	生猪产销专业合作社、竹木制品专业合作社
总分	13	10	10	33	

三　地方社会中的非科层性集权关系

这 10 家合作社是桐沩县最有代表性的农民专业合作经济组织，其名实分离的现象基本不体现在组织性上，而是体现在农民性与合作性上，所以，这个现象并不是农民自发的组织从松散到紧密、从低级到高级的演化过程中的问题。[①] 我们必须要把这种现象理解为农村能人及其组织在特定制度环境中的普遍策略。按照法国决策分析学派的基本理念，如果我们从权力关系的角度来概括制度环境，则会发现，30 年来，能人及其企业制度环境的最大变化，是非科层性的集权关系在地方社会中的形成和强化。

[①] 在部分研究专业合作社的经济学家看来，股权高度集中的专业合作经济组织符合世界专业合作经济组织发展的大方向，因为其产权结构和治理结构更接近于美国的"新一代合作社"；郭富青：《西方国家合作社公司化趋向与我国农民专业合作社法的回应》，《农业经济问题》2002 年第 6 期；徐旭初：《中国农民专业合作经济组织的制度分析》，经济科学出版社，2005，第 242 ~ 247 页。

（一）从科层性的集权关系到非科层性的集权关系

人民公社时代的农民都被纳入科层性的集权关系之中，改革瓦解了人民公社，扩大了农民的经营自主权。在改革初期，国家约束农民的科层性集权关系已经瓦解，但农民的生产和生活仍然受到国家通过乡村组织对其的约束，可以把这种约束关系称为非科层性的集权关系。"非科层性集权关系"这个概念的演变来自李友梅等人[①]在"制度—生活"视角下的一个提法，即"非正式科层化的社会生活领域"。她们创立这个提法的用意在于说明权力关系无处不在，以及其中的人们扩展自主性空间的行动无时不有。这一提法很适合此处的理论需求。在新制度主义脉络中，斯科特和迈耶[②]提出了一个"社会部门化"概念，他们认为当前美国也出现了一个新趋势：社会中出现了越来越多的社会部门，从而把很多看似独立的组织和个人都纳入纵向的权力关系之中，而且这些垂直的联系越来越凌驾于组织的横向联系之上。所以说非科层性的集权关系实际上是个普遍的趋势。

在非科层性的集权关系中，不同主体的自主性程度是不同的，显然，农村能人的自主性空间要比一般农民大得多。专业大户、个体工商户和私人企业在市场中自由搏击，自己闯路子，他们是真正没有主管部门的经营单位。与一般农户或者国有与集体企业相比，他们是自主权最彻底的经济组织，他们既得不到体制的眷顾，也不受体制的束缚，甚至逃避了很多的法律约束。但到了改革后期，这种自主性的分层发生了变化。由于国家对一般农户的补贴额度不断增加，而且这种补贴是直接到户、不经过干部之手，这实际上进一步瓦解了干群之间的控制关系。而各类社会保障以及鼓励流动的措施，更强化了一般农民的自主性，他们越来越被"放活"。但农村能人及其组织的自主权却不一定同步扩大，因为针对能人的非科层性的集权关系正在趋于强化。

---

① 参见李友梅等《中国社会生活的变迁》，中国大百科全书出版社，2008，第4页。
② 参见〔美〕理查德·斯科特、〔美〕约翰·迈耶：《社会部门组织化：系列命题语初步论证》，载〔美〕沃尔特·鲍威尔，〔美〕保罗·迪马吉奥主编《组织分析的新制度主义》，姚伟译，上海人民出版社，2008。

在韦伯[1]看来，"除了无数其他可能的类型外，统治有两种相互尖锐对立的类型：一方面是依仗利益状况（特别是依仗垄断地位）的统治；另一方面是依仗权威（命令的权力和听从的义务）的统治。[2] 从这种分类出发，我们可以把导致非科层性集权关系扩张的因素分为两类：国家向农村经济组织的有选择性再分配体系，以及法律体系在地方社会中的强化。

（二）直接因素：选择性再分配体系及其在地方社会中的扩展

倪志伟[3]强调社会主义国家的经济转型实质就是从再分配经济向市场经济的发展。但事实上，在地方经济体系中，地方国家对于本辖区内公有或私有企业的扶持一直存在。这就是"市场维护型联邦主义"、"地方性国家法团主义"[4]、"作为工业厂商的政府"[5] 或 "共存庇护主义"[6] 等观点所提示的状态。白苏珊[7]对地方政府支持企业发展的策略进行了系统的区域比较研究。但改革后的再分配体系与改革前有很大的区别。改革前的中国是一种"总体性社会"[8]，国家全面控制和垄断了社会资源并对民众实施再分配。我们可以将这种总体性社会中的再分配体系称为总体性的再分

---

① 参见〔德〕马克斯·韦伯：《经济与社会》，林荣远译，商务印书馆，1997，第265页。

② 需要指出的是，韦伯的分类确实不能穷尽中国式权力的"无数其他可能的"来源。无论是法律还是资源依赖至少都是公共性的或者假借公共之名的权力实践，吴思（《潜规则》，云南人民出版社，2002）所揭示的"潜规则"或者更深刻的"血酬"问题，实际上包含了乡村社会中另一类隐晦而真实的权力运行过程。如果说前面的权力实践是明的，后面一类就是暗的。只要政府及其干部向能人及其组织提出权力要求，能人及其组织很难置之不理，无论这种要求有无依据，以何为依据。只是由于其"暗"，我们很难对其进行研究。

③ See Nee, Victor, "A Theory of Market Transition: From Redistribution to Markets in State Socialism," *American Journal of Sociology*, 1989, p. 101.

④ Oi, Jean, "Fiscal Reform and the Economic Foundation of Local State Corporatism," *World Politics*, 1992, p. 45.

⑤ Walder, Andrew G., *Communist Neo-Traditionalism: Work and Authority in Chinese Industry*, University of California Press, 1986.

⑥ Wank, David L., "The Institutional Process of Market Clientelism: Guanxi and Private Business in a South China City", *The China Quarterly*, 1996, p. 147.

⑦ 参见白苏珊《乡村中国的权力与财富：制度变迁的政治经济学》，郎友兴、方小平译，浙江人民出版社，2009。

⑧ 孙立平：《改革前后中国国家、民间统治精英及民众间互动关系的演变》，《中国社会科学季刊》1994年第1卷。

配，或者全面的再分配。王天夫等人①正确地辨明，这种总体性的再分配体制其实存在两个层面：一个是普遍主义的再分配，其力图对所有人都按劳分配，以实现社会主义的平等理想；另一个是特殊主义的，或者说是"区隔主义的"，实际上总是有人得到的多，有人得到的少。魏昂德②在单位环境中把后一层面称为"有原则的特殊主义"。作为一个常识性的生活体验，当总体性的再分配体制已经瓦解之后，特殊主义的再分配方式并没有消失。市场经济中的国家依然掌握了丰富的资源，由于此时的国家并不对所有社会成员负有同等的发展责任，所以，它必须将这些资源有选择性地分配给特定的主体。社会学界对此类现象并无直接的概括，但有相关的概念，如"选择性管理""分类控制"③等。我们可以将这种再分配行为称为"选择性再分配"，把实施和再生产这种选择性再分配行为的制度关联称为"选择性再分配体系"，以区别于改革前社会中的总体性的或全面的再分配体系。

选择性再分配体系之所以能够在经济转型的过程中得到延续和强化，首先是因为总体性再分配体系并没有被彻底瓦解，它还有大量的剩余物。既然在国有和集体企业繁荣时代，政府的大量资源被分配给企业，那么当国有和集体企业改制后，这些再分配渠道会同步断绝吗？应该是不太可能的。胡伟④描述了 A 县自 1984 年以来县级政府与企业之间的关系演变，在他直接引用以及后附的访谈记录中，当地干部多次提及政府所掌握资源的丰富性以及分配的选择性，但可惜没有引起他的注意。笔者在桐沩县调研时，该县发改委干部的描述也为 A 县干部提供了佐证。其次，区域关系、工农关系与城乡关系的逐渐扭转，是选择性再分配体系趋于强化的主要动力。随着对农业产业化、农民增收、新农村建设等问题的关注，国家对于龙头企业、农民专业合作经济组织以及相关农业经济组织的资源投入力度

---

① 参见王天夫、赖扬恩、李博柏《城市性别收入差异及其演变：1995～2003》，《社会学研究》2008 年第 2 期。
② See Walder, Andrew G., *Communist Neo-Traditionalism: Work and Authority in Chinese Industry*, University of California Press, 1986.
③ 康晓光、韩恒：《分类控制：当前中国大陆国家与社会关系研究》，《开放时代》2008 年第 2 期。
④ 参见胡伟《制度变迁中的县级政府行为》，中国社会科学出版社，2007。

不断增加，一种农业经济中的再分配体系在市场经济环境中逐步重建起来。当前，国家对于农业经营组织的物资和资源投入力度越来越大，涉及面越来越广，其中对于能人及其组织的资助力度尤其巨大，农村能人对于政府资源的依赖性不断增强。由于针对能人的资源分配一般是由县、乡、村组织干部直接实施的，这就自然强化了政府及其干部与能人及其组织之间的集权关系。能人及其组织可能获取的物质资源可以分为以下几类。

1. 传统的财政项目

如农业基础设施建设项目资金，但政府越来越倾向于让农业企业来使用这些项目资金，近来强调农民专业合作经济组织也有资格使用。技术改造和管理革新方面的财政支持，这项资金原来针对国有和集体企业而存在，在企业改制后仍然要有选择地分配下去。

2. 针对农业大户的补贴

比如农机补贴、能繁母猪补贴、自然灾害补助、农村商业体系扶持资金，等等。各地区还会根据本地优势产业进行专门的资助。桐沐县是全国十大竹乡之一，该县 2007 年制定了《竹产业发展奖励扶持办法（试行）》（广发〔2007〕11 号），对所有的奖励扶持对象都以规模为依据进行甄别。

3. 针对龙头企业①的扶持政策

如《安徽省人民政府关于扶持农业产业化龙头企业加快发展的意见》（皖政〔2006〕96 号）中提到财政扶持、税收优惠、金融支持、出口扶持、技术和管理创新支持、优化发展环境这六大类扶持政策。在桐沐县调研时，县乡干部提到龙头企业时常常会说，国家对于龙头企业的投入"实在太大了"。这个投入"太大"是企业积极争取成为龙头企业的主要动力。

4. 针对农民专业合作经济组织的扶持政策

《农民专业合作社法》第 8 条规定："国家通过财政支持、税收优惠和

---

① "龙头企业"的全称是"农业产业化龙头企业"，其组织内涵是产、供、销一条龙，特别是"公司＋农户"模式。张晓山等认为，"公司＋农户"这个提法是 1993 年由河南信阳地区首先提出的。后来的政策术语是把"龙头企业"放在"农业产业化"体系中来理解的。"农业产业化"这个提法出现于 20 世纪 80 年代后期的山东（参见吴志雄、毕美家、刘惠、杨占科《论农业产业化经营体系》，中国社会科学出版社，2006）。用扶持龙头企业的办法来发展农业产业化，作为各地方或者中央的政策，是在 20 世纪 90 年代上半期形成的。

金融、科技、人才的扶持以及产业政策引导等措施，促进农民专业合作社的发展。"目前看来，主要的支持并没有体现在这些方面，而是局限于规范化建设过程中的直接补助。桐沩县政府自2005年以来相继出台了《扶持农村专业合作组织发展的若干规定》和《农村专业合作组织规范化建设意见》，规定：对新组建的合作组织给予2000元的启动资金补助，对运作规范、合作效益明显的合作组织给予3000~5000元的奖励，对成功注册农产品商标、申报无公害农产品和绿色食品的专业合作组织分别奖励3000元、20000元和30000元。市级示范合作组织可以得到10000元的奖励，省级示范合作组织可以得到50000元的奖励。2007年开始奖励农业信息化示范专业合作组织，每户4000元。县政府对于合作社的支持力度不断增加，2007年共资助13.5万元，2008年的专项资金超过20万元。桐沩县的合作社中，最多的单项资助来自农业部的扶持，为15万元。

选择性再分配体系在乡村社会中的扩展，是非科层性集权关系形成的最直接因素。因为与法律相比，选择性再分配的特殊主义更为彻底，它更有能力诱使农村能人及其组织依附于有关部门或干部。所有的扶持都是有条件的，资源的不平等是权力的重要来源,[1] 所以，接受扶持的过程也是接受组织外权力介入的过程，是组织自身权力让渡的过程。

（三）间接因素：能人及其组织的法律环境的强化和扭曲

第一，能人及其组织的经营行为受到越来越多的法律约束，比如产品的质量标准、卫生标准、环境保护的法律责任、劳动保护标准、用工标准、安全生产的法律责任、纳税义务，乃至知识产权保护的义务，等等。

第二，能人及其组织的经营行为还受到名目繁多的资格认证的限制，比如经营资格认证、食品质量认证、ISO国际质量管理体系认证、信用资格认证、名牌商标、各行业的专业认证、免检商品、公司上市等，出口农产品还必须接受对方国家的相关认证标准。

第三，能人及其组织的经营环境受到了法律权力日渐密集的干涉。以农业法规为例，法律出版社2007年版的《农业法规全书》中收录了现行

---

① 参见〔美〕彼得·布劳《社会生活中的交换与权力》，孙非、张黎勤译，华夏出版社，1987。

有效的法律 14 件、行业法规 22 件、农业部规章和其他规范性文件 161 件、相关法律法规 34 件，这还不包括体系庞大的地方性法规及其他经济法规。

能人社会关联更多，所以能人比一般小农更容易感受到法律的束缚。可以预期的是，随着市场的扩大、经营者经营范围的扩大，法律对于能人的约束力也会越来越强。当前，法律的执行方式仍然是人格化的，普遍主义的法律仍然必须以特殊主义的方式来贯彻，所以，法律的制约会转化为执法部门及其干部对于能人的集权控制。

四 农村能人及其组织在非科层性集权关系中的自主性空间

为什么在非科层性集权关系中，组织行动者建构其自主性是可能的？农民专业合作经济组织的自主性不同于"单位主权"①。因为，单位主权的发生依赖于单位内部采取"一致性政治学"② 一致对外，但这不太符合农民专业合作经济组织的实际。在调研中我们发现，合作社负责人与成员对于上级补助的争夺，构成了合作社内部冲突的重要内容。但本文的解释策略仍然从单位研究中得到了启发。在单位中的成员特别是先进分子总是能获得隐秘的自主性，这说明非科层性集权关系与单位中的集权关系具有同类性，这也是解释能人与其组织的自主性来源的简捷路径。笔者认为，非科层性集权关系与单位内部的权力关系至少在以下三个重要方面是相似的。

(一) 非科层性集权关系的多层次性

上层国家对桐汭县农民专业合作经济组织发展的渗入是不断深化的，反过来说，桐汭县农民专业合作经济组织面对的非科层性集权关系的层次也是不断增加的。这可以从干预农民专业合作经济组织制度建设的国家层次来说明。

2003 年前，桐汭县尚没有成为省级试点，其组织制度的形成有三个途

---

① 刘建军：《单位中国——社会调控体系重构中的个人、组织与国家》，天津人民出版社，2000。

② Womack, Brantly, "Transfigured Community: Neo-Traditionalism and Work Unit Socialism in China," *The China Quarterly*, 2000, p. 126.

径：农民自主协商、自己从外地学习得来、县以下政府部门的引入。比如竹木产销合作社的前身是 2001 年成立的竹木协会，这个组织成立的初衷就是统一协调与林业部门的关系，统一定价，特别是原料收购价和工价。在其负责人看来，制度设计根本不是问题，大家商量一下就可以了。但是为了向县里汇报，这个负责人把组织的宗旨概括成了五个方面，也就是"五统一"，结果很受县里关注。而葡萄合作社的制度是其负责人从浙江台州学习来的。果业合作社的负责人与台湾专家关系密切，直接受到台湾经验的启发。此外，政府部门的帮助也起了很大的作用。2000 年成立的早春毛豆协会、草莓协会都是在农技部门的参与下成立的。而县农委备案的第一家合作组织，也就是 1998 年成立的股份合作制板栗协会，是由县科协具体牵头组建的。有趣的是，安徽省 1994 年成为农业部确定的《农民专业协会示范章程》试点省，可是在组建这家板栗协会时，县里却到四川考察，模仿了四川省蓬溪县何家坝柚子协会的章程。

2003 年，桐汭县的专业合作经济组织建设受到省里的重视。2002~2003 年，农业部在全国展开第二波农民专业合作组织试点，安徽并没有成为试点省，但却开始了自主探索。2003~2005 年，安徽省在萧县和桐汭县开展了新型农民专业合作组织试点工作。桐县在县级政府设立了农民专业合作组织试点领导小组，由分管农业的副县长任组长，办公室设在县农委的农经科。2005 年后，桐汭县的专业合作经济组织建设受到农业部的重视。2005 年农业部开始了第三波的试点和示范工作，在全国选择了 12 个省、市，安徽名列其中。安徽省将这项试点工作与另一项综合性的改革试点（农村综合改革试点①）工作结合起来，在全省选择了 18 个县、市进行农村综合改革试点，桐汭县名列其中。到 2007 年《农民专业合作社法》实施之后，全国的经济合作组织都纳入了上层国家的管理范围。

---

① 2005 年初，安徽省开始了以乡镇机构、农村义务教育和县、乡财政体制等为主要内容的农村综合配套改革。专业合作经济组织的试点也被纳入其中。安徽省人民政府办公厅转发省农业委员会《关于加强农民专业合作经济组织试点省建设意见的通知》（皖政办〔2006〕8 号）指出："从 2006 年开始，在全省实施'农民专业合作经济组织示范创建工程'。认真总结现有办得比较好的农民专业合作经济组织的经验，集中宣传一批。省、市、县三级层层抓点，增加扶持项目，集中培育一批。省里将重点围绕 18 个农村综合改革试点县和 100 个省级示范点，按照提高服务水平、管理水平、经营水平和经济效益的要求，培育和扶持农民专业合作经济组织，增强其带动力和示范作用。"

（二）非科层性集权关系的多源性

在现代社会中，集权关系的多层级与集权关系的多源性其实是一个问题的两个方面。因为集权就要强化条条中的纵向集权关系，而社会越发展，分工越细化，条条就越多，也就是要把简单的组织结构转变为矩阵组织结构，这就使得下层组织必须面对众多的"上面"。我们可以通过农民专业合作经济组织示范章程的多版本来说明集权关系的多源性。各条线为了建立和规范自己的组织网络，也为了争夺农村专业合作组织发展的主导权，都推出了自己的示范章程，比如中国科协的《农村专业技术协会示范章程》、农业部的《农民专业协会示范章程》（1994年版、1998年版、2000年版），以及在此基础上修改而成的《农民专业合作社示范章程（试行）》（2002）、供销合作总社的《农村专业合作社示范章程（试行）》（2004）。技术属性比较特殊的行业，比如农机组织也推出了自己的行业示范章程并努力推广。各个地方还制定了适应本地情况的示范章程。这些相互竞争的章程实际上无力规范专业合作组织的发展，而是形成了一个规则多元的局面，增加了各级政府以及专业合作组织负责人的选择和参考余地。

除了这里列出的管理经济事务的集权关系，非经济性的部门以及块上的权力源头也是最底层农民专业合作经济组织必须小心应对的。党群部门掌握的资源越来越多，它们还会搞多种多样的评选活动。它们努力在合作经济组织中发现扩展自己组织网络的机会，比如：党的组织希望发展"支部加协会"的组织模式，开展"双培双带"甚至"三培三带"活动；妇联组织至少希望强化历史悠久的"双学双比"活动力度；共青团也希望从合作组织中发现团组织工作新的着力点。地方政府各部门以及乡村组织作为地面上与农业组织关系最为直接的政权组织，决定了财政扶持、土地等关键资源的分配，还可给能人及其组织提供最直接的庇护，对于能人及其组织来说，这是最重要的权力来源。

（三）非科层性集权关系运作的人格化

科层性集权关系中也必然存在大量的人格化运作，这是管理学人际关系学派的基本观点。在非科层性集权关系中也存在着运作规范化的空间，但这种空间存在的前提是选择性再分配体系能够变得公开透明一些，法律执行中的特殊主义能够减少一些。而问题恰恰在于，我们的选择性再分配体系不够公开透明，法律的运行充满了特殊主义的不平等。因此，非科层性集权关系的规范化运作是困难的，其高度人格化是不可避免的。

（四）非科层性集权关系中的自主性空间

集权的多层级和多源性可能导致"有组织的无序"[①]，从而瓦解集权的控制效力，扩大下层组织的自主性空间，这是个管理学的常识。在组织社会学家中，富有创见的理查德·斯科特[②]也承认权力来源的多元化，他这样强调："我们必须认识到，大多数组织类型都面临着多种资源系统和多种符号或文化系统，组织在选择某些环境系统并把自己与之联系起来时，会做出某些能动性的选择。"只要承认制度化力量的多元化，自然会肯定组织操纵制度的能力。但中国的行动者似乎特别善于在多源性的权力关系中为自己营造自主性，这又如何解释呢？在组织社会学框架中，不同的研究者都试图说明其中的机理，但缺少综合性的解释。笔者不妨做一个概括：集权关系中的上层与能人及其组织之间形成了双向依赖和双重依附关系。

第一，所谓双向依赖是指在多层级的集权关系中，不只是下面需要从上面获取资源，看似威严的"上面"也非常需要让"下面"为自己捧场。这一方面是因为地方国家的集权体系是"压力型政体"[③]的一部分。作为集权体系中的上级负有设计和改造社会的紧迫责任，总是发布很多具体的指示，指望下面特别是基层来实施。另一方面，"上面"还有"上面"，"上面"按时完成任务的压力也很大，任务本身的目标反而不太重要了。也就是说在每一个下级组织那里都会发生"目标替代"。所以，即便下面的行为有所出格，"上面"也会宽纵，能人及其组织也因而有了自己的自

---

① 〔美〕詹姆斯·马奇、〔美〕赫伯特·西蒙：《组织》，邵冲译，机械工业出版社，2008；〔法〕米歇尔·克罗齐埃：《科层现象》，刘汉全译，上海人民出版社，2002。

② 参见〔美〕理查德·斯科特《制度理论的青春期》，载张永宏主编《组织社会学的新制度主义学派》，何新发译，上海人民出版社，2008。

③ 荣敬本、崔之元等：《从压力型体制向民主合作型体制的转变：县乡两级政治体制改革》，中央编译出版社，1998。

由。文克①认为，改革后的政治权力与私营企业之间早就存在这种双向的依赖关系。那么对于选择性再分配体系中的农民专业合作经济组织来说，这种双向的依赖无疑更为严重。

第二，所谓双重依附是指非科层性集权关系中的庇护关系既是制度性的也是人格性的。由于非科层性的集权关系是多层级的，上层与下层之间客观上形成了一个针对上级的利益共同体。在这个共同体中，农民专业合作经济组织对政府组织高度依附，不论何人担任组织的负责人，这种依附关系都会存在。与制度化的庇护关系纠缠在一起的是官僚与组织特别是组织负责人之间的人格化庇护关系。

由于这样的相互依赖和庇护性关联，负有监控之责的地方和基层相关部门没有足够的能力和动力对"名实分离"现象严加纠正。

（五） 自主性空间的合法性

为什么这种自主性空间的存在会被人们所接受，或者说具备了合法性呢？也许最根本的原因是中国人对待规则系统的非虔诚态度，但从组织社会学的视角出发，我们可以注意另外两个方面。一方面是我国的多层级集权体系。周雪光②认为："一个领域中的资源分配渠道越集中，或者政策执行的链条越长，基层政府在执行过程中注入的灵活性越大。因此，基层上下级政府间共谋行为的合法性便越强。"这个假设是用来说明某级政府的各层次下级联合起来糊弄上级监督的共谋行为为什么被人接受，显然，专业合作经济组织的制度名实分离现象也是上、下联手促成的。所以，这对于解释能人及其组织的自主性空间的合法性问题也是间接有效的。试想，如果选择性的再分配所涉及的资源主要是县、乡财政自己提供的，那么这种名实分离现象得到的容忍很可能就会降低。另一方面是主导性规则的不确定。张静③从土地规则的不确定性角度探讨了中国的人治。在她看来，如果不同来源的规则中没有一个主导性的规则，比如法律，那么每一个规

---

① See Wank, David L., "The Institutional Process of Market Clientelism: Guanxi and Private Business in a South China City", *The China Quarterly*, 1996, p. 147.
② 参见周雪光《组织社会学十讲》，社会科学文献出版社，2003。
③ 参见张静《土地使用规则不确定：一个法律社会学的解释框架》，《中国社会科学》2003年第 1 期。

则都可以伸张自己的合法性，结果这些规则非但不能约束行动者，反而会被行动者所利用。由于农民专业合作经济组织所处的集权关系的多源性，即便一个农民专业合作经济组织的合作制度不完善，它也仍然可能在另外一个规则体系中被尊为典范，比如其所在社区是"一村一品"的示范村，其负责人或法人是带领农民致富的"创业带头人"，等等。

五　制度行动者的制度甄别与组织行动者的策略性嵌入

以上的分析说明，能人及其组织在选择性再分配体系以及非科层性集权关系中必定具有自主性的空间，他们可以对制度进行理性的选择和设计，即便名不副实也可以不被追究。问题是，他们为什么要在种种制度选项中选择"农民专业合作社"作为自己的铭牌呢？

制度行动者指的是外在于组织的制度形式的设计者，[①] 在本文中就是非科层性集权关系中的所有上层行动者。组织行动者是法国决策分析学派[②]的一个工具，其本意是指组织中的成员，由于组织永远也无法从绝对的意义上对成员的行动进行完全的限定，所以他们是行动者。在这里指的是农村能人及其领导的农民专业合作经济组织，由于他们被纳入非科层性的集权关系中，这个集权关系整体类似于一个松散的组织，所以他们成为其中的组织行动者。拓展的新制度主义观念也认为组织是一种理性的行动者。[③]

（一）　制度行动者的制度甄别

分配标准是再分配的核心问题。在市场经济条件下，产权制度、企业规模或重要性、产业类型以及关系都可以成为再分配的甄别标准。对于私营企业，地方政府从 GDP 或财政收入的角度出发，会更重视企业规模或重要性，正如桐沩县企业主所概括的，政府是"扶大扶强不扶弱"。基于此，

---

① 参见〔美〕理查德·斯科特《制度理论的青春期》，何新发译，载张永宏主编《组织社会学的新制度主义学派》，上海人民出版社，2008。

② 参见〔法〕米歇尔·克罗齐埃、〔法〕埃哈尔·费埃德博格《行动者与系统——集体行动的政治学》，张月等译，上海人民出版社，2007。

③ 参见〔美〕鲍威尔、〔美〕保罗·迪马吉奥主编《组织分析的新制度主义》，姚伟译，上海人民出版社，2008。

地方政府对于农业企业往往重视不够，因为这类企业对于 GDP 和财政的贡献往往不如工业企业。但是上层国家却很重视农业企业，农业是中央再分配体系的重点产业，国家必须对农业产业化组织进行扶持。国家在扶持农业产业化组织时也有进一步的标准，这个标准是制度性的。一开始主要是扶持农业产业化龙头企业，近年来也开始重视农民专业合作经济组织。

很多人将龙头企业与农民专业合作经济组织对立起来，其实，农民专业合作经济组织与龙头企业相互需要。龙头企业的主要制度内涵是必须具备"带动能力"，也就是要带动农户致富，这往往是指必须建立中介组织。申报安徽省省级龙头企业就要求建立中介服务组织，而且"加入组织人数在 500 人以上；能为农户提供产前、产中、产后等系列服务"。申报国家级龙头企业要具备"企业带动能力。通过建立可靠、稳定的利益联结机制带动农户（特种养殖业和农垦企业除外）的数量一般应达到：东部、中部地区 3000 户以上，西部地区 1000 户以上；企业从事农产品加工、流通，通过订立合同、入股和合作方式采购的原料或购进的货物占所需原料量或所销售货物量的 70% 以上"①。如果不能体现自己的带动能力，原则上就无法成为龙头企业，无法获得政府给予龙头企业的政策优惠。

我们以《关于组织申报 2009 年农业综合开发农业部专项项目的通知》（皖农计函〔2008〕443 号）中的一个项目的申报标准，来说明制度行动者对于农业产业化组织的制度是如何进行甄别的。这个项目是"优势特色种养示范专项"中的"园艺类良种繁育及生产示范基地项目"。根据《财政部关于印发〈农业综合开发资金若干投入比例的规定〉的通知》（财发〔2008〕52 号）精神，中央财政资金从 2009 年起对该类项目实行 100% 无偿投入。该类项目的相关申报资格如下。②

1. 项目申报单位须为省级（含）以上农业产业化龙头企业、国家级扶贫龙头企业和农民专业合作经济组织；同等条件下优先扶持农民专业合作

---

① 具体参见农业部发布的《农业产业化国家重点龙头企业认定和运行监测管理暂行办法》（2001）、安徽省《2008 年农业产业化省级龙头企业认定标准》。

② 其原文内容更为丰富，这里只转述其中一部分。

经济组织。

（1）企业申报须符合以下条件（略）。

（2）农民专业合作经济组织申报须符合以下条件：经县级以上有关部门登记注册满 3 年以上，或者在当地县级工商行政主管部门依法登记，取得《农民专业合作社法人营业执照》；成员人数 100 个以上，其中农民成员达到 80% 以上；所从事的产业应当符合农业部优势农产品区域布局规划和特色农产品区域布局规划，已经带动形成了当地主导产业；有规范的章程、健全的组织机构、完善的财务管理等制度；有独立的银行账户和会计账簿，建立了成员账户；可分配盈余按交易量（额）比例返还给成员的比例达到 60% 以上；依法登记为农民专业合作社的，组织运行应符合《农民专业合作社法》的有关规定；与成员在市场信息、业务培训、技术指导和产品营销等方面具有稳定的服务关系，实现了统一农业投入品的采购和供应，统一生产质量安全标准和技术培训，统一品牌、包装和销售，统一产品和基地认证认定等"四统一"服务；获得无公害农产品、绿色食品、有机食品认证标志或地理标识认证，获得中国农业名牌等知名商标品牌称号以及产品出口获得外汇收入的，予以优先考虑。

2. 项目申报单位现有基地至少达到以下规模：蔬菜集约化育苗基地 50 亩，水果、茶叶良种苗木繁育基地 300 亩；蔬菜、茶叶、花卉标准化生产基地 500 亩，水果标准化生产基地 1000 亩。

3. 建设地点位于社会主义新农村建设"省部共建示范村"所在县，并对"示范村"有直接带动作用的项目，以及 2008 年在冰冻、雨、雪、低温等灾害受灾地区建设的项目，在同等条件下优先扶持。

将龙头企业的定义结合起来分析，我们可以直观地总结出制度行动者的以下导向：

第一，制度行动者将制度形式与组织规模结合起来作为甄别资助对象的标准，这说明制度行动者试图将制度建设与效率促进这两个目标结合起来。但它首先强调制度条件，而后才是组织的规模。政府对于龙头企业发挥龙头作用的组织形式有明确的要求，也确实试图增加对农民专业合作经济组织的扶持，而不是片面扶持龙头企业。

2. 甄别标准的概念表述含糊，且难以监督，这客观上给予地方和乡村组织及其干部以较大的自由裁量权，必然会助长非科层性集权关系的发展。

3. 甄别过程无法考察组织行动者的行为动机以及组织农民的实际效果，将导致"软指标的硬指标化"[1]。也就是说，审查者只是根据书面材料做出判断，实地考察又会遇到县、乡、村组织与经营组织的共谋，所以，对于农村能人来说，"搞材料"将会越来越重要，而真抓实干的意义反而下降了。

4. 制度行动者的甄别标准趋于多元化，而且标准之间具有关联性，一种资格以其他资格为基础，这客观上诱使农业产业化组织的制度变得多元化，并不断积累资格条件以备他用。这些条件包括：要求农业组织既是龙头企业，也领办合作组织，同时又建在一个新农村示范村里，等等。

（二）组织行动者的策略性嵌入

奥布莱恩[2]与塞奇[3]等人在研究非经济组织时，将组织行动者积极适应制度环境，并从中获取资源的策略称为"嵌入"。这可以用来说明农民专业合作经济组织争取制度环境中资源的行动。这个概念的意义在于强调了制度环境的资源性色彩，从而突出被新制度主义者忽视了的组织行动者的能动性。"嵌入"这个词的优点还在于，它能让我们与一个日常用语"钻营"建立一个意象性的关联，从而具有更好的解释力。

组织行动者的策略性嵌入与制度行动者之间的制度甄别之间至少有两个对接机制。

1. 资格累积

由于制度行动者是根据资格条件进行甄别的，所以组织行动者需要不断地进行资格累积，以使自己成为制度行动者无法忽视的支持对象。

---

① 申端锋：《软指标的硬指标化》，《甘肃社会科学》2007 年第 2 期。

② See O' Bbrien, Kevin J., "Chinese People's Congresses and Legislative Embeddedness: Understanding Early Organizational Development", *Comparative Political Studies*, 1994, p. 27.

③ See Saich, Tony, "Negotiating the State: The Development of Social Organizations in China", *The China Quarterly*, 2000, p. 161.

表4　农民专业合作经济组织对制度环境的策略性嵌入①

合作组织名称	资格累积进度
果业合作社	县级龙头企业；专业合作经济组织；合作社联社；股份制；省级示范性合作经济组织；省合作经济组织联合会副会长单位；农业部合作组织示范点；省阳光工程培训点；县农业信息化示范专业合作组织；省级创业带头人
菜心专业合作社	产业结构调整示范基地；市级龙头企业；市级规范化专业合作社；"一村一品"；"双培双带"；农产品生产标准化示范基地；产加销一体化
田生水稻专业合作社	市级龙头企业；市级规范化专业合作社；农业机械化重点扶持对象；省级种粮大户；绿色食品；有机食品；扶持种粮大户土地治理项目；省阳光工程培训点；产加销一体化；省级创业带头人
丰谷农机专业合作社	县农技协会成员单位；镇农机站；市级规范化专业合作社；县农机示范区；县农机示范合作社
生猪产销专业合作社	二家省级龙头企业；三家市级龙头企业；一家县级龙头企业；省级示范性合作经济组织；全县统一的合作组织；省、市级规模化养殖小区计划；无公害农产品产地和农产品认证；县定点屠宰设点全程机械化屠宰；省阳光工程培训点；县农业信息化示范专业合作组织；产、加、销一体化
竹木制品专业合作社	农业部合作组织示范点；省级示范性合作经济组织；支部加协会；双培双带；先进党支部；省级特色专业示范村；省"阳光工程"培训点；县农业信息化示范专业合作组织；农村远程教育点；省级创业带头人

　　这并非一份简单的荣誉清单，其实每一条都对应着特定的组织制度内涵，要求组织的结构或运行符合规范。而每一种资格的背后一般都有物质上的好处。专业合作组织同时具有多种资格，使它可以进行选择。哪一种制度能够给自己带来更多的好处，它就花更多的心思在上面。一个合作组织的负责人说："本来我们以为国家对合作社会很重视，结果省里开了个会，还是强调龙头企业，所以我也搞了一个龙头企业。"另一个负责人自己有基地，在基地上建公司，同时又是合作社。问他如何处理二者的关系？他说："哪个好处多，就做哪一个。一个基地，一个合作社，就是这

---

① 以上所列举的只是与经济资源有关的资格，其实政治性的资格也很重要。我们在浙江省调研时，一家省级示范性合作组织负责人这样概括："合作社的发展，首先要讲政治地位，资金扶持、内部制度是下来的事。"这样看来，所谓的资格累积其实具有身份建构的意涵。这是很有意义的一个视角，但本文无力展开。

样玩。"说这话时，市农委的同志就在身旁。

2. 关系运作

与有关部门或干部熟悉的能人可以更方便地获取资格，进而通过资格来获取资源。这类事情往往是公开的秘密，但要找到十分确凿同时又不至于曝光他人隐私的证据还比较难。笔者在调研中找到一些间接的证据，比如生猪产销专业合作社内的龙头企业多，关系运作能力强大，得到的资源最多，此事作为诱因之一，引发了种植业合作社的反感，2007 年，部分种植业合作社负责人曾联名上书给分管副县长表达不满，这是当地一个公开的事件。

六　讨论：作为多重组织结构的"名"与"实"

在新制度主义者看来，制度化进程将导致组织结构内部出现分化，组织结构将会在逻辑上甚至事实上分离成两个层次：技术性的结构与制度性的结构。对应到这里，也就是"实"的结构与"名"的结构。问题是，这个制度性的或者"名"的结构是什么？

关于制度"名"与"实"的问题似乎很适合用组织社会学的新制度主义框架来解释。保罗·迪马吉奥①认为，受到"制度环境"强力引导的组织属于新制度主义理论最适合的研究对象。而农民专业合作经济组织由于其面对的非科层性集权关系，恰恰是一类"制度环境"较强的组织。与这个理论流派进行对话是本文绕不开的任务。对于本文来说，新制度主义解释的价值在于，它强调了环境对于组织发展的影响，尤其是说明了制度环境的强化对于组织结构的强大影响，这帮助我们提出问题和指出了解题的进路。迈耶和罗恩②认为，在制度神话对组织结构进行规制的过程中会出现结构性矛盾。为了应对这些矛盾，一个组织可能在绩效逻辑要求的结构与制度神话要求的结构之间"脱耦"（Decoupling）："脱耦可以使组织维持标准的、合法的、正式的结构，同时其技术性活动又可以根据实践情况的

---

① 参见〔美〕保罗·迪马吉奥《制度理论中的利益与行动者》，梁锦文、廖嘉晋译，载张永宏主编《组织社会学的新制度主义学派》，上海人民出版社，2008。

② 参见〔美〕约翰·迈耶、〔美〕布利安·罗恩：《制度化的组织：作为神话与仪式的正式结构》，载〔美〕沃尔特·鲍威尔、〔美〕保罗·迪马吉奥主编《组织分析的新制度主义》，姚伟译，上海人民出版社，2008。

需要不断调整。这样，这类产业中的组织在正式结构上彼此趋于相似，但是各自实际的实践做法则表现出十足的多样性"。这无疑也提出了一个"名实分离"的问题。

但新制度主义分析的问题也很突出，它把我们带到问题出路的路口，但并没有把路修好。其一，新制度主义制度分析作为一个流派，几乎是集体性地否认了组织行动者的存在。"组织里面的人和内部活动都消失了"①，这使得自主性行动发达的中国组织实践变得无法理解。其二，尽管新制度主义者指示我们：制度化的发展使得制度环境过度强大，以致可能在技术结构之外分离出一个专门应付制度环境的结构。问题是，主流的新制度主义者（比如迈耶、罗恩、朱克尔等人）倾向于将制度化狭隘地解释成合法化，并且将合法化更狭隘地理解为在一个组织场域中，在行动者之间建立符合共享社会现实的秩序。② 这就曲解了中国农村经济组织面对的制度环境，因为其低估了法律与权力强制的意义，更低估了利益诱导的意义。而正是这些力量构成了农民专业合作经济组织的非科层性集权关系的主要内容。

从主流的新制度主义分析出发，"实"的结构与"名"的结构可以分别被理解成"技术结构"与"合法性结构"。这可能不妥当或至少不完整。因为在中国农村的专业合作经济组织中，这种与技术结构相区别的结构，很难像新制度主义者所特别关注的正式科层制度一样，被尊为"视若当然的信仰和广为传播的规则"③。换句话说，我们很难认为这个非技术性的结构是为了获得"合法性"而存在的。前面第四部分分析过，农村能人面对的制度环境本身就可以赋予这种名实分离的策略以合法性，那么，他们在构建技术结构之外的这个"名"的结构时，就未必面临很大的合法性压力。能人及其组织发展农民专业合作经济组织的主要动因，并不是想要参与建构某种"广为接受的社会事实"，而是获取实实在在的资源以提高自己的生存能力。与其说这个制度化的结构是关于合法性的，还不如说它是关于资源性的，是个"资源性的结构"。

---

① 周雪光：《组织社会学十讲》，社会科学文献出版社，2003。
② 参见〔美〕理查德·斯科特《制度理论的青春期》，何新发译，载张永宏主编《组织社会学的新制度主义学派》，上海人民出版社，2008。
③ 〔美〕沃尔特·鲍威尔：《拓展制度分析的范围》，载〔美〕沃尔特·鲍威尔、〔美〕保罗·迪马吉奥主编《组织分析的新制度主义》，姚伟译，上海人民出版社，2008。

　　那么，我们是否可以像资源依赖理论①那样，认为这只是一个资源获得的问题呢？从资源依赖理论出发，可以把制度本身当作一种特殊的资源，企业为了从制度中获利，采取合并、联合、游说，甚至改革自身结构来建立自己对于竞争对手的优势。当组织的目标与规则限定的手段之间出现差距时，某些组织也可能采取伪装的手法来获取制度资源，这就会出现组织制度的名实分离现象。但是，西方学者在资源依赖理论的视角下谈到的制度资源往往指的是公共政策或法规，企业往往组成协会通过公开的政治过程来影响政策制定或立法过程。中国民营企业的权力博弈方式显然与西方很不相同，张建君和张志学这样概括，"普遍的情况是：企业和企业家通过建立与政府官员的特殊的个人关系来取得对本企业的好处。也就是说，与西方不同的是：中国企业政治战略的主体是单个的企业（家），政治战略的手段是大量灰色的或非法手段的使用（如行贿等），政治战略的目标是谋取对企业本身的直接好处（而不是通过公共政策来谋取好处）"②。无论是西方的资源依赖理论还是中国人的本土化改造都有一个缺陷：无视制度形式本身的意义。要么强调超出组织行动者互动范围之外的制度内涵，要么就直接退到人格化层面来讨论问题，作为分析中层的组织结构被忽略了。

　　作为制度化进程的意外后果之一，能人及其组织将农民专业合作经济组织以及其他相关资格当作一种获取资源的"门道"，而未必真的发展了"农民的"与"合作的"组织。但我们不能只看到"门道"那一端的资源，而忽视了这个"门道"本身。首先，这个"门道"本身不能被直接地理解为资源，至少不是稀缺性的资源。张三可以选择的制度形式，李四也可以选择，这对于张三来说影响不大。所以，它们算不上标准意义上的资源。更重要的是，"门道"的重要性其实是社会理性化的过程所赋予的。新制度主义者将正式科层结构的重要性与社会的理性化联系起来，③ 这是个创见——尽管他们进一步把理性化与合法化联系起来的做法可能是偏

① 参见〔美〕杰弗里·菲佛、〔美〕杰勒尔德·萨兰奇克《组织的外部控制》，闫蕊译，东方出版社，2003。
② 张建君、张志学：《中国民营企业家的政治战略》，《管理世界》2005 年第 7 期。
③ 参见〔美〕约翰·迈耶、〔美〕布利安·罗恩：《制度化的组织：作为神话与仪式的正式结构》，载〔美〕沃尔特·鲍威尔、〔美〕保罗·迪马吉奥主编《组织分析的新制度主义》，姚伟译，上海人民出版社，2008。

见。中国的经济组织无疑也处于社会理性化的大势之中，那么，理性化给中国特别是乡村经济组织带来了什么？至少，我们会联想到种种资格证书、种种制度下选择的铭牌，种种行为特征，等等。乡村经济组织如果不能给自己披上这种种鲜亮的制度化外衣以掩盖自己的传统性和地方性，它们在一个理性化的时代将无法出场。

如果我们认为是制度化进程的意外后果导致了"资源性结构"的出现，那么，这种认识意味着对"合法性结构"的否定吗？不是。一个较好的解释是，组织面对的制度化压力来源是多元的：有的制度化进程导致了合法性结构，比如发展公司结构或者股份制结构；而有的制度化压力可能会导致资源性结构的出现。因此，组织结构就有可能是多重的，而不只是双重的。既然自然人的人格结构不是单一的，也不只是双重的，而是多重的，那么法人的组织结构是否也可以是多重的呢？

参考文献

［1］邓燕华、阮横俯：《农村银色力量何以可能？——以浙江老年协会为例》，《社会学研究》2008 年第 6 期。

［2］李路路、李汉林：《中国的单位组织：资源、权力与交换》，浙江人民出版社，2000。

［3］米歇尔·克罗齐埃：《科层现象》，刘汉全译，上海人民出版社，2007。

［4］张晓山等：《联结农户与市场——中国农民中介组织探究》，中国社会科学出版社，2002。

［5］Nevitt, Christopher E., "Private Business Associations in China: Evidence of Civil Society or Local State Power", *The China Journal*, Vol. 36, 1996.

［6］Poter, P. K. &G. W. Scully, "Economic Efficiency in Cooperatives." *The Journal of Law and Economics*, Vol. 30, 1987.

［7］Unger, Jonathan, "'Bridges': Private Business, the Chinese Government and the Rise of New Associations", *The China Quarterly*, Vol. 147, 1996.

（本文原载于《社会学研究》2009 年第 5 期）

农民专业合作社 "大农吃小农" 逻辑的形成与延续

在《中华人民共和国农民专业合作社法》（以下简称《农民专业合作社法》）出台后登记注册的合作社中，大户领办型仍占主体，大部分合作社也还不够规范。在有法可依的情况下，为什么大多数组建的合作社还是由大户领办、合作性质少、运作不规范、发展不健康呢？这是合作社发展初期阶段的必然现象，会随着合作社的进一步发展而改善，还是存在一种内在的发展逻辑使得当前部门和资本下乡背景下农民专业合作社的发展必然如此呢？

一些学者基于促进当前农业产业发展、发挥合作社效率的视角，用合作社的本质规定性及其漂移和合作社的环境适应性等来解释这类现象的合理性。也有学者认为，农民专业合作社将长期呈现异质性和多样性的特点，并指出在今后合作社的发展进程中，从事农产品生产或营销的专业农户能否成为专业合作社的利益主体应是农民专业合作社未来走向健康与否的试金石。若换一个视角，对部门和资本下乡背景下的农民专业合作社兴办主体进行细致的力量对比和利益分析，我们可以发现合作社发展的内在逻辑及延续性，也给这个问题做出一个新的解释。

一 "大农吃小农" 的逻辑形成

农民专业合作社的发展，一方面是分散的小农谋求组织化以对接市场的需要，另一方面也是下乡后的部门和资本的需要。大农资源多，经

---

* 仝志辉，中国人民大学农业与农村发展学院教授；楼栋，福建省武夷山市副市长。

济收益多,他们有合作愿望且能承担合作过程的组织和管理成本。但是因为这些成本往往要比合作制企业的组织和管理成本高,所以大农的联合更容易采用合作制企业的方式。而大农如果联合小农组成合作社,则可以获得政府针对合作社的财政扶持和相关政策优惠,同时还可以分享营利性部门和资本因合作社社员同其购销的数量增加、购销环节减少而节约下来的市场交易成本,因此大农会主动选择联合小农组建合作社。

政府对农民专业合作社的财政扶持和相关支持政策多数通过部门下达,部门为了确保其经营职能的扩展,多数会选择与其经营和服务领域构成上、下游关系的农户去组织合作社。资本下乡在实际的农业产业化过程中被赋予了"统"的层次功能,也乐于支付一定成本用于组织农民专业合作社,因为一方面可以获得政府这边的好处,另一方面也确实可以享受交易成本的节约。综上,部门、资本、大农、小农都可以从各自利益出发,组建农民专业合作社,形成利益共同体。此外,《农民专业合作社法》对农民专业合作社兴办的低要求、低成本也从另一侧面推动了大户领办型合作社数量的激增。

在上述合作社的兴办过程中,我们看到部门、资本、大农各自利用自身优势资源进行联合。联合后从何获利?只能是盘剥小农获益。这样的盘剥有三个层次:其一是合作社内部大农对小农的盘剥,其二是合作社对社外小农的盘剥,其三是大合作社对小合作社的盘剥。本文主要探讨第一种盘剥。

在优势资源拥有者即政府部门、资本和大农的共同利益驱使下,大农联合小农的大户领办型合作社成为合作社发展的主体力量。大农联合小农组建合作社的最初目的是套取国家财政扶持资金和相关优惠政策,因此,其自然不会真正完善合作社内部的民主管理和合作制度。小农无法分享合作收益,其对交易成本的节约也仅限于汇集社员的购销需求。在这样的合作社里,执行的是"大农吃小农"的逻辑。几个大户联合起来,其实质就是个合伙制企业(亦可以称为"合作社里的合作社"),许多情况下他们只是充当了一个中间商的角色,进行倒买倒卖:大户们高价卖出农产品和低价买进生产资料、技术的对象都是部门和资本;其低价买进农产品和高价卖出生产资料、技术的对象是小农，因为小农没有退出同大户这一中间商的市场关系的选择权（否则就只能接受直接同部门和资本打交道的更高的市场交易成本和价格），只能接受大户的盘剥。

二 "大农吃小农"的逻辑延续

上述农民专业合作社"大农吃小农"的发展逻辑并没有因为《农民专业合作社法》的实施而消除或逐步减弱，反而大有在合作社兴办中继续发挥作用的态势，其外在表现便是大多数合作社还是由大户领办、合作性质少、运作不规范、发展不健康。在这其中，政府部门扶持农民专业合作社发展的公益性目标、政府部门的营利性目标、资本的营利性目标，和大农的选择形成利益共谋及路径依赖，这些主体的目标不以《农民专业合作社法》的实施而转移。

虽然政府乐于见到真正的、规范的合作社，但是由于扶持资金有限，扶持大农建立大户领办型合作社比建立普惠制的扶持机制或建立一个更严密的遴选机制，其行政成本要低很多。此外，这类型的合作社更便于树立典型，体现政绩。另一方面，合作社的广泛发展对政府部门的长远营利目标是有威胁的。因此，部门乐于帮助大农建立并包装不规范的合作社以套取财政扶持，但是并不帮助合作社发展其谈判能力。即使这样，如果这类大农领办的不规范合作社的实力增加，构成其在生产资料供应和农产品销售方面的平等竞争者，部门也是不愿意的。于是我们便看到了这样一个现象：部门羽翼下的试点或示范合作社要么和部门经营范围完全无关，要么就是和部门的经营构成上、下游关系。

对于资本而言，合作社的广泛发展也对其长远营利目标构成威胁。因此，他们仅仅同合作社发展合同购销关系，并不会去发展同农户一体化的农民专业合作社。

如上所述，合作社中各个主体的力量对比和利益获得相对稳定，"大农吃小农"的逻辑有很强的路径依赖性：政府部门从中获利的同时也体现了其扶持专业合作社发展的公益性目标，资本在营利的同时获得了"扶农"的美誉；带有企业性质的大农一边盘剥小农，一边向政府部门要钱；小农在这个过程中也许分到了一杯羹，但是比起其应得的却少的可怜。

三 反思与启示

"大农吃小农"的合作社实质上是帮助部门和资本更方便地实现对小农的组织和管理,增加了一个中间商,但并不能解决小农在市场上的弱势地位,也不能帮助小农加入生产环节之外的加工和经营环节,从而获取更多利润。

目前,财政支持成为政府支持农民专业合作社发展的主要手段,但是财政投入总量不可能满足所有合作社的发展需要,也不可能普惠所有农户。涉农部门的营利性部门性质和资本下乡的实际格局使得当前的财政投入不足以引导出一个健康发展的农民专业合作社的发展格局。农业部日前会同国家发改委等 11 个部门联合印发了《关于开展农民专业合作社示范社建设行动的意见》(以下简称《意见》),明确了农民专业合作社、示范社的建设目标。在实施该《意见》时,我们一定要警惕因为示范合作社建设过程中的扶大扶强倾向和合作社发展过程中"大农吃小农"逻辑的延续而导致的合作社分化和农民分化进一步加剧的趋势。

由此我们可以得到如下几点启示。财政支持方面,努力构建普惠的财政支持体制,让尽可能多的农民专业合作社和小农受益,减小因合作社而导致的农民分化。政策支持方面,加大对农民专业合作社社长的培训和农户的合作化教育,提高他们的合作意识并尊重农民的首创精神,让他们在制度安排和治理结构设计上进行探索,看是否可以突破"大农吃小农"的逻辑,真正使农民专业合作社成为各方利益紧密联结的合作性组织。人力支持方面,政府财政出资为农民专业合作社输入经过专业培训的合作社建设人才,以解决如今合作社普遍存在的人才短缺现象,也可以帮助政府更好、更深刻地了解合作社的实际运营状况;大学毕业生将是一个不错的选择群体,当前一些地方也开始尝试实施"一个合作社配备一名大学生"工程,同时一些涉农高校也开始专门开设合作社专业及相关课程,培养专业的合作社人才。

(本文原载于《中国合作经济》2010 年第 4 期)

农民专业合作社制度异化的乡土逻辑

——以"合作社包装下乡资本"为例

冯　小*

一　问题的提出

自 2007 年 7 月 1 日《中华人民共和国农民专业合作社法》正式实施以来，农村新型合作社的发展步入了快车道。国家工商总局的相关数据显示，截至 2012 年 6 月底，全国共有农民专业合作社（下文简称为"合作社"）60.01 万户，比 2006 年的 15 万户多出了 3 倍。合作社的蓬勃发展被视为推动农业现代化的可行道路。[①] 从制度经济学的逻辑看，合作社作为一种经济合作组织，具有降低交易成本、减少中间环节、获得规模经济等优势。[②] 然而，在当前合作社蓬勃发展的繁荣表象之外，合作社的乡土实践与其理想形态之间还存在较大差距，合作社的发展已经出现了很多值得冷静思考的问题。

首先，比较典型的是合作社制度的"名实分离"问题。[③] 这主要表现为"伪合作社"争夺国家扶持资源挤压真合作社的现象[④]以及合作社制度

---

*　冯小，西北农林科技大学人文社会发展学院讲师。

①　参见黄祖辉、徐旭初、冯冠胜《农民专业合作组织发展的影响因素分析——对浙江省农民专业合作组织发展现状的探讨》，《中国农村经济》2002 年第 3 期。

②　See Sexton, R. J., "The Formation of Cooperatives: A Game-theoretic Approach with Implications for Cooperative Finance, Decision Making, and Stability", *American Journal of Agricultural Economics*, Vol. 68, 1986, pp. 423 – 433.

③　参见熊万胜《合作社：作为制度化进程的意外后果》，《社会学研究》2009 年第 5 期。

④　参见张颖、任大鹏《论农民专业合作社的规范化——从合作社的真伪之辩谈起》，《农业经济问题》2010 年第 4 期。

的"内卷化"①现象。其次是合作社内部组织机制的实践问题。社员结构的异质性与少数核心社员拥有主要的剩余控制权,由此形成的剩余分摊机制问题是目前合作社内部运营无法消除的一大顽疾。②某些合作社目前的剩余分摊机制被仝志辉和温铁军描述为"大农吃小农"的状态。而且,经验数据的实证调查显示,在合作社的主流形式中,绝大多数合作社呈现的是能人和大户主导的格局。③最后,合作社发展面临着结构性困境,例如农业产值比重下降和制度运营成本较高,以及不规范的合作社拥有结构性资本和部门权力优势,④这些问题导致合作社并不会真正带动小农,也不能改变小农的社会市场地位,反而会强化小农的弱势地位。上述现象被应瑞瑶概括为合作社的异化。

由此,合作社能否带动农民的发展成为一个值得探讨的前提性问题,同时也提醒学界对待合作社的繁荣发展应持理性态度。面对合作社在乡村社会出现的诸多异化现象,潘劲指出,学界更多的关注点是指出实践中出现的问题,并没有对问题的深层次原因展开分析。通过对合作社增长数据和合作社类型的解读,她提醒学界不要放大合作社对农民的实际带动能力。杨军用四重维度来解释"合作悖论",认为经济体制上的"制度遗产"、参与主体的"多样性"、成长路径的"外生性"和政治因素的共同作用导致现阶段合作社在"路径选择"上不得不面临一个现实的"合作悖论",即发展合作社的初衷是帮助农民形成自助组织,维护农民自身的切身利益,然而,实践中合作社的形成与发展又不得不依赖于具有相对强势地位的非农主体。

在"大农吃小农"、强势非农主体主导合作社的格局下,笔者发现这些农民合作社已经出现了"被包装"的现象。合作社的发展需经历制度文本与乡村社会对接的过程,特别是要经历多种乡村政治权力主体接纳合作

---

① 参见樊红敏《新型农民专业合作经济组织内卷化及其制度逻辑——基于对河南省 A 县和 B 市的调查》,《中国农村观察》2011 年第 6 期。

② 参见林坚、黄胜忠《成员异质性与农民专业合作社的所有权分析》,《农业经济问题》2007 年第 10 期;邵科、徐旭初:《成员异质性对农民专业合作社治理结构的影响——基于浙江省 88 家合作社的分析》,《西北农林科技大学学报》(社会科学版) 2008 年第 2 期。

③ 参见张晓山《农民专业合作社应朝什么方向发展》,《中国老区建设》2009 年第 2 期。

④ 参见仝志辉、温铁军《资本和部门下乡与小农户经济的组织化道路——兼对专业合作社道路提出质疑》,《开放时代》2009 年第 4 期。

社制度并进行自主性策略运作的过程，即合作社的"被包装"过程。在实地调查中，笔者发现不少下乡资本和乡村能人积极运作合作社、政府积极支持公司发展合作社的案例。他们名为发展合作社，实质上是利用下乡资本发展其公司的产业，或进行政策投机攫取国家惠农资源，这类现象被笔者表述为"合作社包装下乡资本"。而考察合作社制度与乡村社会的具体对接过程，离不开对乡村社会政治生态的分析，具体来说，离不开对合作社"被包装"过程中下乡资本与权力结合形态的分析。所以，本文基于3个"合作社包装下乡资本"的案例，解析农民专业合作社在乡村社会的制度文本与乡土实践相背离的机制，以期揭示合作社制度异化的乡土逻辑。

二 合作社包装下乡资本的表现

各地兴起的合作社多种多样，类型众多，即使是同一类合作社，其内嵌于不同乡村社会政治场域的运行路径也会截然不同。若基于乡村本位视角考察不同合作社所面临的资本—权力形势，其共同的特点便是合作社是包装社会强势主体的非农资本，即本文所指的"合作社包装下乡资本"。这一现象的表现有以下几种。

（一）成为下乡资本谋利经营的工具

鄂中 H 市 S 镇，浙江省某苗木公司王老板为了扩大经营，进军鄂中 H 市 S 镇。为了使自己的苗木基地能够顺利建成，他邀请当地有名的老板、村民公认的"混混"头目刘某入股合作，同时聘请当地 L 村的经济精英陈鹏做副总。三人合伙于 2010 年秋在 S 镇流转了约 800 亩土地，进行了土地整理、地块平整、道路修建和滴灌系统等现代化基础设施的建设。2011 年春，新建设的苗木基地开始种植苗木，三人雇佣村、组干部负责苗木基地的工人管理和租金发放工作。2012 年夏天，苗木公司利用与农民的土地流转合同申请成立苗木种植专业合作社，争取享受国家优惠政策进行免税经营。

在本案例的苗木合作社中，下乡资本占主导。S 镇根本就没有发展苗木经济的基础，农民更没有苗木种植和市场营销经验，苗木市场和合作社的产业发展均没有考虑到农民的主体地位,农民只是参与了土地流转。根据农民和王老板的协议,农民入社后在利益分配上仅获得固定的土地租金,不能分享苗木合作社的经营收入。王老板利用公司与农户签订的土地流转合同,只是以合作社为名,而实际上采用包装下乡资本的模式来经营苗木生意。作为合作社成员,农民并不具有主体地位。

(二) 成为地方政府招商引资的政策优惠包

鄂中 H 市的某粮食公司与 X 县的农民采用订单生产模式成立水稻种植专业合作社。该公司老板(曾是 H 市粮食局的局长,现下海做生意)在当地承包了 5000 亩土地,自己只耕种其中的 600 亩以形成示范区供上级政府检查,其余 4000 多亩以返租倒包的形式仍由农民自己耕种,农民每年固定把粮食卖给粮食公司。另外,该公司在邻县也签订了约 10 万亩土地的订单,为农民提供相应品种的种子和化肥,粮食丰收之后,农民固定将其卖给公司,以保证公司的优质粮源。

该公司在当地申请了商品粮基地项目,国土、水利、财政等部门均对其进行了相应扶持,仅建泵站、修水渠、修路就投入了 430 万。2010 年,H 市政府批复了一项发展基金对其进行扶持。2013 年 4 月,政府又向该公司新批了一个综合循环项目,这是粮食局、发改委的定向项目。作为 X 县县委和 H 市市委共同打造的目标产值上亿的企业,该公司获得的许多项目均是各级政府和相关部门争相给予扶持的优惠包。同时,该公司与农民的订单生产模式也借用农民合作社的牌子进行运作。公司门口挂了水稻种植合作社、农机合作社、粮食加工合作社三块牌子,以合作社为名获得了国家的良种补贴、农资综合补贴和农机购置补贴。然而,参与订单生产的农民却享受不到上述优惠项目所包含的廉价的灌溉和农技服务,仍需要向公司支付高昂的费用来购买。

上述案例呈现了当下地方政府、涉农部门和资本共同下乡投资的情形。粮食公司戴着多个合作社的"帽子",无论是地方政府出于政绩驱动的政策扶持，还是基于部门逐利逻辑的变相"投资"，其结果均是政府相关利益部门和资本耦合形成的多种合作社挤压了农民的利润空间，使得合同订单中的农民成了农业公司产业链中受剥削的群体，把农民从独立的生产者推到了半无产化的境地。

（三）成为乡村少数精英投机资本包装的载体

皖北 B 村有三户农户与村干部成立了粮食种植合作社。三户农户中，一户是当地的经济精英，一直在外做建筑承包生意，另外两户是村里有名的富人兼党员。他们与该村的村书记和村长合作，在其他村干部和村民小组长的支持下，把两个村民小组农民的土地承包合同和户口本收集起来（涉及约 1000 亩土地），其经营模式既非土地流转，也非农民入股，并于 2010 年秋天申报成立了小麦种植专业合作社。正好当年冬天该镇下达了相关的水利和道路建设及农田综合整治项目文件，文件要求优先考虑扶持农民种植专业合作社。在几个合伙人的积极运作之下，该合作社获得了近 400 万元的项目。毫无疑问，作为经济精英的建筑承包商成为乡村项目的承建主体。水利建设项目要求打机井和兴修渠道，农田综合整治项目需要平整土地和整修机耕道。这些项目均需要先进行项目施工，上级相关部门按项目进度进行检查考评后再给予拨款。

第二年春天，参与合作社的农民可以从村里的合作社购买比市场价格低 0.1 元或 0.2 元的化肥、种子、农药等生产物资。对于田间的水利设施，农民普遍反映其是豆腐渣工程：机井没水，水渠表层的水泥太薄，漏水严重；机耕道沙子铺得太薄，一下雨就是烂泥坑，无法通行；平整的农田没有按规定进行表层剥离熟土再还田，只是在将田埂打乱之后的石块和泥土混合层上面撒了一层熟土，破坏了原有土地的土壤肥力。因此，农民的意见较大，于第二年秋收后统统退出了合作社。目前，B 村只是空挂着一个合作社牌子，农民仍是自己种自己的田，卖自己的粮。

上述案例的核心逻辑是少数乡村精英合谋进行典型的政策投机。

承包商依靠村干部在乡村的强势地位和便利的政策信息渠道，利用乡村富人的社会资本架空了村庄内的个体农民，巧借农民这一"符号"资源，对国家的惠农项目进行政策投机，攫取国家自上而下输入的惠农资源。

上述 3 个案例均呈现合作社异化的迹象，合作社的建立与运营背离了制度设计的初衷。案例 1 中的苗木合作社以外来老板为主体，而不是以当地农民为主体，更没有与当地农民形成实质上的合作关系，完全没有体现合作社制度的"农民参与"与"利益共享"这两大基本条件。作为强势主体的公司将其下乡资本包装成合作社，在形式上将农民描述为参与主体，实际上享受利益的是苗木公司，合作社仅是下乡资本争取享受国家政策优惠的幌子。案例 2 的逻辑是政府将对合作社的政策扶持作为吸引资本下乡的政策优惠包，将商业化的粮食公司作为支持和培育的对象，使国家对合作社的相应扶持资金都变成了公司的发展基金。在粮食公司与农民的订单生产模式中，农民需支付相应费用来购买农技服务，却被排除在合作社的分红对象之外。案例 3 中的地方精英以套取国家项目为目标，这是一种典型的政策投机行为。从这 3 个案例可以看出，合作社制度在乡村实践中存在"被包装"的现象，合作社制度下乡遭遇"少数群体共谋，排斥农民主体参与"的异化困境。

值得进一步思考的问题是，上述合作社为何能够绕开农民而"被包装"，而且还能获得乡村基层组织的大力支持？为了回答这一问题，本文接下来考察合作社制度下乡的社会政治生态。

三 合作社运营的乡村社会政治生态

农民专业合作社制度试图建立农民自愿合作、民主管理的互助型经济组织，这一制度目标的实现依赖于其与乡土社会结构的有效融合。而当前讨论合作社制度能否有效运营需首先分析乡村的治理状况，即合作社制度下乡所面临的社会政治生态。

（一）乡村社会结构之变：农民分化

按照中国农村家庭经营的发展趋势以及农业市场化、产业化的发展要求，农民有合作的需求，但存在合作的现实障碍。① 目前，农民的生产方式已经在逐步改变，农民的主要生计来源已经转为非农行业，但土地仍是他们的最后保障。对于农民来说，土地虽然不能失去，但也没有得到其足够的重视，就如鸡肋一般，弃之不舍，食之无味。农业家庭经营不能为农民提供足够的货币收入，但能提供基本的生活资料。土地对于农民而言已不再是之前的命根子，而仅是规避社会风险、谋求最低生活水平的保障手段。农民不再像过去一样都以土地为生，其家庭生计来源的多样化使他们对农业生产和土地的依赖程度出现了不同的分化。建立在土地基础上的共同生产合作组带逐步淡出农民的生活。因此，在对合作社制度的关注程度、参与合作社的积极性和对合作社的期望方面，农民已发生了内在的分化。

（二）乡村治理方式之变：以招商引资为行政目标

作为最贴近农民日常生活的组织引导者，农村基层组织在税费改革后发生了巨大的变化，不仅由乡村利益共同体的结盟转向分离，而且出现了悬浮状态。② 同时，面对压力型③体制的考核，基层组织还需要加入到以经济发展为中心的锦标赛体制之中。它们完成考核任务的措施便是把工作目标锁定在能够带来 GDP 业绩的下乡资本上，即以推动招商引资工作为重心。

由于工作重心的变化，农村基层组织逐步脱离农民的日常生产生活，亦不会关心农民的福利和真实所需，它们的工作重心是如何较好地完成 GDP 考核任务，这导致行政性考核任务与农民的日常生产生活逐步脱离，基层组织为能带来 GDP 业绩的下乡资本服务，如案例 2 中所呈现的政府各相关部门均为粮食公司服务，从而出现了国家资源集中扶持某一行业或对象的现象。政府相关部门为粮食公司提供农田基础设施建设项目，例如建

---

① 参见赵晓峰《农村社会阶层分化对农民专业合作社发展的影响机制分析》，《农业经济问题》2012 年第 12 期。

② 参见周飞舟《从汲取型政权到"悬浮型"政权——税费改革对国家与农民关系之影响》，《社会学研究》2006 年第 3 期。

③ 参见荣敬本《变"零和博弈"为"双赢机制"——如何改变压力型体制》，《人民论坛》2009 年第 2 期。

泵站、修水渠等这类公共品，农民却享受不到，仍需要向公司付费购买。乡村基层组织在体制转型中的工作重心不再是服务于农民的日常生产生活，而是服务于可以带来 GDP 业绩的下乡资本，他们为完成考核任务给下乡资本开通各种形式的"贵宾"通道。这种治理结构的转变根源是基层政权由"悬浮型"向以"招商引资"为工作重心的发展促进型转变，其以包装项目作为筹码吸引下乡资本。

（三）乡村经济发展的动力之变：合作社运营的亲资本性

乡村经济发展不再主要依靠农民的劳动力投入来推动，而更多的是依靠产业结构的调整和高新技术的运用，依靠国家惠农资源和涉农项目创造的便利条件来推动。然而，国家的惠农资源和涉农项目都需要大量的资本投入才能获得。从合作社推动产业发展的路径来看，成立合作社是需要合作成本的，仅成立合作社前期的协商成本和跑项目的成本就不是个小数目，而这一笔前期投入是普通老百姓或村级组织无法承担的。案例 1 中王老板的土地流转启动资金就达 300 多万元；案例 3 中的私人老板联合乡村精英，向上跑关系争取项目的前期投入也有 10 多万元，再加上后续的工程垫付款，前期投入达到 100 多万元。不过，这些投入是套用合作社名义所必需的，只有为合作社搭建好平台，才能获得政府项目的审批。正如粮食公司的财务副总所言，"用各种合同形式成立合作社的目的不是为了国家的一点粮食补贴和种子补贴，这仅仅是很小的一部分，更多的是需要获得国家的项目支持以及各种税费优惠。"

除资本外，成立合作社还需要建立广阔的人脉关系，这样才能在跑项目的过程中拿到具有优惠条件的项目。否则，申请合作社便是赔本的买卖。粮食公司和外来老板具有雄厚的资本实力，在招商引资的政策潮流中能够便捷地获得政府的"贵宾"服务。下乡资本与农民是合作社的两大主体，但无论是在合作社成立过程中还是在其成立后，农民均未能主体性地参与其中，只是以合同的形式加入合作社，既不参与合作社的红利分配，也不承担合作社的风险。合作社以公司的方式运营，农民的参与只是象征性的，农民只是下乡资本成立合作社的象征符号。合作社在成立前期所进行的土地流转以及与农民订立生产合同均需要雄厚的资本，合作社在成立后期与政府互动的过程中，借用合作社名义去申请国家政策性项目也需要资本的支持与投入。也就是说，合作社的成立过程以及以合作社名义申请涉农项目的全过程都表现出了亲资本性。

四 合作社异化的乡土逻辑：权力与下乡资本的结合

如前所述，合作社运营的乡村社会政治生态已经出现了乡村社会结构分化、基层治理方式之变和乡村经济发展的动力之变等问题，这使得农民成立以自己为主体的合作社成为空谈。虽然相关法律赋予了农民在合作社中的主体地位，[1] 然而，文本形式的法律在实践中却发生了不少偏差甚至与之相背离的现象：例如，上述 3 个案例中的合作社都是按照法律文本的规范要求、以合法程序操作的，现实中的伪合作社也无不以正规程序和合法形式为外衣，却在实质上有意挤压农民的参与空间。笔者从县、乡基层干部那里了解到，他们针对合作社的审查是按照程序性文件的要求进行的，不会去或根本没能力深究合作社的主体资质和运营状况。这也是当今基层组织工作科层化、文牍化[2]的后果，对合作社的管理工作只限于追求程序的合法性和文本的规范性而忽视乡村实践。在乡村社会中，合作社异化的核心逻辑在于合作社在不同的权力主体的策略运作下的"被包装"。

（一）地方政府招商引资的政策优惠包：下乡资本和部门权力的结合

案例 1 中粮食公司的订单生产模式首先获得了政府的大力支持。在吸引资本下乡的乡村环境中，以粮食公司为主体的合作社发展呈现出资本与部门下乡共分乡村剩余的现象，粮食公司"戴合作社帽子"也只是这一现象诸多形式中的一种而已。各个政府相关部门把项目和政策优惠向当地的龙头公司如案例 1 中的粮食公司倾斜，这一龙头公司数千万的资本规模便成为各部门招商引资的业绩，据此各部门便能顺利完成上级政府部门规定的招商引资任务。在政府大力支持资本下乡的情况下，合作社变成了基层

① 参见宋刚、马俊驹《农业专业合作社若干问题研究——评我国〈农民专业合作社法〉》，《浙江社会科学》2007 年第 5 期。
② 参见欧阳静《"做作业"与事件性治理：乡镇的"综合治理"逻辑》，《华中科技大学学报（社会科学版）》2010 年第 6 期。

政府吸引下乡资本的工具，成为招商引资的新优惠包。政府往往想以支持龙头企业的方式来带动地方发展，带动农民致富，而实际情况则常常事与愿违。下乡资本创立公司的动力在于，可以利用县级相关职能部门提供的优惠包，套用合作社名义发展公司产业。因此，在利用地方政府提供的招商引资政策优惠包对合作社进行包装的过程中，下乡资本将广大的普通农民纳入控制范围，形成了资本控制的订单农业模式，这使得拥有生产资料和劳动力的农民成为无异于保持"家庭"外壳的契约化的雇用劳工。[①] 因此，从表面上看，由下乡资本和部门权力结合所成立的合作社似乎尊重了农民的主体地位，但实际上，农民完全被动地处于政府支持的下乡资本发展的"合作社"的控制之下，处于附属和利益受损的边缘化位置。

（二）下乡资本的牟利工具：下乡资本与暴力权威的结盟

外来的工商业资本下乡必须与农民接触，在下乡资本投资于需要进行土地流转的产业经营时更是如此，他们需要与分化的农户开展琐碎的协商事宜。在基层治理缺位的情况下，乡村暴力权威成为下乡资本应对农户不合作行为的主要力量。案例 1 中的王老板进村勘查土地、策划进行土地流转时，首先便结交了乡村社会的暴力权威人物。乡村内分化的农民很难有一致的集体行动力。面对少数钉子户，下乡资本便需要借助乡村暴力权威所具有的威慑力量来"拔钉子"，以震慑部分农民的不合作与对抗行为。暴力权威成为下乡资本减少土地流转障碍的重要工具。下乡资本与暴力权威的结盟重组了乡村权力格局，使得农民在已经固化的权力结构中没有任何谈判的能力和资本，更不用说在后期的合作社剩余分摊机制中能有一定地位。农民的边缘化地位是由下乡资本构建的权力结构所决定的，这使得以农民为主体的专业合作社走向形式化，与暴力权威结盟的下乡资本巧借"农民"这一象征符号而成立合作社产生的客观结果便是合作社实践与制度文本的背离。

基层组织的审批程序和文本管理的逻辑是，只要有农民签字画押

---

① 参见陈义媛《遭遇资本下乡的家庭农业》，《南京农业大学学报》（社会科学版）2013 年第 6 期。

的土地流转合同, 只要见到白纸黑字的订单合同文书, 便认为是农民主体性的参与, 根本不会或无力深究合同订立的背后下乡资本和暴力权威在其中的主导地位。下乡资本和暴力权威的结盟将分化的农民置于重组的权力格局之下, 程序化的合作社审批制度使得外来老板可以轻松地绕开农民的主体性参与, 利用农民的身份符号和土地资源将自己经营的公司转化为带动地方农民发展的"龙头", 为公司戴上合作社的帽子, 争取市场竞争优势。下乡资本因而具有合作社之名、公司之实的特征。

（三） 乡村精英包装投机资本的载体: 少数乡村精英的合谋

乡村的社会分化改变了原本的政治权力格局, 经济精英的崛起造就了新的社会权威。经济精英极易与具有正式权威的村级组织发生合谋, 以享受国家政策优惠和获取项目扶持。在乡村权力格局中居于优势位置的富人和村干部往往能最先获得国家政策优惠和相关项目的信息, 他们既了解政府权力的纵向运作机制, 又控制着横向的乡村内部的权力格局。在分化的农村社区中, 农民对合作社的关注与参与的积极性并不一致, 这使得少数精英具有了支配合作社运作的能力和条件。乡村精英们成立合作社的目的原本就不是为了发展产业和组织农民, 而是以合作社的名义套取相关的政策与项目扶持。乡村少数精英基于牟利目的的合谋行动造就了伪合作社, 这种合作社不仅未实现组织农民、拓展市场、发展产业的制度设计初衷, 反而攫取了国家投资于农村社区的公益项目资金。

上文的案例说明, 以"包装下乡资本"为特征的伪合作社, 存在以资本的优势、用合作社名义套取国家相关的惠农资源和涉农项目的异化现象。目前, 乡村诸多合作社的主导者和受益者普遍是下乡资本或非农资本。政府在审核合作社时, 往往只关注申报程序和文牍的规范性, 只要程序与文本符合规章制度的要求即可审批。下乡资本通过合法的程序操作和文本处理, 利用分化的农民, 动用乡村各种力量和资源获取农民手中的土地经营权, 以牟取私利为目的成立合作社, 并以公司制的运营模式来经营合作社。总之, 在上述三种权力结合形态中, 农民的话语权都没有得到体现, 农民也没有获得主体地位。这些包装下乡资本的伪合作社都是借用农民的身份符号和土地资源，通过掌握权力的下乡资本的策略性操作而成立的。下乡资本同部门权力、乡村社会权力的结合催生了对合作社的包装行为，这构成了合作社制度异化的乡土逻辑。

五 结论

合作社制度在乡村的实践呈现出与制度目标截然不同的异化现象，"合作社包装下乡资本"便是其在当前农村社会结构与社会权力格局下的异化之典型特征。中国农村正处于剧烈的社会转型期，国家相关惠农政策和鼓励乡村产业发展措施的频度与力度会持续增强，合作社制度处在农民分化与基层治理结构的双重变动中，难免出现异化现象，而农民社会分化与基层治理之变又恰好成为合作社异化的基础。合作社制度在实际运行中会被政府作为招商引资的政策优惠包，成为下乡资本谋利经营的手段以及乡村少数精英包装投机资本的牟利工具。上述三种行为使得合作社的制度目标与乡土实践之间存在巨大偏差。以"包装下乡资本"为典型的伪合作社使普通农民成为形式主体，而实质的受益主体却是下乡资本、政府相关部门、作为"龙头"的产业公司和少数乡村精英。这些受益的非农主体不仅垄断了合作社的剩余和国家自上而下输入的惠农资源，更重要的是攫取了国家投资于农村的涉农项目资金。

因此，合作社制度要切实地实现制度目标，需要坚持农民的主体地位，并对合作社遭遇的乡村社会权力主体的策略化运作有充分的应对预案。"合作社包装下乡资本"是合作社制度在乡土实践中的一种异化，通过进行严格的制度监管，我们是可以避免这种异化的。在分化的乡村社会中，我们对暴力权威、下乡资本以及乡村能人、富人等占据乡村社会权力优势位置的群体应有所警惕。而普通农民作为农村发展及农业经营的主体，应真正成为合作社制度发展的主要对象。通过规范农村基层组织的行为、加强合作社主体资质的具体审查，相信我们能破除乡村权力政治格局的干扰，实现真正将普通农民纳入合作社制度的实质目标群体、达到推动农民合作经济健康良性发展的目标。

（本文原载于《中国农村观察》2014 年第 2 期）

村庄空心化背景下以留守妇女为
主体的农民合作社发展研究

韩国明　张　佩[*]

　　20 世纪 80 年代以后，中国农村大量的男性青壮年劳动力纷纷外出务工。30 多年来，农村的年轻人中学毕业以后纷纷离开农村，农村劳动力无法再通过这一群体获得补充。老年人逐渐进入高龄阶段，也不得不退出农业生产劳动。而大量的已婚妇女滞留农村，成为农村常住人口的大多数，她们主要在家从事农业生产，这导致农业生产越来越多地依靠留守妇女，农业的女性化特征越来越明显，我国传统的"男耕女织"生产模式逐步演变成"一家两业""男工女耕"的格局。

　　农村劳动力向城市转移，将是我国较长时期内不可逆转的趋势。在劳动力的实际转移过程中，由于户籍、性别、素质、生育、家务、农村土地制度、城市住房与教育制度等因素的综合制约，农民家庭难以整体上向城市移居，因而农村女性转移的数量少，转移的成本高，绝大部分农村妇女无法彻底地脱离农村，这导致留守妇女的问题越来越严重，并引起了许多研究者的关注。高小贤、谭深、程绍珍、张宏宏、项丽萍、魏翠妮、蒋美华[①]

---

　*　韩国明，兰州大学管理学院行政管理系主任、教授、硕士生导师；张佩，兰州大学管理学院硕士生。

　①　参见高小贤《当代中国农村劳动力转移及农业女性化趋势》，《社会学研究》1994 年第 2期；谭深：《农村劳动力流动的性别差异》，《社会学研究》1997 年第 1 期；程绍珍：《农业女性化趋势与农村女性人力资本关系的实证研究》，《郑州大学学报》（哲学社会科学版）1998 年第 5 期；张宏宏：《留守女成因及其从业行为分析》，《贵州民族学院学报》（哲学社会科学版）2002 年第 6 期；项丽萍：《农村留守女：一个值得关注的弱势群体》，《广西社会科学》2006 年第 1 期；魏翠妮：《农村留守妇女问题研究》，"中国优秀硕士学位论文全文数据库"，南京师范大学，2006；蒋美华、周蕊：《农村留守妻子现象的社会性别分析》，《社会工作》2007 年第 3 期。

等主要从个人、家庭、社会层面分析留守妇女产生的原因。陈利、蒋美华、周蟊、黄安丽、梁秀丽、毛成、周庆行①等比较专注留守妇女的生存状态，认为劳动强度高、精神负担重和缺乏安全感，成为压在"留守妇女"心头的"三座山"。左小川、许传新、左海霞②等学者更多关注对农村留守妇女的社会支持网络关系的研究。本文以课题组在甘肃省民勤县、青海省共和县和宁夏回族自治区西吉县的实地调查资料为基础，梳理和总结"男工女耕"状况下留守妇女从事农业生产经营的困境，运用社会性别理论研究农村妇女的行为特征、合作意愿与合作能力，并提出发展以留守妇女为主体的农民合作社、实现合作社转型战略的政策建议。

一 留守妇女农业生产经营的困境

对于农村劳动力大量外流导致留守妇女成为农业生产的主力军这一问题，即"农业生产女性化"的现象，学术界尤其是农业经济学界很早就予以高度关注。高小贤③比较早地指出了这种"农业女性化"的趋势，她指出，农业较低的收益致使以农业为主的妇女贡献也在下降，同时农业作为女性主业，并不意味着女性在农业中占主导地位，"女人干，男人管"，权力仍然掌握在男性手中，妇女扮演无技能的劳动力角色。因此，与其说农业女性化，不如女性农业化。而孟宪范则强调"男工女耕"的性别分工模式把农村女性推向了农业生产主力军的位置，这大大激发了她们的生产热情，她们以空前的积极性投入农业生产，其自身的发展也随之进入了新的阶段。他阐述了妇女在农业生产中的作用和贡献，肯定其对妇女地位改善的意义。杜鹰、白南生④和蔡昉等研究者从家庭作为"利益整体"的角度

---

① 参见陈利《农村留守妇女的精神压力和感情危机》，《甘肃农业》2006 年第 11 期；蒋美华、周蟊：《农村留守妻子现象的社会性别分析》，《社会工作》2007 年第 3 期；黄安丽：《农村留守妇女生存现状的调查及思考》，《安徽农学通报》2007 年第 13 期。

② 参见左小川《农村"留守妻子"的问题研究——一个社会支持的理论视角》，湖南师范大学出版社，2006；许传新：《构建"留守妇女"的社会支持网络》，《中国国情国力》2007 年第 170 期。

③ 参见高小贤《当代中国农村劳动力转移及农业女性化趋势》，《社会学研究》1994 年第 2 期。

④ 参见杜鹰、白南生《走出乡枒——中国农村劳动力流动实证研究》，经济科学出版社，1997。

出发，强调性别分工的合理性。郑真真、解振明①的调查显示，农民家庭在决定谁出去的问题上是有经济理性的。在由谁外出务工的选择中，夫妇俩从家庭利益最大化出发，在大多数情况下选择了让丈夫外出，因为女性要承担人类自身再生产的任务及家务劳动，且男性由于体力、素质等方面具有一定优势，得到的收益可能高于女性。男的出去打工，女的"留守"就是一种成本小和收益大的理性策略。妻子们都表示自己很支持丈夫外出，原因是需要有人外出挣钱来改变贫困的生活现状。同时，留守妇女家庭中外出打工的男性成员在农忙时节能够回来帮助种地的比较少。由于在外打工的月收入并不多，外出务工人员考虑到返乡的路费，以及重新寻找工作的成本，一般都选择继续留在外地打工。李新然和方子节②的研究更关注农业女性化对农业和农村发展的影响。他们认为，随着改革的深化，农村妇女在农业和农村发展中的作用和贡献正在持续加大。这一趋势在给农业和农村发展带来正面影响的同时，也将带来诸多负面影响，包括农业劳动力的结构性文化水平下降，农业劳动的结构性技术水平和管理水平下降，农业经营与日常管理相分离，农业剩余劳动力就地转移的难度加大，不利于农民子女的教育与培养等，因此建议对有关理论与政策进行改革。范丽娟、程一③认为，由于承受了新的生产和生活任务，留守妇女群体中出现了"角色代替和角色取舍"，带来了角色分化现象。大部分留守妇女承担了农业生产和家务劳动的角色，但很多人并不在农业生产上花费很多精力，广种薄收的现象非常普遍。具体的角色取舍取决于其家庭支持、经济条件和留守妇女的自我意识：几乎所有的留守妇女都把重心放在家庭角色上，完成传统赋予她们的责任和义务；少部分妇女积极参与各种经济活动和社区公共事务，有的甚至成为家庭主要的经济收入来源。

根据课题组的调查，男性青壮年外出打工之后，留守妇女在农业生产方面的困难，可以基本归纳为以下几方面。

---

① 参见郑真真、解振明《人口流动与农村妇女发展》，社会科学文献出版社，2004。
② 参见李新然、方子节《试论农业女性化对农业和农村发展的影响》，《农业现代化研究》1999 年第 2 期。
③ 参见范丽娟、程一《留守女：现代农村社区的一个新群体》，《合肥学院学报》（社会科学版）2005 年第 4 期。

1. 劳动力不足

这是留守妇女在农业生产中面临的最大问题，贯穿于农业生产的各个环节。在以家庭为农业生产经营的最小单位时，许多农活都是由农民全家男女老少共同完成的，并且会根据劳动力的体力和技能进行恰当的分工协作，比如麦收割时，青壮年男性割麦，老人捆扎，妇女、小孩拣麦穗，帮着推车、做饭等。其他的重活，如耕地、运肥、浇水等，也是主要由青壮年男性承担，妇女协助。现在则变成了以留守妇女为主，有时候甚至是由一个妇女单独完成。课题组 2011 年 10 月在宁夏西吉县调研时，正是当地农民挖洋芋的农忙时间，常常见到妇女一个人在田间劳作。她们从山坡上的农田里挖出洋芋，一筐一筐地背到山下的小路边，装入架子车，一个人拉回家，再装入地窖。几亩洋芋，这样的辛苦工作要持续好几天。为了不耽误农时，即使生病，或身体不舒服，也得坚持。这些情况常常导致她们的身体严重透支，健康受到威胁。

2. 生产运营能力较弱

在 20 世纪 80 年代联产承包制实施的初期，农民家庭主要是由丈夫进行生产经营决策。农村的男性青壮年，不仅相比女性有体力优势，而且多数男性的受教育年限更长，也有更为复杂的经历，如参军去过外地多年，在原来的生产大队或生产小队担任过会计、保管、队长等，因而他们见识多，关系网络广泛。而当丈夫外出务工时，留守妇女必须一人独自面对整个农业生产经营活动。留守妇女与青壮年男性相比，文化程度普遍偏低，经历简单，交往范围小，不管是市场的供求信息还是农业生产的技术信息获取量都很有限，这使得她们在整个农业生产中比较茫然。比如，面对市场上各种各样的新品种种子、化肥和农药，她们常常不知道该选择哪一种，不知道哪种化肥和农药更有效，哪种品牌效益更好，等等。

3. 农业生产中的孤寂感与安全问题

西北地区人口稀少，山大沟深，许多农田都在离村庄很远的偏僻的山坡上。课题组在调查时观察到，许多养殖业、蔬菜业没有发展起来的偏远的村庄，几乎见不到 45 岁以下的男性。这些村庄留下来的男性，只剩下村干部或残疾人。留守妇女一个人早出晚归，日复一日地工作，非常孤单寂寞，也有严重的安全问题。

笔者认为，正在我国农村普遍兴起的农民专业合作社，可以为留守妇女农业生产经营中的困难提供较为理想的解决途径：劳动力不足、妇女超体力限度劳动、生产中的孤寂与安全问题，可以通过合作社社员的互助协作、共同劳动解决；生产经营能力弱的问题，可以通过社员的培训得到提升，也可以通过合作社内部的专业分工得到改善，如有的妇女善于交际，可以专门负责获得市场信息；有的妇女文化程度较高，可以专门负责学习农业技术等。如果留守妇女组织成立了农民合作社，不但能够解决她们目前面临的实际问题，也能够有效地解决农民家庭经营规模小、交易成本高、谈判能力弱、经营风险大等分散小农与大市场对接时面临的各种问题。

然而，课题组在民勤、西吉和共和三个县共计调查了 30 多家农民合作社，只有一家合作社是由妇女发起成立的。留守妇女整体上对合作社的参与程度很低。在留守妇女农业生产经营极为困难、迫切需要通过农民合作社来解决她们面临的实际问题的情况下，妇女创立和参加合作社仍然没有引起县、乡政府以及整个政策层面的足够重视。

二 留守妇女的合作意愿与合作能力分析

中国传统的文化体系中，一直有弱化女性性别的文化取向，"男尊女卑"的观念成为人伦道德体系中的规则，女性"性格"被建构为：繁衍后代为本分，温、良、恭、淑、谦为待人处事之道，孝父事夫为有德，擅长女红和厨艺为有才。起源于农耕文明的父权意识形态中的男主女从、男尊女卑、男优女劣的社会性别等级观念和"男主外、女主内"的传统性别分工模式，深植于男性中心化社会的人们的心中，女性因而处于受支配的依附地位，女性主体意识受到压制。这种对女性"性格"的建构使女性的个人价值因男性的存在而存在，一旦失去男性的保护，女性极易陷入困境。①

随着文明的发展，人们对于社会性别角色有了更为深刻的认识。按照文化人类学人格学派的研究，男女不同的性别特征和行为方式是由社会文

---

① 参见王婧《边缘与困境中的女性——妇女贫困问题的社会与文化分析》，《妇女研究论丛》2003 年第 12 期。

化铸造的，而非生来如此。玛格丽特·米德在研究了三个原始部落男、女性的性格特征和气质后得出结论："文化总是煞费苦心、千方百计地在错综复杂的条件下，使一个新生婴儿按既定的文化形象成长。"① 社会性别理论强调，"男女平等"就是"性别平等"，即应在首先承认性别差异和人的基本权利的前提下，实现两性的平等发展。女性作为人类的一半，与男性有着同等的生存价值和独立的人格尊严，其在两性关系和家庭生活中拥有的权利和义务与男性是平等的，在社会生活中的机遇、竞争和选择面前是平等的，在法律面前和由此而导致的社会地位方面与男性也是平等的，性别差异不能作为社会歧视女性的根据。更重要的是，男女平等是指男女是平等的社会参与者。②

也就是说，女性的地位和性格是由环境塑造的，也会随着环境的改变而调整。不仅如此，在现代生活与组织运行中，女性具有以下性格优势。

第一，女性具有丰富的情感和较强的沟通能力。科学研究证实，男女的脑部半球发达程度不同。一般说来，男性左脑较为发达，在逻辑推理、数学、空间想象方面比较突出；而女性右脑较为发达，在语言表达能力、阅读和词汇方面则更出色。通常女性比男性口齿更加伶俐，对声音、色彩敏感度也高。女性比男性更敏感、富有感情。③ 因此，在沟通能力方面，女性具有天生的优势。在与人打交道时，女性会设身处地地为他人着想，关心他人的痛苦，更为宽容。所以，女性领导的性格比较温和，懂得如何运用各种沟通技巧来处理组织中存在的各种问题，更善于解决矛盾冲突。④

第二，敏锐的直觉力。直觉是人们在思维中直观、笼统地把握或洞察客体的能力，依靠直觉，人们不经过逻辑思维，就可以直接达到对某种事物的认识。女性的直觉力是女性领导的领导特质中最重要的内容之一，也是得到人们公认的特质。有专家认为，直觉是女性的第六感觉，是女性特有的功能。女性具有更细致、准确、敏锐的观察力和直觉力。由于母亲在

---

① 〔美〕玛格丽特·米德：《三个原始部落的性别与气质》，宋践等译，浙江人民出版社，1988。
② 参见杨慧《"男女平等"的不同认识及其成因剖析——从社会性别理论视角》，《安徽大学学报》2005年第9期。
③ 参见董晓艳《女性领导的特质及其领导能力的提升》，《领导科学》2009年第8期。
④ 参见张肖《从女性性格分析其领导艺术》，《艺术殿堂》2008年第4期。

哺育孩子的过程中，要靠观察和直觉做出判断，久而久之这种能力就会提高。领导工作是一个需要不断做出判断和决策的过程，特别是在一些紧急情况下，领导工作要求果断进行决策、不拖泥带水，这种情况下直觉往往能起到很大的作用。

第三，严谨细致的性格特征。据相关调查显示，男性领导与女性领导在决策时大脑存在显著的差异，男性领导更注重逻辑思维，而女性领导则把逻辑思维与感觉、直觉等全部用于决策过程中，力求全面而周到。这实际上成就了女性比较严谨细致的性格特征。她们对待工作认真、细致、有耐心而不急躁，这种性格特质正是组织发展所必须具备的。有调查数据显示：如果企业的平均亏损率为 20%，那么其中以女性为主导管理的企业中，亏损率只有 2%。究其原因，是女性领导具有比较严谨的性格。①

第四，倾向于柔性、民主的领导方式。亨利·明茨伯格在《关于管理的十个冥想》中提到："组织需要培育，需要照顾和关爱，需要持续稳定的关怀。关爱是一种更女性化的管理方式，虽然我看到很多优秀的男性CEO 正在逐步采用这种方式，但女性还是较有优势。"② 善解人意是女性的天性，女性能设身处地地感受别人的痛苦，能凭自己独特的母性魅力理解人、体贴人、关心人。相对于男性领导使用指导型、命令加控制型的领导风格，女性领导则更倾向于采用柔性、民主的领导方式，采用民主决策，推行民主管理。她们鼓励参与，愿与下属共享权力和信息，更多地依赖个人领导魅力、专业知识和人际交往技能来影响他人，而较少采用独断专行的行为方式，因而也就更能得到下属的认可与支持。

第五，女性具有较强的生命力和忍耐力。有数据显示，女性的平均寿命比男性要长，在过去的一百多年里，男人的寿命增加了 30 岁，而女人的寿命净增了 35 岁。在城市，男性的平均寿命为 78.3 岁，女性的平均寿命为 80.78 岁。可见女性的生命力普遍比男性要强一些。并且女性体内脂肪含量高，抗饥饿能力高于男人，也就具有较强的忍耐力，在遭遇巨大的变故和打击时，女人往往比男人更能承受压力，更易于恢复信心战胜困难走出困境。

---

① 参见董晓艳《女性领导的特质及其领导能力的提升》，《领导科学》2009 年第 8 期。
② 董晓艳：《女性领导的特质及其领导能力的提升》，《领导科学》2009 年第 8 期。

著名心理学家赫格森总结说：男女的组织领导方式是不一样的。通过研究她发现，女性通常把自己置身于事物之中，而不高高在上，平等交流，而不俯首屈尊，她称之为"包容之网"，这种网状结构包含着女性对群体的关心。于是，母性被看作培训经理的最佳学校，因为母亲与经理这两种角色所需的技巧有许多共同之处：善于组织，协调步骤，平衡矛盾利益，教育，指导，传递信息等。德鲁克早在1954年就说过"时代的转变，正好符合女性的特质"。管理就是管人，需要对人的关注、关爱，这正是女性的天性。女性的特点更符合管理发展的一些要求。正如德鲁克所言，女性特质确实带给她们许多男性所无法比拟的优势，她们相对男性更人性化的管理方式使她们取得了前所未有的成功。

研究者还发现，女性比男性更善于合作。由罗夫·库梅利博士与爱丁堡和洛桑大学的部分专家设计的一项名为"囚徒困境"的游戏显示，与男性相比，女性选择合作完成任务的概率更高，且更擅长调解冲突。当人们重复玩这套游戏的时候，男性在团队协作上的表现不如女性。游戏中的男性在争取获胜上表现得更为贪婪，而女性则更容易担心其他人出现背叛的情况。在参与游戏的100名瑞士大学生中，女性表现出更好的合作精神，其选择合作的概率比男性高一倍。在我国，女性善于自主合作的典型例证是各种休闲跳舞的小团体。不论是大都市，还是小县城，傍晚时分，随处可见跳锅庄舞的妇女人群，小的群体有十数人，大的群体有上百人。最初，多数是退休或下岗的妇女，现在也有许多青年女性加入。作者注意到，经过几年的发展，这些跳舞的人群正在向紧密的小团体演变。虽然并没有正式地登记注册为NGO，但团体中已经产生了有威望的领导人，通过协商来解决遇到的各种问题。比如，将场地由嘈杂的马路边，挪到了公园或一些大单位的空地。有了更好的音响设备，晚上有了照明设施。有的小团体还会收一点会费，聘请专业人员来教授舞蹈。有的小团体甚至会置办统一的服装，参加一些比赛或演出活动。相对而言，很难在城市中见到如此广泛的男性自组织。

基于以上的女性性格特点，留守妇女在我国农村目前的环境中，体现出比较强的合作意愿与合作能力。

课题组在调查时注意到，随着农村环境的变化，农村妇女的生产与生

活行为显示出由传统向现代转型的复杂性。由于经济状况明显改善，一些
传统的习俗随之改变，但其仍有一部分行为明显区别于城市妇女：与城市
妇女不同，农村妇女在家庭中的地位仍然比较低，普遍缺乏与其他家庭成
员在家庭内部的平等交流；留守妇女既孤单寂寞，又面对生活与生产的双
重压力；其中一些结婚不太久的青年妇女，生活在一个相对陌生的环境
中。这些因素都使得留守妇女特别需要经常向家庭之外的亲友倾诉。传统
农业时期的妇女喜欢串门，一边各自做着针线活，一边聊天。现在的留守
妇女已经不太需要做针线活了，但他们仍然喜欢串门，扎堆聊天，一起进
城逛街，交流与公婆、丈夫相处的经验，孩子的学习情况，这样既排遣了
孤寂和压抑，又增进了信息交流和社会交往。邻里关系是农村互动的一种
重要形式，且农村女性在邻里关系中作用突出。较之男性而言，女性在邻
里关系中交流的频率高，参加互动量大。① 许多妇女在串门时，仍然会随
手帮朋友做家务，做饭，淘麦，哄孩子。逢年过节，需要准备大量的年节
食品，妇女会互相帮助，一起干活。村中有了"红事"（如结婚）、"白
事"（如葬礼），妇女们会主动来帮忙，或做饭，或干些杂活。需要指出的
是，在村庄范围内，邻里关系、亲属关系和朋友关系在很多时候是重叠
的，所以，在很多情况下，邻里关系实际上也就是亲属关系和朋友关系。②
丈夫外出打工后，留守妇女的村庄公共生活参与和人情往来也有所扩大，
他们在村庄中代替丈夫参与了大部分的人情往来，日常交往的圈子逐渐跳
出传统的以血缘、地缘为基础的交往人群，如丈夫在一起打工的留守妇女
之间的交往往往更有共同语言。此外，男性之间在农活、盖房等方面的
"帮忙"，往往会有比较清楚的理性计算，是一种"变工"。妇女之间的交
往与互助行为，则更多是出于感情因素，往往是为了相聚，从而有交流、
沟通的机会，能够融入群体，她们对于团体和组织的归属感比男性更强。
也就是说，一个村庄内的妇女，相对于城市社区的妇女，交往更频繁，联
系更紧密。

　　无论是在城市社区还是农村地区，女性的自组织都是比较普遍的。所

---

① 参见杨亚利《女性农民参与新农村文化建设的有效途径探析——以陕西为例》，《西北大
学学报》（哲学社会科学版）2011 年第 3 期。
② 参见郇建立《村民外出打工对留守家人的影响》，《青年研究》2007 年第 6 期。

谓"自组织"，是指无须外界指令而能自行组织、自行创生、自行演化，能够自主地从无序走向有序的系统。① 课题组在调查时注意到，风靡大、小城市的锅庄舞，也已经遍及农村：小学校的操场，村中心的广场，村委会的院子，甚至是极偏僻的小村庄，都能见到这种妇女自主组织的活动。而且，农村女性与城市女性参与这种集体活动的目的也有极大的不同：城市的退休、下岗女性跳锅庄舞，很大程度上是在锻炼身体，是为了更平顺地度过更年期；农村女性承担了极繁重的农业生产劳动，因而跳舞并不是为了增加一些身体的活动，更大程度上是为了参加集体活动本身。在西北农村，逢年过节耍社火，扭秧歌，唱秦腔的自乐班，现在的参与者也大多都是妇女。从开始筹办活动、组织人员，到最终演出，基本都是她们出面自己协调；相反，除了一些老人外，青年男性很少参加。笔者在一个村庄见到，除了一名"须生"外，整个演出班子全是女性，"两班衙役"居然是女扮男装。

事实上，虽然我国农村妇女整体上对于合作组织的参与水平并不高，但也有女性创立农民专业合作社的成功事例。荣获"2009 年中国经济女性年度创业人物"的谭建兰，是重庆市石柱县三红辣椒专业合作社主任。2008 年，谭建兰的合作社入社成员已达 1112 人，服务范围辐射 8 个乡镇、27 个村、154 个组，影响和带动农户 15032 余户，现有辣椒种植基地 15000 亩。而北京市通州区"双学双比"的新亮点就是女性经济合作组织产品入驻首家农村合作社超市。通州区首家农村合作社超市在 2011 年春节前正式开业，该超市汇集了全区 22 家优秀合作社，其中包括 11 家女性合作社。

2011 年 1 月，课题组在甘肃省民勤县调查了一家由妇女创办的农民合作社。这位性格爽朗的年轻妇女是家中的独生女，丈夫是外村人，有点像上门女婿，家中的大小事务一般是妻子做主。2010 年春天，她听说成立农民合作社可以从政府得到项目资金，就联合几家亲戚邻居，登记注册了专门养羊的民勤县"来福养殖专业合作社"。民勤县是个国家级贫困县，对农民合作社的支助力度较小，她的合作社最后没有得到政府的项目资金，

---

① 参见吴彤《自组织方法论研究》，清华大学出版社，2001。

合作社也几乎没有开展活动，但这位女社长所表现出来的对政策机遇的敏感性、决断魄力和行动能力，超过了当地的多数男性。事实上，这个县农民自主成立的合作社很少，多数合作社都是由棉花、油料加工企业，或村两委带动成立的。

三　关于推动以留守妇女为主体的农民合作社的政策建议

在关于促进留守妇女发展的议题上，研究者多数侧重于关注留守妇女本身的发展，从不同角度提出了不同的建议：留守妇女要自立、自强，增加社会参与意识；① 组建农村留守妇女互助组和服务队；② 政府和社会各界尤其是妇联组织要做好留守妇女的培训和教育工作，从整体上提高留守妇女自身的素质；③ 大力发展家庭服务业，促进家务劳动社会化，不仅为妇女创造就业机会，而且也能减轻妇女的家务劳动压力，使留守妇女有更多的自主与闲暇时间，有更大的发展空间；应定期开办农村科普知识培训班，使农村留守妻子能够较快地掌握科学种田、科学养殖的知识，并运用于实践中，从而提高劳动效率和单位产量，增加农业耕作的收入，这有助于提高留守妻子的决策能力，也可以定期开展第二、第三产业所需技能、素质的培训班，从总体上提高留守妇女自身的素质、能力，为她们实现非农转移做好准备；鼓励农村留守妇女增强人际交流，丰富文化生活，完善劳动法律，给予外出男性农民工探亲权④等。但研究者对于农业生产女性化的背景下，如何通过提升留守妇女的组织化程度来帮助她们走出困境，关注不多。为此，笔者根据我国农村的现实状况，提出以下几点政策建议。

---

① 参见范丽娟、程一《留守女：现代农村社区的一个新群体》，《合肥学院学报》（社会科学版）2005 年第 4 期；鄢木秀：《留守的女人困惑的心——农村留守妇女权益的缺失和保护》，《重庆社会工作职业学院学报》2005 年第 3 期；项丽萍：《农村留守女：一个值得关注的弱势群体》，《广西社会科学》2006 年第 1 期。

② 参见王菲《留守妇女：农村上演新织女故事》，《中国社会导刊》2007 年第 4 期。

③ 参见项丽萍《农村留守女：一个值得关注的弱势群体》，《广西社会科学》2006 年第 1 期；岳雷波：《农村留守妇女问题与新农村建设》，《湖北经济学院学报》（人文社会科学版）2007 年第 3 期。

④ 参见陈利《农村留守妇女的精神压力和感情危机》，《甘肃农业》2006 年第 11 期。

1. 以留守妇女为主体创办和发展农民合作社

自 2007 年《农民合作社法》颁布实施以来，各级政府出台了大量的支持农民合作社发展的政策措施，但基于农村妇女普遍文化程度低、能力差、不是家庭的决策者等认识，这些政策主要是针对青壮年男性制定的，于是许多地区就在一定程度上陷入一个尴尬古怪的境况：县乡政府千方百计地鼓励一些已经脱离了农业生产经营，或以非农收入为主的人群创立或参加农民合作社。笔者认为，各级政府应根据当地的实际情况，在青壮年男性外出打工较为普遍的地区，将发展农民合作社的注意力转移到留守妇女身上，以留守妇女为主体创立和发展合作社。

具体来说，基层政府首先需要进行广泛的宣传与动员，为留守妇女创立农民合作社营造良好的内、外部条件，不可急于求成。在进行农民合作社的宣传、动员、培训等活动时，应当以留守妇女为重点。宣传工作不能仅仅停留在对乡村干部开会传达文件上，而应该深入农民家庭，挨家挨户进行政策宣讲。宣传培训的材料，应当根据留守妇女的知识和兴趣特点编写，并充分利用当地村庄宣传栏和村中广播站等，采取留守妇女喜闻乐见的方式，适应留守妇女的生产与生活的具体情况，使留守妇女能充分了解国家有关的政策法规，掌握农民合作社的宗旨、价值、原则和内部治理方式，培养留守妇女的合作意识、合作精神与合作能力。县乡政府和农业技术服务的事业单位，应当考虑留守妇女的需要，为她们提供特殊的农业生产经营服务，比如：安排财政资金，支持妇女合作社开展信息传播、农产品质量认证、农业基础设施建设、市场营销和技术推广等服务；定期举办各种短期培训班，提高留守妇女对农产品种植、加工、贮运和现代信息技术的了解；做好市场信息的供给服务，提供诸如产品市场容量和产品供求状况等信息，降低农户的生产盲目性。此外，这些活动的组织，也可以与妇联工作、计划生育工作协同进行，借助县乡村的妇联和计划生育网络，扩大接触的范围。

2. 设立留守妇女农民合作社专项基金

目前我国政府有大量的支持农业和农民合作社发展的项目资金，但许多地区的项目资金分配存在很多问题。有的县、乡政府在落实对于农民合作社的支持政策上，带有较强的主观性与随意性，项目分配存在不公平、不公开和运行不规范等问题：比如，将推进扶贫项目、社会主义新农村建设项目、生态农业示范基地、"一村一品"实验基金等项目的资金集中投入少数基础条件较好的村庄，形成示范村、"明星村"以应付上级部门的各项工作检查；而一些农民合作热情高、内部治理规范的合作社却难以得到相关部门的支持；个别地方将扶持资金分配给有个人关系的合作社或以企业挂名的合作社，有的甚至分给亲属临时成立的合作组织。

近十年来的农业女性化这一事实，在某种意义上也意味着全球化带来的农业结构调整的压力和代价主要是由女性来承载的。世界银行《中国性别报告（2002 年）》认为，"在比较贫困的地区，农业收入已经很低了，如果贷款没有保障或是数额减少，那么，农业生产的主力女性化也就意味着贫困的女性化。"留守妇女在成立合作社的过程中，更需要政府的信贷和项目资金的支持，但是，如果让留守妇女与"明星村"、乡镇企业家等站在同一起点上进行政府资源的竞争，则前者显然处于极为弱势的地位。

因此，各级政府需要出台专门针对留守妇女的农业发展政策，如：继续做实妇女小额担保贷款业务，开辟女性创业信贷担保绿色通道；建立专门扶持留守妇女合作的专项基金，以保障留守妇女能够公平地获得项目资金；加强资金分配过程中的透明度，使利益相关者都能监督资金运行状况，消除不必要的误会和猜疑；建立留守妇女合作社与政府沟通的平台，让各方得以充分表达自己的利益诉求，协商解决各种冲突，创建公平竞争的机制，提高资金的利用率。

3. 留守妇女合作社与 NPO 项目建设的协同推进

近年来，有大量的 NPO 关注农村妇女的发展问题，比如联合国开发计划署援助的"内蒙古扶贫与妇女参与发展项目"，世界银行"促进西部贫困、失业、下岗妇女获得知识和就业机会项目"，"中加合作甘肃妇女再就业项目"，在昆明开展的中国与欧盟合作进行的促进城乡贫困妇女平等参与项目，等等。中国妇基会在社会各界的支持下，也推动了很多农村妇女发展项目，如"母亲水窖""母亲健康快车""母亲小额循环"等。这些项目除了促进妇女就业、增加经济收入的直接目标外，更重要的是力图通过项目赋予妇女以权力和能力，提高妇女对经济活动的参与程度，促进性别平等。但是，这些 NPO 项目在具体的实施过程中，往往存在妇女组织化的脱节问题。虽然许多 NPO 的工作人员富有热情和使命感，但由于基础薄弱，我国农村妇女的组织化是一个极为艰难缓慢的过程，在一个具体项目的实施期限内，组织化往往难以完成。而缺乏良好的组织载体，针对妇女的宣传、动员和培训就难以进行，这导致项目管理水平低，项目效果也不理想。更为重要的是，由于没有建立妇女组织，妇女能力的提升也缺失了最重要的环节。

因此，结合 NPO 项目，成立以留守妇女为主体的农民合作社，能够以合作社为载体，保障妇女的持久参与权。一方面，合作社能够有效地整合留守妇女的需求和利益表达，维护农户的利益，支持项目的实施，并成为项目的后续管理者；另一方面，以实施项目为契机，合作社能够有资金为留守妇女提供新品种引进、种植技术、动物防疫与配种、产品销售等服务，这些有价值的服务，可以吸引更多留守妇女加入合作社，并参与合作社的民主管理，壮大农民合作社，形成留守妇女能力提升和合作社发展、盈利的良性互动。

四　结语

在村庄空心化的背景下，留守妇女已经成为农业生产的主力军，她们在农业生产中遇到了许多难以克服的困难。本文以课题组在甘、青、宁等西北省区的调查为依据，总结"农业女性化"状况下留守妇女从事农业生产经营的具体困境，研究留守妇女的性格特征、合作意愿与合作能力，提出了发展以留守妇女为主体的农民合作社的政策建议。

第一，留守妇女在农业生产中遇到的主要困难是劳动力不足、生产经营能力弱、精神孤寂和安全问题等，建立以妇女为主体的农民合作社是解决上述困难的理想途径。

第二，农村妇女的地位和性格是由环境塑造形成的，其也会随着环境的改变而调整。现代女性具有丰富的情感、较强的沟通能力、敏锐的直觉，其倾向于柔性和民主的领导方式，并有实验证明女性比男性更善于合作。我国农村的留守妇女在锅庄舞、秦腔自乐班等乡村文化自组织的创立中体现了良好的合作意愿与合作能力，也有女性建立农民合作社的成功范例。

第三，鉴于留守妇女参与合作的迫切要求，而她们又是农村的弱势群体，各级政府应当对留守妇女创立合作社给予特殊支持，如设立专门的留守妇女合作社基金，同时，政府还应当争取各种社会组织的支持，争取使留守妇女合作社与 NGO 项目建设协同推进。

参考文献

［1］ 吴惠芳、饶静：《农村留守妇女研究综述》，《中国农业大学学报》（社会科学版）2009 年第 6 期。

［2］ 张风华：《乡村转型、角色变迁与女性崛起——我国农村女性角色变迁的制度环境分析》，《华中师范大学》（人文社会科学版）2006 年第 7 期。

［3］ 许传新：《农村留守妇女研究：回顾与前瞻》，《人口与发展》2009 年第 15 期。

［4］ 庄平：《获得平等权利共事社会资源》，山东大学出版社，2000。

［5］ 骆晓戈：《她们：跨界合作与行动研究》，广西师范大学出版社，2009。

［6］ 孟宪范：《女性的生存状况和社会心态》，中国社会科学出版社，2010。

［7］ 叶敬忠、吴慧芳：《阡陌独舞中国农村留守妇女》，社会科学文献出版社，2008。

［8］ 王金玲：《中国妇女发展报告》，社会科学文献出版社，2006。

［9］ 郭海霞：《社会变迁中的农民合作与村庄发展——以河北省金村为例》，中国社会出版社，2010。

［10］ 蔡慧玲：《中国妇女发展研究的新视角——社会性别分析》，《社会研究》2003 年第 4 期。

（本文原载于《理论月刊》2012 年第 11 期）

政府规制、政府俘获与合作社发展[*]

崔宝玉[**]

一　引言

农民专业合作社作为提高农民组织化程度的组织形式载体，其产生之初，就由于其游离于市场机制失灵边缘的制度设计而对政府规制具有天然的依赖性，对政府扶持具有天然的倾向性。在合作社的发展实践中，作为一种"防卫性"应激机制的合作社，其发展依赖于内部治理与政府供给的外部制度环境的耦合与匹配，深受其赖以建立的外部组织环境的制约与影响。而伴随着我国农民专业合作社的兴起与蓬勃发展，合作社的经济与社会资源性已明显凸显，作为一种特殊的制度资源，其在农村市场资源配置失败或不完全有效的领域可以产生超越市场的潜在积极作用，这让政府窥视到了对其规制的经济价值空间。作为一种特殊的组织资源，在农村自治组织体系弱化的当下，其还具备一定的社会管理和政府支持功能，虽然这种隐性功能只是作为经济型组织定位的农民专业合作社发展的意外后果，但显然，这会使政府更具动力地去推动合作社的发展并使其深刻嵌入政府的政策结构与制度结构之中。从我国农民合作运动的历史演进看，政府对合作社从来也都不是自由放任的，而是一直扮演着农民合作运动的建构者与规制者的角色，只是政府介入合作社的组织环境而对其发展路径进行规制的作用方式、作用空间在不同时期有所差异而已。

* 本论文研究课题为国家自然科学青年基金项目（项目编号：71103056），并获得中国博士后基金面上项目一等资助项目（项目编号：2014M550285），并获得安徽省自然科学青年基金项目（项目编号：1308085QG126）以及安徽大学农村改革与经济社会发展研究院的资助。
** 崔宝玉，合肥工业大学经济学院副教授、南京大学应用经济学博士后，研究方向为农业经济学。

　　制度环境决定着一项制度变迁所带来的外部利润的存在空间，同时也决定着制度创新将外部利润内部化的可能路径。作为一种诱致性制度变迁和强制性制度变迁相结合的产物，目前，农民专业合作社的快速发展、分化已是不争的事实，虽然《农民专业合作社法》颁布实施以来，政府更加侧重与关注对合作社发展的外部环境的完善，合作社也获得了宽松的宏观发展环境，但与之相伴随的地方政府角色的转型，却也让合作社所面临的外部制度环境更为复杂，其与地方政府的关系也更为微妙。地方政府兼具代理人、自利者双重角色，这就决定了其既代理中央政府指令，又要执行地方公共事务并追求自身的政治与经济利益，当前政府建构的其与合作社的关系早已摆脱了计划经济时期那种政府单向主导、绝对控制的关系模式，业已形成了政府"有限、有序"赋权下的政府与合作社双向互动、博弈的新型关系。政府需要对合作社进行规制与调控，优化合作社的外部组织环境，拓展或限制其行为边界，还需要让渡某些经济或社会职能，以获取合作的社拥护和支持。按照社会组织管理体制中的准法团主义范式，合作社对政府也非仅是单向依赖，它也可以把脉政府需求并对其施加反向影响，这就造就了合作社与政府之间内在的复杂联系，这种联系既赋予了政府选择规制方式、规制范围和规制程度的作用空间，同时也构建了合作社对政府规制的反作用空间。

　　政府和合作社双向互动的背后机制是什么？这种双向互动博弈关系对我国合作社的发展有怎样的影响？在合作社快速发展、分化和地方政府角色转型的现实语境下，这些问题都值得关注与深思。关于政府与合作社的关系，既有文献已有研究，然而，限于合作社的发展阶段，早期文献大都用"委托庇护关系"的传统国家主义（或全能主义）来解读政府与合作社之间的关系，鲜有强调合作社的"准法团主义"特征，缺少对农民专业合作社的组织化利益联结、嵌入与维系以及政府政策与制度结构的理性解读，因此也就难以深刻分析政府规制背后的利益导向、行为逻辑与影响效应，忽略和漠视了合作社通过影响政府进而影响公共政策的制定与执行的既有事实。作为矫正，徐旭初[1]从"双向赋权"的视角揭示了合作社发展

---

[1]　参见徐旭初《农民合作社发展中政府行为逻辑：基于赋权理论视角的讨论》，《农业经济问题》2014年第1期。

中政府行为的动因维度及作用机制，并研判了合作社发展中政府赋权的行为特征，但他只是把合作社作为整体性概念来对待，没有区分不同类型合作社的反作用空间和强度，也就等于没有正视合作社的组织形式与治理模式快速分化甚至是异化的现实。本文拟对既有研究进行改善与补充，将政府和合作社的行为选择纳入统一分析框架，以此来解读"政—合"双向互动的背后机制及其效应，期望我们的分析能够为深入理解目前广泛存在的政府规制、政府俘获中的重大问题提供相对系统和视角独特的思考。

二 农民专业合作社发展中的政府规制：不同层级政府的规制分化

政府规制是在市场经济条件下，以矫正与改善市场失灵、实现某种公共政策为目的，对微观经济主体进行规范与制约的行为，是宏观调控中政府管理经济的重要手段。鉴于农民专业合作社种种现实或潜在的经济、社会与政治功能，以及20世纪50年代发端的农民合作运动的经验，中央政府试图将合作社纳入公共治理与政府规制范畴的政策性考量不失为一种合理选择。确实，合作社经过近些年的较快发展，虽出现了诸如合作社资本控制、"名实分离"、泛化与异化等现实问题，但不可否认，合作社本身具有某种天然的"益贫性"，可以成为中央政府实施各项"三农"扶持政策措施的有效组织媒介，以及承载党和中央政府发展农村事业相关战略和政策的有效组织载体。首先，农民专业合作社由于特殊的组织规则与制度设置，可以有效联结农户与市场，提高生产效率与交易效率，其在促进农民增收、农业增效方面显然具有重要作用。其次，合作社在推动农村产业发展、落实农业产业化政策方面也具有独特作用。限于规模与运作的规范性要求，在推动农业产业化经营上，合作社不如农业龙头企业，但与营利性企业相比，其无疑具有优势，更能体现国家政策导向，且合作社是社员所有的企业，其发展意味着人数众多的社员成为主要受惠者，社会效益更加突出。最后，对合作社进行扶持还可以获得民众的信任以及对政府绩效的肯定，这种"民众信任"机制可以化解政府处理公共事务的复杂性和不确定性，进而提高政府在农村的治理能力。

作为推动农民增收、产业化经营并承载政府改善农村治理效能的组织形式，政府几乎对所有合作社的发展都给予了某些法律豁免和政策支持，合作社实践被赋予了更大的"制度空间"。

合作社制度空间的扩大与拓展，归根结底取决于中央政府规制的加强。当然，中央政府对合作社的规制主要集中在立法规制的层面，突出体现在法律与政策的制定与设计上，从《农民专业合作社法》《农民专业合作社财务管理制度》到《农民专业合作社示范社创建标准（试行）》《中央财政农民专业合作组织发展资金管理办法》，短短几年间中央政府基本搭建起了中央政府促进合作社发展的法律、政策规制体系，与此相对应，也配套了各类诸如税收减免、资金拨付、项目支持、信息服务等各项政策。中央政府法律、政策规制的政策意图是尽快弥补 20 世纪 90 年代合作社发展的历史欠账，尽快优化合作社发展的外部制度环境，尽快提高合作社的生存、发展能力，提升其市场竞争力，这种更多侧重于政府扶持特征的政府规制与现阶段中央政府促进农民专业合作社发展的战略选择是一致的。

公共政策就是对社会价值的重新分配。政策的制定和执行过程也就是政府利益选择和博弈的过程。在现实社会中，中央政府、地方政府的利益并不是完全一致的，政策制定与执行过程中"上有政策、下有对策"的现象广泛存在。中央与地方政府往往会基于利益得失而进行博弈，中央政府的有关政策可能会被地方政府基于利益需要而很好地贯彻或者重新解读甚至是刻意歪曲。地方政府在农民专业合作社的发展中有自己的利益导向与行为逻辑。关于地方政府的角色理论，有两种基本观点：姚洋[①]认为，政府是利益中性的，其对待社会各个集团采取不偏不倚的态度，不和任何一个集团结盟，并采取有利于整体经济增长的行为，地方政府追求的是社会整体利益的最大化；寻租理论则认为，地方政府基于其逐利性在市场中通过政府规制来寻取租金，政府的行为函数是政府利益的最大化。然而，地方政府在合作社的发展中绝不仅仅扮演着中立型或自利型政府的单一角色，而是兼具自利者与代理人的双重角色，并在角色定位的动态选择中找寻与探求中立与自利之间的均衡。否则很难理解，为什么发展基础近似、

---

① 参见姚洋《中性政府，对转型期中国成功的一个解》，《经济评论》2009 年第 3 期。

区位接近的地方政府所选择的合作社发展战略与发展路径却迥然有异，并促成其不同的合作社治理与发展绩效。

地方政府作为中央政府的行政延伸，既要传达和执行来自中央政府的有关合作社发展的政策，还要作为地方公共事务的代理人，权衡实践，解决合作社发展中的现实矛盾，更要综合考虑经济、政治利益的选择，做出政策执行层面的具体规制行为。而中央政府的立法规制层面由于相对宽松，也间接抑或直接地给予了地方政府规制很多辗转的空间，因为，中央政府在立法层面的规制大都仅对地方政府的角色和功能进行了方向性把握，即从合作社外部给予大力支持、引导与服务，但并没有细化地方政府规制与支持合作社发展的具体责任，也没有制定相应的政府推动合作社发展绩效的考核指标与标准，这造成部分地方政府在规制与支持合作社发展方面工作不力甚至是态度消极，也间接地给予农民专业合作社领办人以充分利用政策优惠的空间。根据合作社发展中地方政府所扮演的自利者和代理人角色及其相应程度，可以把地方政府分为计划型政府、分利型政府、发展型政府和竞争型政府四种类型，如图 1 所示。

图 1   合作社发展中的地方政府角色类型

（一）计划型政府

计划型政府仅把自己看作中央政府在地方上的触角，倾向于将自己视为中央政府的代理者，仅追求完成上级的政策指令，结果往往容易出现规制要素失衡与规制缺位的问题。地方政府承担规制职能的部门与机构虽然繁多，但令出多门、沟通协调困难，这造成规制机构自身的利益冲突与部门的机会主义行为，并引发诸如登记审查流于形式、疏于监管审查等规制缺位问题。有些地方政府对合作社的发展战略与路径缺乏设计，也缺乏强有力的财税实力，这样的政府多出现于经济欠发达、合作社数量较少、单体规模较小的地区。

（二）分利型政府

在服从中央政府政策指令的同时，利用地方政府政策执行的相机权利，通过促进当地合作社的竞争来获取直接经济、政治利益，如登记注册时违反规定为部门收费创收，截留或挪用农业项目资金，通过财政资源分配和涉农资金管理来进行设租寻租，通过项目方案评估与分配的选择性偏向来进行合谋等，此时，地方政府就会由计划型政府演化为分利型政府，政府的自利性明显增强，政府规制就会越位，同时，政府行政规制也会明显不足，导致政府内部缺乏监管。

（三）发展型政府

在地区经济发展实力较强的情境下，地方政府希冀主导相关农业发展战略甚至是相关农业政策，谋取其在主导农民专业合作社发展方面的自主性。这样的地方政府突出对下代理，地方政府对合作社发展有独立思考与规划设计，其不仅会贯彻执行中央政府有关合作社的相关政策指令，还会根据本地合作社的发展现实对政策指令进行变通、配套与完善，比如对中央政府的项目进行资金配套，积极组建合作社联盟，树立合作社典型，对合作社产品进行区域品牌推广以及对合作社所在重点产业进行扶持甚至是保护，这样该政府就成为"发展型政府"，其规制特征为规制强化，积极为合作社的跨越发展创造制度环境，这样的地方政府多出现于经济发达、特色产业鲜明、合作社发展基础较好的地区。

（四）竞争型政府

如果政府在促进合作社发展的同时又要求合作社去承载政府的某些经济或社会管理职能，以此作为地方政府之间相互竞赛的"政治锦标"，政府部门就会设置合作社可资争取的一些项目并附加相应的条件，比如合作社规模、合作社带动农户数量、合作社的社会影响力等，以此来限制或推进合作社的发展，政府所提供给合作社的项目和资金、资源往往就成为合作社承担某种经济或社会义务的对等交换条件。这样的政府就会由发展型政府演化为竞争型政府。合作社经营被政府过度介入，难以完全基于自己的意愿进行发展，而被政府的规制政策所俘虏。

实践中，每种类型的地方政府都能在现实中寻找到基本"角色"对照，不同类型政府对应着不同的规制政策，并凸显不同的规制绩效。在现实情境中，地方政府可能会同时扮演上述角色，并在上述角色的内驱下行事，当然，基于代理人与自利者特征的各个角色的侧重点是有差异的，这些差异进而表现为执行层面上政府规制行为模式的异化性。

三　农民专业合作社发展中的政府规制侧重：政府规制的选择性激励

地方政府的代理人角色要求政府纠正合作社运行与发展中的市场失灵，消除外部效应，创造合作社运行与发展的良好市场与政策、制度环境，协调合作社内部社员之间的利益关系，维护农村社会的公平与稳定。然而，除代理人的角色特征外，地方政府还具有自利性特征。政府角色具有双重性，政府规制目标就会相互掺杂，规制对象与手段的选择就会有所侧重，在进行规制目标的权衡选择时就会出现偏差。目前，随着农民专业合作社的迅猛发展，合作社在很多地区呈现遍地开花的发展态势，不管是计划型政府、分利型政府、竞争型政府抑或是发展型政府，政府公共资源的有限性都决定了政府不可能采取"撒胡椒面"的资源配置方式来分配政府的规制要素与规制资源，比如预算资金、财政项目等，尤其是在传统"压力型体制"未得到根本动摇的情况下，凸显政府在经济与政治方面的自利性的针对合作社规制的选择性激励会普遍存在于我国的政治体系之中。

目前，行政体系内普遍存在的"晋升锦标赛"模式就是一种典型的选择性激励机制。在晋升锦标赛模式下，由于农民专业合作社所能承载的特殊经济、社会与政治功能，其本身就可以作为地方政府的政绩"显示器"，成为竞赛锦标的一种工具，政治体系内的选择性激励自然也会传导至政府与合作社的关系之中。在奥尔森看来，具有选择性激励的组织者有两个主要特征：一是具有行使强制性措施的权威和能力，二是具有向潜在集团中的个人提供积极诱导的能力。地方政府在与合作社"相互赋权"的复杂关系中,更多地承担着主导者与建构者的角色,一旦有关农民专业合作社的组织生成、职能发挥与战略规划等一连串事件程序启动之后,政府往往会倾向于介入这些过程并主导公共权力的运用,而且,中央政府对农民专业合作社的财政和项目扶持多数通过地方政府的农业公共部门下达,地方政府掌握着财政和项目资源的分配权、政策解释权,自然具有施行规制的权威和能力。为了凸显政绩,实现政治晋升,地方政府也需要合作社给予相应的支持与配合,需要合作社承载某些政府指定的功能,其也具有向合作社提供规制的动力。

政府规制的选择性激励意味着政府规制的资源不可能平均分配,政府规制资源的投放会有所侧重,政府规制的选择性激励机制自动会筛选出那些"功能型"合作社,① 这些合作社构成了政府规制的重点,它们都直接或间接地承担着政府期冀的某些显性或隐性的职能,这些功能型合作社或者是政府主办或主导的,或者是与政府或政府官员有较多的"交易"关系的规模与发展实力突出的大农控制的合作社,而占绝大部分比例的相对弱小的非功能型合作社却很难获取规制资源的扶助,其需求往往被忽略和漠视。

无论是上文言及的何种类型的地方政府,由于其自利性或代理人的角色定位不同,它们虽然都会表现出要素失衡、规制缺位、规制越位、行政规制不足、规制俘虏等不同的规制行为特征,但最终这些行为特征都会映射到政府的选择性激励上,规制侧重都会自然地指向那些"功能性"合作社。选择性激励机制虽然可能会造成政府规制资源的投放偏差,但不可否认,这显然更为符合政府的政策理性。一方面,基于政府的自利性,选择性激励的选择成本无疑是更低的,"扶优、扶强"比建立普惠制的扶持机制或建立一个更严密的遴选机制,其行政成本要低很多。而被选择的功能型合作社往往资本更加充盈,社员数量更多,社会影响力更强,更容易达到合作社的发展指标,这类合作社也更容易被树立为典型,以体现政绩。此外,对功能型合作社政府规制资源的投放偏好更容易为政府部门及其工

---

① 功能型合作社一般是承担着政府经济发展和社会管理的某些功能,并能凸显政府政绩的合作社,这类合作社一般规模较大,资本充盈,与政府关系密切,通常是政府支农资金和政府财政项目的获得者与受益者。

作人员创造更多寻租机会，也有助于寻租行为的避险。这些都影响到了政府及其工作人员的规制行为选择偏好。另一方面，基于中央政府代理人的角色特征，无论是哪种类型的地方政府，其合作社发展的规制一般都具有一定的公益性目标：第一，在目前我国总体的农业产业发展政策下，政府期望功能型合作社可以像农业企业一样发挥推动当地农业产业化发展、带动农户增收和推动农业增效的效应，因而政府会投放更多的资金与政策资源，在扶持功能性合作社的市场竞争力上多下功夫；第二，合作社的发展历程在客观上使农村生成了新的公共空间并提供了公共空间得以维系的条件，它所体现的社会功能、文化功能满足了人们交往、参与社区公共生活的需求，对乡村社会的整合具有正向促进作用，可能成为乡村社会整合的一种实践性策略；第三，功能型合作社的领头人不仅是经济精英，也有很多是政治精英与社会精英，政府对功能型合作社进行更多的规制资源投放可以传递某种信任机制，这种信任机制在村委会自治职能弱化、农村集体经济虚化、劳动力外流致使农村"空心化"的当下非常稀缺，其可以作为政府处理农村突发公共事件时的一种制度外的机制补充，在某些特别情境下可能会化解政府处理公共事务的复杂性和不确定性，提高政府的农村治理能力。

四 农民专业合作社发展中的政府俘获："功能型"合作社的政治性社会资本与政治策略

虽然，功能型合作社为了获得规制资源就必须要付出相应的代价，但从合作社的角度看，获得政府的支持应该说是其最现实"低成本的"可期待的资源，政府需求、规制资源的投放偏好与合作社获取资源的低成本和高收益性共同塑建了合作社对政府规制的反作用空间，严重时，甚至建构了政府俘获这种体制内与制度外杂糅的影响模式。

施蒂格勒认为，政府俘获是"立法者和管制机构为追求自身利益的最大化，某些特殊利益集团能够通过'俘获'立法者和管制者，从而使政府提供有利于他们的管制"。为何会出现政府俘获？考夫曼给出了重要解释，他认为，高激励强度的规制合同是政府俘获出现的最重要的原因，只要利益集团对政府俘获的激励足够高，哪怕在政府严格监管之下，政府俘获也会照样存在。由于现阶段合作社的单体规模都比较小，还没有组建起全国性或区域性的合作社联盟或合作社协会，尚未形成农业生产经营领域的利益集团，难以影响农业政策的生成过程，而既有的合作社经营的协调、管理与指导部门又隶属于政治体系内，因此至少在目前，农民专业合作社难以构成对中央政府立法规制层面的政府俘获，而更多地表现为对地方政府政策执行与操作层面的影响与俘获。

对功能性农民专业合作社而言，由于农村市场、农业技术拓展的相对有限性，其政府俘获所带来的政治与经济收益往往要远高于合作社的市场创新与技术创新，同时，合作社在与地方政府的互动、交往与合作中还会形成具有生产性的特殊关系，建立在这种特殊生产性关系上的路径会使合作社拥有影响地方政府执行农业政策的能力，因而，合作社具有强烈的对政府实施俘获的内在驱动力。大量实践表明，部分合作社之所以能够优先获得政府项目扶持与政策优惠，重要原因就是合作社的大农与政府官员的良好公共关系甚至是私人关系，即以合作社业务为主要维系纽带的大农着力构建的"政治性社会资本"以及合作社政治策略。这一过程的形成不仅能避免合作社的资产被侵占，还会形成政府官员与合作社大农之间的私人合约，在某种情况下，甚至可以建构长期合作承诺，形成互惠互利。

Emerson[1] 认为，组织网络中的权力分布是不平衡的。政府与功能型合作社的关系类似于权力—依赖关系，在关系结构中处于权力弱势地位的合作社可以采取"平衡性运作"的方式来改善其在网络中的地位，从而实现其结构自主性优势，而这种结构自主性会带来显著的控制收益。那么，合作社是如何俘获政府的呢？或者说政府俘获的机制到底是什么？实际上，能否实现政府俘获取决于合作社领头人所具有的政治性社会资本的数量和质量以及内生于合作社政治性社会资本的合作社的政治策略。一般来说，合作社的政治性社会资本主要取决于三个方面。（1）合作社与地方政府之间联系的强度与广度。与地方政府的关系程度在合作社获取政府支持方面的影响显著，网络联系的强度越强（强联系）、网络联系越广泛、网络结构中成员的质量越高、合作社的政治性社会资本就会越强，合作社就越容易获得来自政府公共政策的影响，也越能够影响到地方政府的政策行为与

---

[1] See Emerson R. M. , " Power Dependence Relations," *Amerian Sociological Review*, 1962, pp. 31 – 41.

后果。（2）合作社与地方政府之间关系的紧密程度。关系的紧密程度主要影响合作社大农与政府官员之间的信任与理解程度，关系越紧密，合作社与政府之间越有可能建立良好的关系基础，这有助于合作社获得来自政府的资金与资源，Granovetter① 认为，市场体制下仅仅依靠价格机制的市场治理结构只能提供短期的经济激励，但无法提供通过合作改善长期战略地位的激励以及有效控制风险与机会主义行为。因而，合作社不得不在市场机制之外谋求与政府或政府官员之间的"制度性信任"模式作为非正式交换的机制。（3）合作社与政府之间的认同程度。地方政府作为农业政策的执行者，必然存在着私利性的追求，合作社与政府及官员之间是否相似的价值观也影响双方能否形成利益、资源与信息的交换与共享。而且，基于合作社与政府互动中的相对弱势地位，其在与政府官员形成共同认知的过程中，也能够减少或者避免给政府官员带来心理失调。

是不是合作社有了政治性社会资本就可以自然而然地俘获政府了呢？合作社除了要拥有政治性社会资本外，还要拥有与之相契合的具有强操作性的政治策略。一般而言，合作社积极主动地配合地方政府执行政策、做政府鼓励的事情以及投入固定的资源和精力都可以建立与改善地方政府与合作社的关系。具体来说，从合作社的策略行为层面，合作社的政治策略可以区分为信息支持策略、利益输送策略和政绩支持策略。（1）信息支持策略。功能型合作社会积极主动地通过为政府提供合作社经营与发展方面的信息来影响公共政策的制定、执行并影响政府官员的资源投放偏好，包括参与调查研究、参与有关合作社发展的座谈会、向政府提交合作社的发展报告、提出合作社的发展建议等。由于政府规制过程中存在着广泛的信息不对称，政府在立法和政策执行中不可避免地需要功能型合作社为其提供相关信息，而一些合作社就借此机会成了政府的重要信息渠道，从而影响政府立法或政策的制定与执行。（2）利益输送策略。如果说信息支持是一种体制内的、正常的信息交流与共享机制，那么，利益输送则显然是一种制度外的政府和合作社之间的联系通道。利益输送策略具体包括向政府官员及其亲属赠送礼品、邀请参加合作社的重大活动、官员退休后的聘用

---

① See Granovetter M., "The Strength of Weak Ties", *The American of Sociology*, 1978, pp. 1360 - 1380.

等。经过调查研究发现，功能型合作社与政府的关系是在合作社向地方政府官员及其亲属进行利益输送的基础上发展起来的。（3）政绩支持策略。功能型合作社往往主动把合作社的活动与地方政府政绩以及官员偏好之间的联系搭建起来，建立这种联系的目的包括增强合作社的社会影响力，扩大合作社的规模，推动合作社联盟建设、带动农业产业发展和农民增收等。当前政治体系下的竞争机制使得政府官员之间的合作空间和通道都变得狭窄，政府官员进而转向与提供政绩支持的功能型合作社之间的合谋，而政绩支持策略又使得这种合谋具有了一定的合理性基础。要说明的是，不同的合作社它们的政治性社会资本的数量与质量以及所采取的具体政治策略是有差异的，这种差异会凸显为不同的合作社的政治绩效。这就可以解释，为什么同样是功能型合作社，其在与地方政府的网络结构中的地位角色、公共政策影响能力会有很大不同，政府期冀其承担的功能也会有较大差异。

五　农民专业合作社的发展效应：以政府规制与政府俘获夹杂为背景

政府规制的选择性激励是符合地方政府的政策理性的，同样，政府俘获也是符合合作社的行为逻辑的，这就能解释为什么有很大比例的"合作社"是出于追求"政策性收益"目标而成立的。地方政府一旦被特殊利益集团所俘获，就丧失了公共性，实质上变成了与合作社争利的营利性组织。政府规制的选择性激励与合作社对政府的俘获共同造就了合作社的"二元化"格局与分化的发展路径：一方面，功能型合作社受到地方政府的"特殊关爱"，在获得大量政府规制资源的同时，也隐藏着大量的潜在风险；另一方面，较大比例的弱小的非功能型合作社由于既缺乏自我发展机制，也缺少"政府扶助"机制而陷入难以存续与持续发展的尴尬境地，在这类合作社身上，农业产业的弱质性、合作社组织的弱竞争性、政府规制的弱扶助性同时并存。从我国农业产业政策体系上看，对功能型合作社的扶持与规制资源投放实际上把我国广泛存在的以小农为主体的合作社排挤出了我国农业政策的财政扶持体系之中，这也是广大农村的合作社出现"假、空、死"的重要原因之一。

除了会形成合作社的二元发展路径和格局外，政府俘获所带来的经济效益，还会对其他合作社产生巨大的示范效应，使得更多潜在俘获者将"俘获政府"作为确立合作社核心竞争力的战略手段，从而使得合作社陷入依靠政府规制与政府资源的路径依赖，扼杀合作社大农的企业家精神和农村亟待发展的市场创新与技术创新。要说明的是，功能型合作社对政府俘获的程度到底如何，不仅取决于功能型合作社自身的能力和影响力，还取决于其他合作社的能力与影响力。不可否认的是，功能型合作社对政府规制资源的竞争与争夺在某种程度上也会提高地方政府政策执行的效率，但农业政策的利益偏向，通常会使地方政府实施"钟摆"式的平衡运作，这又造成了政策操作与政策实施的不稳定性与不连贯性，而且导致合作社无法形成合理的政策预期。

此外，政府规制与政府俘获的夹杂会催生大量的大农控制型合作社，这类合作社的大农具有"社会活动家"的角色，他们会积极积累与利用合作社的政治性社会资本对政府官员、市场交易伙伴施加影响，合作社经常能够得到政府的项目资助和资金扶持，合作社在市场交易中也能更多地参与分工而获得附加收益，合作社为摄取更多政府规制资源和形成对地方政府的持续影响力会大量吸纳社员参与，扩大合作社的规模，推动合作社的横向发展，但这类合作社往往采取公司化运作经营和治理方式，强调规则的运用和奖惩，合作社内部社会资本匮乏，农户经营组织化程度并没有出现由松散到紧密、从初级到高级的变化过程。这类合作社的组织运作过度依赖合作社领导者的政治性社会资本存量、政治资源和政治策略等，从而使合作社面临着较大的不确定性，一旦政治性社会资本丧失、政治策略失当或合作社之间形成过度竞争，就可能动摇合作社持续存在与发展的根基。

政府规制与政府俘获的夹杂会弱化甚至瓦解政府企图通过"功能型合作社"所建构的信任机制，这导致农村治理能力不仅无法强化，反而可能被弱化。从理论上说，政府规制的目标是实现社会总福利效应的最大化，具体实施方式则为纠正市场失灵，培育和发展竞争市场，规范市场主体、客体与载体，创造一个公平竞争的市场环境，维护社会公平正义等。而合作社作为一种特殊的市场组织，需要政府基于其组织特征，给予适度的规制与干预，对合作社进行政府规制是内置于培育与规范市场"维护社会公平"的政府规制的要义之中的。但地方政府的选择性规制和资源的投放偏好不仅不会起到维护社会公平、优化政府规制资源配置的效应和价值,还会使政权软化,弱化政府的合法性,并导致社会冲突的风险加剧。

政府规制与政府俘获的夹杂容易造就一个真正掌握政策执行权和行政操作权的地方政府官员特殊群体,"被高度俘获"的地方政府官员更多地关注功能型合作社的利益,刻意曲解和扭曲中央政府针对农民专业合作社的各项政策,对合作社规制的整体宏观经济管理政策的执行力却比较差,同时,地方政府和功能型合作社必然有维持现有制度和体系的动力,在外部压力不足的情形下,他们会反对对既有制度与体系做出实质性的变革与调整,形成对政府权力与合作社发展低效率的"锁定"。

六 主要研究结论

在我国现阶段,农民专业合作社的分化甚至异化是贯穿于合作社的快速发展实践之中的,合作社发展形态的分化塑建了其与地方政府更为复杂的政治经济联系:一方面,不同层级的政府出现了规制行为的分化,中央政府和地方政府分别侧重于立法规制与执行规制;另一方面,地方政府规制的选择性激励赋予了功能型合作社通过构建政治性社会资本和实施政治策略从而进行政府俘获的制度操作空间。政府规制与政府俘获同时并存,构建和造就了我国现阶段"有限、有序"赋权下的政府与合作社双向互动、博弈的新型关系。当然,政府规制与政府俘获都具有相应的政策理性或组织行为逻辑,但政府规制与政府俘获的夹杂与并存会影响我国农民专业合作社的发展,造成合作社的"二元化"发展格局与分化路径,把以小农为主体的合作社排挤出我国的财政扶持体系之中,催生出大量的大农控制型合作社,同时加剧合作社对政府规制资源的依赖,导致政权软化,弱化政府的合法性。

参考文献

[1] 赵静、陈玲、薛澜:《地方政府的角色原型、利益选择和行为差异》,《管理世界》2013 年第 2 期。

［2］任大鹏、郭海霞：《合作社制度的理想主义与现实主义》，《农业经济问题》2008年第3期。

［3］夏英：《政府扶持农民合作社的理论依据与政策要点》，《农村经营管理》2004年第6期。

［4］曹会勤、储小平：《地方政府规制、企业家能力与地区经济发展》，《制度经济学研究》2009年第4期。

［5］任梅：《农民专业合作社政府规制体系：基于法约尔企业管理理论的探讨》，《中国行政管理》2012年第3期。

［6］吴彬、徐旭初：《合作社治理结构：一个新的分析框架》，《经济学家》2013年第10期。

［7］崔宝玉、刘峰：《快速发展战略选择下的合作社政府规制及其改进》，《农业经济问题》2013年第2期。

［8］〔美〕托马斯·戴伊：《理解公共政策》，北京大学出版，2008.

［9］〔美〕D.B. 杜鲁门：《政治过程：政治利益与公共舆论》，陈尧译，天津人民出版社，2005.

［10］张纯刚、贾莉平、齐顾波：《乡村公共空间：作为合作社发展的意外后果》，《南京农业大学学报》（社会科学版）2014年第2期。

［11］Bert S. R., *Structual Holes: The Social Structure of Competition*, Harvard University Press, 1995.

［12］张建君、张志学：《中国民营企业家的政治战略》，《管理世界》2005年第7期。

［13］李健：《企业政治战略、政治性社会资本与政治资源获社取》，《公共行政评论》2013年第6期。

［14］樊红敏：《新型农民专业合作经济组织内卷化及其制度逻辑》，《中国农村观察》2011年第6期。

（本文原载于《南京农业大学学报》（社会科学版）2014年第5期）

第三部分　法律规制的导向和作用空间

农民专业合作社政府规制的价值取向：偏差与矫正[*]

任 梅^{**}

政府规制（简称规制）是政府为了维护公众利益、纠正市场失灵，依据法律和法规，以行政、法律和经济等手段规范特定市场主体活动的行为。农民专业合作社，是一种有效提高农民组织化程度的合法垄断组织，是一种特殊的企业组织。政府对其的规制由管理规制、商业规制、技术规制、资本规制、会计规制和安全规制六项内容构成。合作社制度所具有的先天竞争劣势，是其为广泛的正外部效应所付出的成本，需要政府通过规制对其成本予以补偿，用扶持政策弥补其竞争劣势。因此，目前的合作社规制政策中，扶持性政策远多于规范其内部管理及市场运行的政策。

政府对农民专业合作社的规制，需要在确立适宜的价值取向的基础上展开。规制的价值取向，既可以体现在规制法规的拟定、出台和具体实施中，也可以体现在规制内容的偏重、规制方法的选择、规制机构的设置和职能部署以及规制主体的绩效评价中，甚至可以从规制结果中反观之。它会影响规制者在行政过程中的行为选择，以及规制对象对合作社发展的信心，还会影响社会对合作社的评价及接纳程度。目前，农民专业合作社方面政府规制的价值取向存在一些偏差，亟须适度矫正。

一 对农民主体地位的维护

农民专业合作社是置身弱质产业的农民为应对市场经济冲击而创造

* 本文系国家社会科学基金项目"促进西部地区农民专业合作组织健康发展研究"（项目编号：07XZZ011）的后期成果。
** 任梅，内蒙古财经大学公共管理学院副教授。

的，其存在的核心价值是将农民联合起来参与市场竞争。诚然，其发展的外部效应可以广泛惠及政府、其他市场主体和社会，但这些效应的发挥皆须以农民联合体的需求得以满足为前提。维护农民的主体地位，是保证合作社得以维持其本质特征的根本要求。但目前该类规制主要停留在法律规定层面，在具体规制政策和规制实践中并未充分体现，这致使保护农民，尤其是为数众多的弱势小农户权益的具体规定无法落实，农民的主体地位无法得到实质性保障。

（一）偏差：忽视对农民主体地位的保障

目前，对中国农民专业合作社进行规制的法规（主要是《中华人民共和国农民专业合作社法》，以下简称《农民专业合作社法》）已赋予农民在合作社中的主体地位，充分维护了弱势小农户的决策权和收益权。

第一，在成员构成上的主体地位。农民成员的数量不低于合作社成员数量的80%的规定，使农民在数量上占据主体地位，从而为其在合作社中实现民主管理奠定了基础。

第二，在合作社运行中的主体地位。通过建立内部的民主管理、民主决策和民主监督制度，使合作社成为农民自己的企业。合作社的表决实行一人一票制，而因出资额较大或者与本社交易量较大而具有的附加表决权，则被限制在基本表决权总票数的20%以内。这意味着，在数量上占优势但资本和交易量方面占劣势的小农户，在合作社管理中占据着主导地位。

第三，在合作社收益上的主体地位。农民在合作社中的收益主要是接受合作社提供的服务、享有按惠顾额返还的盈余以及购销中增加的交易收益等。社员除了通过降低交易成本、增强谈判能力和提高生产效率实现收入增长外，对合作社的盈余也参与分配。法律在兼顾资本增值需求的同时，也维护了"按交易额分配"的合作社原则，规定可分配盈余的至少60%须按成员与本社交易量（额）比例返还，剩余可分配盈余再进行分配。这一规定在本质上保证了合作社盈余主要惠及利用合作社服务的农民。

这些具体规定，赋予了合作社"以农民为主体"的原则以更加深刻的内涵，即给予为数众多的弱势小农户充分的参与、决策和受益权。合作社建立和运行民主管理制度、会计制度和审计制度，是落实上述法律规定和保障农民主体地位的必要条件，本应由相关规制机构通过外部监督管理予以落实，但目前的规制实践却难如人意。

首先，合作社的民主管理制度未受到必要的外部监督，决策不民主，选举与监督流于形式，弱势小农户在事实上丧失了决策权。目前的合作社中，一股独大的情况比较普遍，合作社的决策权在事实上被企业、能人和大户操纵的现象比较突出。生产经营中的重要决策和盈余分配等重大事务的决策权，也完全掌握在少数人手中，导致为数众多的普通成员丧失发言权。在此基础上，合作社出现诸如财务管理不公开，盈利分配不公正，对社员的服务不到位，甚至以社员为营利对象等现象就不足为怪了。

其次，合作社的会计制度和内部审计制度未受到严格的外部监督，形同虚设，导致弱势小农户本应获得的经济利益直接受损。合作社运营中，没有会计账，与公司合用一本账，在示范项目实施后再重新编造会计账，伪造或虚假抬高成员二次分配数额等现象都不鲜见。一些合作社事实上为公司或少数几人控制，合作社账务的处理自然也在被控制之列。混乱的财务管理，导致合作社账务无法真实地反映其内部和外部交易情况，无法给社员监督管理者提供佐证，无法使审计制度发挥实效。

"坚持'以农民为主体'，是《农民专业合作社法》的重要立法原则和指导思想。"[1] 但实践中，农民，尤其是为数众多的小农户的主体地位在政府规制过程中被忽视，这种忽视直接导致上述现象的存在，使为数众多的小农户虽然在合作社中仍然占据数量优势，却无法在组织决策和收益分配中更加有力地维护自己的正当权益。

（二）矫正：重视并保障弱势小农户的主体地位

重视并大力保障弱势小农户的主体地位，是真正贯彻"维护农民主体地位"的政府规制核心价值的关键。农民专业合作社中的"农民"不应单纯以户籍定性为标准，还应以"从事农业生产"和"处于市场竞争劣势并具有合作需求"为认定的必要条件，分散经营且为数众多的弱势小农户理应成为"农民"的一部分，这一定性直接决定了合作社能够保持其本质特

---

① 乌云其木格在贯彻实施《中华人民共和国农民专业合作社法》座谈会上的讲话，2007，中国农业部官网，最后访问日期：2013 年 12 月 1 日。

征并且避免发生异化。

在国外，即使是已然具有公司倾向的合作社，也仍坚持合作社的本质特征，即维护农民在合作社中的主体地位。如美国新一代合作社与传统合作社已有很大差异，更接近于普通股份制企业，但它仍保持了合作社的一些基本特征：一是投资者与服务对象的身份保持统一，都是农业生产者，故合作社是农业生产者的企业；二是成员持股额与农产品交售配额按照固定比例挂钩，其利润按成员的股份返还，事实上成为"剩余按交易额比例返还"的另一种实现方式；三是不允许少数人控股局面的形成。总之，农场主仍然是合作社的首要服务对象、所有者、控制者和主要受益者，在合作社中仍居于主体和核心地位。

在对农民主体地位的维护中，既要发挥社会资本在农业领域的作用，也要发挥富有农户的带动作用，更要维护弱势小农户的合法权益，并培养其作为合作社主体成员的民主意识和自我意识。对农民专业合作社的发展来说最持久和最根本的推动力，既非来自政府，亦非来自资本，而是来自农民。富有农户是农民致富的先锋和带动者，发挥的积极作用必须给予肯定，但这并不意味着他们能够完全替代弱势小农户在合作社中的地位和作用，毕竟他们在中国庞大的农民队伍中只占少数。而数量占绝对优势的弱势小农户的自我意识和民主意识落后，始终会成为合作社，乃至农村和农业发展的障碍。

目前，弱势小农户在合作社中的主体地位没有得到体现，是市场经济规律和中国农村现实条件使然，政府的责任是通过规制扭转这一局面。在对农民专业合作社的规制中，我们必须将更多注意力放在培养弱势小农户的主体意识上：通过合作社的发展更多地在经济利益上惠及小农户，吸引其对合作社的关注，激发其对参与合作事业的热情；通过外部监管维护弱势小农户对合作社进行管理和监督的权力，为其体验民主管理提供保障；通过合作社知识的教育和培训，引导弱势小农户自觉参与合作社事务。

二 对"规范"与"发展"的平衡

从规制法规看，政府在规制过程中应遵循合作社"边发展，边规范"的原则，即推动农民专业合作社的经济实力实现增长的同时，促使其内部管理逐渐规范化；但规制过程中，现实的价值取向却是"先发展，再规范"，即先谋求农民专业合作社在数量和规模上的增长，再逐步推动合作社的规范化运行。目前政府，尤其是地方政府为了推动合作社在数量和规模上的迅速增长，暂时忽视了对其规范化管理的引导和监督，甚至放任或直接制造运行不规范的合作社和"假合作社"。

（一）偏差：先发展，再规范

政府对合作社内部运行规范与否一直未能给予必要的重视，这除了体现在前文所述的对合作社内部的民主管理制度、会计制度和审计制度监督不力之外，还体现在以下两个方面。

第一，政府在合作社注册登记环节规制不严，致使弄虚作假现象较多，这主要表现为：合作社的准入门槛低，实行备案制，未将有关部门的评估和审核作为登记注册的前置条件；工商部门对登记事项的审查，也仅限于形式审查；登记需要具备的材料，如会议纪要、设立人签章、成员出资等易于通过造假方式取得；政府主管部门的政绩评价又存在数量增长的导向，导致出现了监管部门疏于监管审查，甚至有意助长弄虚作假的现象。这种情况下，合作社数量出现"泡沫"就在所难免了。

第二，对挤占合作社扶持资源的"假合作社"现象听之任之。"假合作社"必然是运行不规范的合作社，但是与大量运行不规范的小规模合作社相比，其最突出的特点在于经营目的不是惠及所有成员并实现共赢，而是借助合作社之名，为少数人谋利。经营目的直接决定经营行为，尤其是利益分配。一些企业摇身变为合作社，但内部的运营和管理，尤其是利益分配结构都没有变化，却具备了获得税收优惠、财政扶持和优先承担涉农项目的资格。有的合作社要求社员履行将产品都卖给合作社的义务，却从未承担过盈余返还的责任，只是使生产规模较大的富有农户和企业从农资采购和农产品销售中获得更多利润。当组建的合作社成为少数人谋利的工具时，这样的合作社已然变质，不能被称为真合作社。目前的合作社规制法规对这类现象的防治尚处于空白，规制实践中无法可依，监管部门自然不可能有针对性地杜绝或治理"假合作社"现象。

对合作社"规范"的轻视，使许多脱离合作社本质的涉农营利性企业混迹在真合作社中，这势必造成合作社的虚假繁荣。中国农民专业合作社发展至今，合作社的规范化已迫在眉睫。如果数量是发展的必要衡量指标，那么现在已是跨越"数量"加强"质量"的时候了，因为合作社虚假繁荣的"泡沫"带来了很多弊端。

第一，扰乱规制秩序，增加规制成本，降低规制效益。运行不规范的合作社，也需要工商、税务、农业和财政等行政部门的监管，这会占用管理资源，增加规制成本。这类合作社也享受税收优惠，争取财政扶持、项目倾斜和融资优惠等，这会占用本来有限的扶持资源，降低政府对合作社的整体规制效益。

第二，扰乱市场竞争秩序。合作社是因其"合作"之实而获得"合法垄断"地位的市场主体。如无"合作"之实，却占"合作"之名，参与市场竞争，无疑会破坏市场竞争秩序。"假合作社"借助针对合作社的倾斜政策，击败竞争对手，事实上导致真合作社和其他市场主体面临不公平竞争。

第三，损害农民的合作信心。农民的合作意识和民主意识差，这是目前阻碍中国农民合作事业发展的一个重要因素。改变这一劣势的任务尚未完成，谋取私利的所谓合作社就先进入了农民的视野。运行不规范的合作社，对农民合作意识和信心的打击是不言而喻的。这种现象如果不能尽快得到有效的遏制，对中国合作事业的消极影响难以估量。

值得关注的是，目前政府惠及农民专业合作社的力度仍有增大的趋势，各级财政拨付合作社的资金额度仍在逐年上升，各政府部门对合作社的项目倾斜政策仍在不断出台并落实。在这样的趋势下，大量存在的运行不规范的合作社，对规制效果的影响、对市场秩序的扰乱和对农民合作信心的损伤，也会随之倍增。

（二）矫正：先规范，再发展

"先规范，再发展"，是强调将"规范化"作为合作社享受政府扶持政策的必要条件，完善对规范化的引导、测量、评价、监督和推动，只扶持规范的合作社，只助力真正的合作社。

目前运行不规范的合作社大致有两类：一类是基于自身规模和管理水

平等客观因素，无法达到规范管理的要求；另一类是基于某些利益诉求的表达和维护，因某些利益相关者主观上的抵制，而造成管理不规范。前者因其竞争力较弱，对合作社事业发展的损害不大，假以时日就可逐渐改善。后者对合作事业发展造成的影响则非常恶劣。资本和富有农户往往以后者为手段"俘虏"规制者，与之形成"共谋"，利用国家针对合作社的扶持政策发展壮大，挤压弱势农户应得的利益，他们在侵蚀合作社发展成果的同时，还制造合作社虚假繁荣的"泡沫"。

只有规范化的发展，合作社在经济实力方面取得的增长，才能最终使其大部分社员受益。否则，随着经济实力的增长，管理方面的漏洞会给特殊利益集团的形成提供土壤，也会增加组织异变为营利性企业的风险。

一方面，规范化可有效抑制政府、资本和富有农户形成"共谋"。如前所述，政府对农民专业合作社的大力扶持，增加了社会寻租的预期，很可能使意欲获取更多利润的社会资本与意欲提高政绩的规制机构及其工作人员形成"共谋"。规范化无疑可提高"共谋"成本。在优惠扶持政策落实到合作社时，资金的规范化运作和决策机制对大部分小农户利益的保护，以及民主管理机制对组织发展方向的控制，都可有效防止公共资源的流失，防止合作社的发展成果流失。具有谋利倾向的政府、资本和富有农户必须突破规范管理形成的制度约束，方可获得不当利益，这意味着其违法违规成本大幅增加。

另一方面，规范化可有效化解随着合作社经济实力增长而日益增加的"异化"风险。中国目前农民专业合作社普遍存在显著的"异质性"特征。政府规制机构通过合作社原则的权变，尽力化解这些差异，减少"异质性"造成的不利影响。但资本不但具有营利的本性，还具有扩张的本性。随着合作社经济实力的增长和市场影响力的扩大，资本冲破束缚并控制整个企业的冲动也会增强。农民专业合作社只有实现规范化管理，才能使人数众多的弱势小农户真正参与到组织管理和监督中，规制机构和社会也才能更加有效地发挥其监督作用，这些都可有效抑制资本对合作社的控制。

目前我国已经具备了"规范"优先于"发展"的条件。

1. 规制法规的支持

政府通过规制政策和实施细则从未停止对规范化管理的强调，管理和监督机制也已初步建立，下一步只需继续完善并强化执行环节。

2. 培训和宣传的支持

在规制体系的构建过程中，各规制机构已组织了大量的培训和宣传，规制部门的工作人员、合作社的管理人员、社员甚至社会群众对农民专业合作社的了解日益增多，这对于形成合作社规范管理的内部推动力和外部监督力都有帮助。

3. 合作社总体实力具备了一定承受力

加强规范化，事实上是挤出合作社发展的一些"泡沫"，这对当前合作社的稳定发展势必造成一些冲击。在前一阶段政府规制政策的刺激下，农民专业合作社的数量、社员数量却实现了增长，聚集的社会资本的实力以及合作社自身的市场竞争力都有较大增强，这使其具备了一定的承受冲击的能力。

农民专业合作社的政府规制，必须按照"先规范，再发展"的原则，将"假合作社"清理出去，将正在偏离正轨的运行不规范的合作社拉回来，帮助合作社建立规范的内部管理机制，促使扶持政策落到真正的合作社身上，使弱势小农户真正从国家的惠农政策中得到利益。这一过程，也是政府为所有市场主体创造公平有序的市场竞争环境的过程。

三　对"公平"与"效率"的取舍

"效率"与"公平"虽可互相促进，但在农民专业合作社的社会管理实践中，二者的冲突却从未停止。此处所指的"效率"，主要体现在合作社市场竞争力的提高方面；而"公平"则主要体现在要使为数众多的农民从合作社的发展中广泛并充分受益。农民专业合作社是参与市场竞争的企业，增强市场竞争力，是其生存和发展下去的必要条件，所以"效率"很重要。合作社又是弱势农民的联合，坚持维护农民利益，尤其是保障数量众多的小农户的利益，是其保持合作社的本质特征的首要条件，所以"公平"也很重要。实践中，农民专业合作社政府规制的价值取向却发生了偏差，呈现出"重效率，轻公平"的倾向，即规制的重心放在如何提高合作社的市场竞争力上，而对充分维护小农户权益的一些合作社原则的贯彻却疏于监管。

（一）偏差：重效率，轻公平

政府在对合作社的规制中面临着"公平"与"效率"的取舍难题，这主要是由合作社这种特殊组织形式的本质特征所决定的。组建合作社的目标是获取某种服务，而非如营利性企业般为获取利润而组建，因此其本质特征要求我们将合作社服务的使用者，而非投资者放在组织一切活动的首要位置。于是，在组织的组建方面，应使所有者与服务使用者相统一，而非产品针对社会大众，所有者与产品使用者相分离；在组织控制方面，应实行民主控制原则，这主要体现在基层合作社的一人一票制，而非将投资比例作为对控制权分配的依据；在组织分配方面，应按惠顾额返还盈余，而非按照投资比例分配盈余。归根结底，合作社应保障有强烈合作需求并在人数上占绝对优势的小农户在合作社中的所有权、控制权和受益权，这样才能体现其"公平"价值。

但是，保持合作社的本质特征需要承受一定的"效率"损失：如"民主控制原则"会导致惠顾额很高或投资额很高的社员，虽然对组织业务量贡献很大或承担很高的投资风险，却在决策权上被惠顾额或投资额很低但人数众多的社员所左右，这就意味着风险与收益的不对等，从而可能抑制大户和资本向合作社的投入；"按惠顾额返还盈余"和"资本有限补偿"原则使合作社中资本的收益率低于社会平均收益率，这也会抑制资本的流入；"所有者与服务使用者统一"原则使合作社承担了很多在营利性企业中不会承担的公益性服务职能，增加了组织运行的成本。

于是，在政府对农民专业合作社规制的过程中，总是面临两难选择：如果重视"效率"，侧重提高合作社的市场竞争力，就要促使合作社吸引农业大户和社会资本，就无法严格遵循体现合作社本质特征的诸项原则，小农户的权益就会受损，有失公平；如果重视"公平"，侧重保障大部分社员在合作社发展中的利益，就要严格遵循上述原则，抑制大户和社会资本的投入，合作社市场竞争力的提高就会受限，效率就会受损。

在农民专业合作社的规制实践中，政府"重效率，轻公平"的价值取向非常清晰。一方面，有利于提高"效率"的规制政策全面而具体，且实效卓著：为了提高农民专业合作社的商业能力和技术水平，政府出台了大量专门针对农民专业合作社的财政扶持、税收优惠、金融支持、项目倾斜、示范引导政策，提供了大量培训、信息、宣传和指导等综合服务，为引导和推动合作社提升市场竞争力付出了大量规制成本。从农民专业合作社的发展数据来看，合作社的数量、组织规模、社员数及交易规模等都呈现快速增长的势头。另一方面，有利于维护"公平"的规制政策及其实施没有受到重视和严格监督，农民，尤其是弱势小农户的所有权、控制权和受益权没有得到保障。如前文所述，目前合作社的民主管理制度、会计制度和审计制度形同虚设，登记注册环节的弄虚作假现象和"假合作社"现象较多，上述问题导致大量所谓的"合作社"无力或无意体现合作社的本质特征，即维护多数社员，尤其是小农户的服务需求及所有权、控制权和受益权。对政府的规制机构而言，解决这些问题的技术层面的障碍并不大，政府并非无力规制上述失范问题，难的是为了"公平"而舍弃"效率"。

（二）矫正：重公平，促效率

目前，农民专业合作社的发展及其规制中存在的很多问题，是由政府规制"重效率，轻公平"的倾向引起的。"公平"决定合作社的质，而"效率"决定合作社发展的动力，不能保证合作社的质，发展动力再足也是枉然。因此，矫正"重效率，轻公平"的偏差，需要树立"重公平，促效率"的价值取向，即强调农民专业合作社对于促进公平的作用，并推动其循序渐进地提高自身的运行效率和发挥促进社会经济发展的功能。

对于农民专业合作社"效率"的考虑，应基于宏观和微观两个层面。从宏观层面来讲，农民专业合作社可降低社会交易成本，提高经济运行效率，但其他一些组织和制度安排，如培养营利性企业和发展订单农业，也可达到同样或相近的宏观经济效率。因此，合作社具有降低社会交易成本的功能，不应成为政府赋予其推动地方产业化这一重任的理由。从微观层面来讲，合作社是参与市场竞争的独立经济主体，须具备一定的内部经营效率方可生存，但其制度设计具有与生俱来的竞争劣势。在政府扶持政策对其竞争劣势予以补偿之后，这一劣势亦不应成为合作社无限制地追求效率目标的理由。

与之对应，政府大力扶持合作社，恰恰是基于其在"公平"方面的独特作用。宏观层面，农民专业合作社的主要受益者是直接从事农业生产的农民，这为政府维护社会分配公平提供了一个渠道；而订单农业和营利性企业在这方面的功能已被验证是非常有限的。微观层面，合作社对成员数量及管理方面的规定，维护了弱势小农户的利益，这说明合作社是能够充分体现公平性的竞争弱势者的联合。因此，无论基于哪个层面，农民专业合作社都不应当将"效率"凌驾于"公平"之上作为组织的首选价值。

相反，针对目前中国农民专业合作社的发展状况，"公平"应当被置于更加突出的位置。更多强调公平，首先有利于使农民对合作社产生归属感，促使其更多地参与到组织管理、决策和内部监督中去，增加组织的生命力，还可以使合作社的规范运行成为对农民最有力、最生动的合作意识和合作知识的培训，有利于使政府的支农惠农政策因农户的普遍认同和参与而得到更好的落实与贯彻。其次，强调"公平"有利于使规模小、资金少、竞争力弱，但数量众多的弱势小农户更多受益，使合作社的外部效应得到更大的释放。最后，强调合作社的"公平性"有利于减小合作社的"异化"压力，避免政府规制部门与特殊利益集团形成"共谋"并侵蚀支农惠农的公共资源。

对于农民专业合作社的规制而言，政府的工作重点是维护"公平"，而"效率"问题则主要由市场解决。合作社的发展中，资本得到报酬的需求，可以交由市场经济的基本规律予以调节，而弱者的公平需求，才真正是需要政府去保护和关注的。中国政府目前对合作社的规制，应该在维护其"公平"性的前提下，通过扶持政策引导其逐渐提高"效率"，只有在合作社因"效率"方面的劣势而无法应对市场竞争时，政府才可进行适度干预。

四 结论

"大力保障弱势小农户的主体地位"，是真正体现"维护农民主体地位"这一政府规制核心价值的关键，是在农民社员数量、内部运行民主管理和收益权保障等方面，都真正地将农民放在首要位置；"先规范，再发展"，是将扶持政策落到真正的合作社上，明晰规制边界，提高规制效率；

"重公平，促效率"，是使合作社在回归公平性的前提下，提高运行效率和市场竞争力。

只有政府在规制中能够本着维护农民，尤其是弱势小农户的主体地位这一理念，对已然埋没在"效率"导向下的"公平"价值给予足够重视，并进一步大力加强合作社的规范化建设，维护其本质特征，农民专业合作社才可以从内部萌生推动组织发展的动力。这样的动力，是因农民占据主体地位而萌生的。只有在与政府、规制机构及其工作人员、资本的博弈中，农民在合作社中占据主体地位，尤其是弱势小农户拥有实质性的主体地位，合作社才能形成多方利益制衡的局面，合作社才能够在保持其本质特征的轨道上获得可持续发展。

参考文献

［1］王健：《中国政府规制理论与政策》，经济科学出版社，2008。

［2］任梅：《农民专业合作社政府规制体系——基于法约尔企业管理理论的探讨》，《中国行政管理》2012 年第 3 期。

［3］张晓山：《有关中国农民专业合作组织发展的几个问题》，《农村经济》2005 年第 1 期。

［4］陈炜、任梅：《中国农民专业合作社政府规制的影响因素——基于博弈论和政府规制理论的视角》，《内蒙古社会科学》2013 年第 2 期。

［5］任梅：《中国农民专业合作社的政府规制研究》，中国经济出版社，2012。

（本文原载于《中国行政管理》2013 年第 10 期）

法律与政策对合作社益贫性的引导价值[*]

任大鹏　王敬培^{**}

一　引言

随着《农民专业合作社法》的颁布实施和合作社的发展实践，学术界对这类组织的性质、价值、功能、内部治理机制、盈余分配方式等进行了大量研究。根据既有研究对农民专业合作社角色的界定，可以将研究成果分为两类：一类研究将合作社视为特殊市场主体，特别关注合作社对其社会责任的承担，并对合作社在促进农村社区发展、帮扶弱势群体等方面的功能进行了探讨；① 与此相对，另一类研究成果则更强调合作社作为市场主体的一般性，研究的重点是合作社盈利能力的提升，即合作社如何在市场经济环境下谋求经济利益的增长。② 基于这种经济学视角的判断和研究方法，这类学者往往认为应从扩大合作社的经营规模、提升合作社领头人的企业家才能和成员的人力资本等方面提升合作社的经济效率。这两类学者虽然对合作社的组织性质有不同的判断，然而由于实践中合作社普遍表现出公司化的倾向，因此两类学者关注的重点都集中于市场力量对合作社

---

　*　本文系国家社会科学基金项目"促进西部地区农民企业合作组织健康发展研究"（项目编
　　　号：07X22011）的后期成果。
** 　任大鹏，中国农业大学人文与发展学院教授、博士生导师；王敬培，中国农业大学人文
　　　与发展学院博士生。
　①　参见李长建《农民合作经济组织社会责任研究》，《法商研究》2005 年第 4 期；唐宗焜：
　　　《合作社功能和社会主义市场经济》，《经济研究》2007 年第 12 期；苑鹏：《合作社与股
　　　份公司的区别与联系》，《教学与研究》2007 年第 1 期；苑鹏：《对公司领办的农民专业
　　　合作社的探讨——以北京圣泽林梨专业合作社为例》，《管理世界》2008 年第 7 期。
　②　参见黄祖辉、扶玉枝、徐旭初《农民专业合作社的效率及其影响因素分析》，《中国农村
　　　经济》2011 年第 7 期。

的引导，区别仅在于前者更关心市场力量的作用对合作社社区服务功能的削弱，而后者更乐于解释市场力量作用下合作社功能变异的合理性。本研究将对现有研究中涉及的合作社这两方面的特征分别进行分析，描述合作社作为市场主体在一般性引导下的发展趋向及在特殊性影响下的别样选择，并将研究的重点放在相关法律和政策在合作社进行发展道路选择时的特别作用，即重点关注与市场力量相对的作用力——法律和政策的实际作用。

笔者认为，中国农民专业合作社这一市场主体在性质和功能上的复杂性首先是源于其生存和发展的环境。中国农民专业合作社的生存环境体现为以下四个方面。第一，农民专业合作社立足于农村社区，其赖以生存和发展的要素，如土地、劳动力等均来自其所在的社区，同时，其服务对象也以本社区的居民为主，这就使得合作社天生便与农村社区结缘。有学者将合作社与其所在农村社区的这种天然联系界定为"基于村社结构和乡土文化的'村社嵌入'"，因为合作社的这一特殊生存环境，以及其与农村社区的契合度对其自身发展尤为重要。① 第二，农民专业合作社的成员以农民为主，根据《农民专业合作社法》的要求，农民专业合作社的成员中，农民要占到80%以上，另外的近20%的成员可以是非农民。《农民专业合作社法》对农民身份的认定主要是基于户籍的认定，而根据实地调研的经验，以下成员分类的方式更能说明农民专业合作社的成员结构状况：大部分成员是作为普通生产者的农民，小部分是掌握着特殊资源的成员，如专业大户、村干部、农村经纪人等，这样的成员结构为日后利益诉求上的分歧埋下了伏笔。甚至有学者提出，"大农吃小农"的合作社已经成为专业合作社发展的主流。② 第三，农民专业合作社的产生与发展受政策环境的影响巨大。根据工商行政管理总局的统计，截至2008年底农民专业合作社的数量为11.09万户，而到了2013年9月底，农民专业合作社的数量已增至90.06万户，由此可见，2007年实施的《农民专业合作社法》及随后出台的各相关法律实施细则、相关支持政策等对农民专业合作社的发展发挥

---

① 参见徐旭初《农民专业合作社发展辨析：一个基于国内文献的讨论》，《中国农村观察》2012年第5期。

② 参见仝志辉、温铁军《资本和部门下乡与小农户经济的组织化道路——兼对专业合作社道路提出质疑》，《开放时代》2009年第4期。

了重要作用。这一现象也受到很多学者的关注，或者，更确切地说是被很多学者作为开展合作社研究的背景。大家普遍认为《农民专业合作社法》实施以后，农民专业合作社进入迅猛发展时期，可谓遍地开花。① 政策环境对专业合作社发展的重要作用恰恰显现了政策的巨大引导空间。第四，随着中国的经济结构进入调整期，以及国家惠农政策的不断强化，工商资本越来越多地通过农民专业合作社这样的组织平台渗透入农业产业之中，并带动着农业产业追逐最大利润。

这样的合作社生存环境，对合作社形成了强大的形塑力，使得农民专业合作社在属性和功能上呈现出多面性和复杂性，既表达着村落传统，又显现出成员结构的异质性，既是政府目标在农业和农村领域的实现载体，又体现着明显的趋利性。或者说，基于内外部因素的共同作用，农民专业合作社体现着趋利性和服务性的双重属性。

二　市场的引导——趋利的合作社

在市场力量的引导下，合作社表现出明显的趋利特性，然而，由于自身的独特性，其往往也同时表现出一定的社会服务功能。

（一）当今中国的合作社：独立的市场主体

当前中国的农民专业合作社发端于改革开放初期，其产生源于农民更好地融入市场关系的需求。《农民专业合作社法》实施以后，农民专业合作社经过注册登记取得了法人资格，作为一种独立的市场主体，它从产生之初到随后的发展过程中都受着市场力量的引导。合作社成立之初，其领办人和参加者都是为着各自的经济利益而联合起来组成专业合作社的。农民专业合作社的不同参与者的资源禀赋不同，但他们却有着一致的目标，即实现自己的经济利益，所以农民专业合作社被一些学者称为"不同要素所有者为了共同的利益而结成的契约组织"②。

---

① 参见潘劲《中国农民专业合作社：数据背后的解读》，《中国农村观察》2011 年第 6 期；崔宝玉、刘峰：《快速发展战略选择下的合作社政府规制及其改进》，《农业经济问题》2013 年第 2 期。

② 林坚、黄胜忠：《成员异质性与农民专业合作社的所有权分析》，《农业经济问题》2007年第 10 期。

根据《农民专业合作社法》的规定，专业合作社实行民主管理，且不低于可分配盈余的 60% 要按照成员与合作社的交易量对成员进行二次返还，即法律试图协调不同类别的成员间的利益平衡，是基于生产者成员以其产品与合作社进行交易对合作社盈余的形成做出了突出贡献，从而强调对普通的农业生产者利益的保护。然而，在合作社作为独立的市场主体与其他类型的市场主体进行竞争的过程中，基于其提高盈利能力的需求，很多农民专业合作社都表现出公司化的倾向，即其治理结构和盈余分配方式日益受制于资本的逐利性取向，对资本的重要性的强调超过对交易的重视。这种趋向在实践中表现为以下三点。第一，出资门槛的设定。在《农民专业合作社法》中，没有关于入社者出资的具体要求，而是将选择权赋予农民专业合作社，即农民专业合作社可以在本社章程中对社员的出资进行具体规定。法律没有做普遍性的规定是因为合作社的经营内容不同对资本的需求也不同。但是笔者在实地调研中发现，在合作社的发展中出现了越来越明显的门槛化的趋势，尤其是笔者在 2013 年 3 月对浙江、江苏两省进行调研时发现，这两个省的农民专业合作社中，掌握话语权的成员大多数都在呼吁入社门槛的制度化，即希望法律对此做出统一的制度安排，以避免人人都可以组建或参加合作社的现象。第二，寻求资本的话语权。按照《农民专业合作社法》的规定，农民专业合作社实行民主管理，即强调普通社员作为合作社的所有者和使用者对合作社的事务进行民主决策的权利。然而，在专业合作社的发展实践中，合作社的管理权往往掌握在出资比重较大的成员（这些人往往就是合作社的领办人）手中，话语权掌握者对此的解释无一例外地都是为了提高合作社的决策效率。第三，对剩余索取权的控制。《农民专业合作社法》规定，合作社可分配盈余的 60% 以上要按照成员与合作社的交易量返还给社员，这一规定被简称为"二次返利"，然而，在笔者的实地调研中几乎从未见过严格执行二次返利规定的合作社，绝大多数合作社采取的策略是用"一次让利"替代"二次返利"。这种策略使得普通生产者的剩余索取权被模糊处理。

农民专业合作社出现公司化的倾向，实际上是合作社成员中不同资源拥有者追求经济效益的结果。首先，比普通农业生产者拥有更多优势资源的领办人往往将合作社的盈利视为自己的各种资源发挥作用的结果，尤其是"一次让利"使得合作社的经营风险更多地转移到领办人手中，所以，作为合作社盈利来源的主要贡献者和合作社经营风险的承担者，合作社的领办人往往自认应当分享更多的经营收益。其次，作为生产者的普通社员往往也能享受这种"被剥削的幸福"，因为在他们看来，加入合作社以后，能够以不低于市场价的价格来销售自己的农产品，或是能够以更低廉的价格购买生产资料，便是获得了经济收益。

（二）逐利的副产品：对社区发展的作用

立足于其所在的农村社区，是农民专业合作社的重要环境特征。虽然从理论上讲，从事同类农产品生产、经营的农民都可以加入农民专业合作社，除了可能会基于适度的经营规模或交易费用的考虑外，农民专业合作社似乎并无地域范围上的限制。然而，根据笔者的实地调研，实践中的农民专业合作社呈现出明显的社区性，即其土地、劳动力等生产要素主要是来自所在社区，合作社成员往往也局限于一个农村社区的范围。这种现象存在的原因某种程度上是受集体经济的影响。根据现行法律的规定，农村的土地归村民集体所有，在此基础上形成的村集体资产也归村民集体所有，如果吸收其他社区的村民加入本社区的农民专业合作社，就有可能导致外村村民"搭便车"的行为。北京市李村的京白梨合作社便是一个典型的案例（出于学术规范的要求，本文所涉及的具体案例中合作社和相关当事人均采用化名处理）。在该合作社成立之前，李村的京白梨已经在市场上获得了较好的口碑。访谈过程中，笔者问到为什么该合作社不吸收周边村子种京白梨的农户加入，受访者的一致反映就是，品牌、冷库等这些都是集体资产，是本村村民集体享有的，外村村民的加入会损害本村村民的利益，所以，即使周边的村子都产京白梨，农民专业合作社也难以突破社区界限。立足于农村社区的合作社由此便天然地与社区结缘，这就使得作为独立的市场主体的合作社在追求其自身利益的同时，无意间与所处社区有了不可割裂的联系，并进而通过产业带动、吸纳劳动力等方式促进了社区的发展。这种带动作用主要体现在其对社区"闲置资源"的利用方面，这里所谓的闲置资源主要是指农村劳动力外流后没有得到充分利用的农村土地资源和农村社区的留守人群，如妇女、老年人、残疾人等。专业合作社对这些资源的充分利用大大降低了其运营成本。

农民专业合作社作为一个独立的市场主体，从它产生之初到发展的过程，都是受着市场力量的主导，然而由于其立足农村社区的特性，在其利用所在社区的资源实现自身发展的同时，也促进了作为要素支配者的社区小农户的经济地位和社会地位的提升。一般而言，作为弱势群体的生产者成员能够与拥有某种资本优势、政治优势、社会关系网络优势等优势资源的公司、大户、资本投资者共处于同一合作社中，有两种可能的捆绑力量。一种力量是作为外部的政府的号召和干预，如吸收小规模农户可能成为获得政府财政扶持的条件，精英成员为获取支持而不得不吸收众多的小农户；另一种力量是来自合作社内部小规模生产者成员与精英成员之间的相互依赖关系，即精英成员对小农户支配的土地或者其生产的产品的依赖，而小农户对精英成员的资本、市场销路和价格、社会关系网络等的依赖。一旦这种依赖关系被打破，如政策环境的变化使精英成员对土地的需求可以通过流转解决而不再依赖于小规模生产者成员的入社，合作社中已然在治理和分配关系中被边缘化的小农户必然会被排挤到合作社以外。综上所述，合作社基于自身特性所能发挥的促进农村社区发展的作用是有限的。

三 法律与政策的期望——带动弱势群体，推进社区发展

基于合作社形成的环境，影响农民专业合作社发展的除了市场力量之外，有关农民合作社的政策和法律也是重要的力量。市场力量对合作社产生的是趋利的引导，而政策和法律在引导合作社实现社会公平，尤其是推动社区稳定和发展方面也已经有各种尝试。

（一）相关政策对合作社的角色定位和实践引导

政府对合作社发展方向的导引可以从其对农民专业合作社的角色定位和实践层面的支持政策的设计来分析。

第一，政府对农民专业合作社的角色定位。从1982年到1986年，从2004年到2013年，改革开放以来15年的中央一号文件都是有关农业的，这些有关农业的《一号文件》中，几乎每年都会提及支持农民专业合作组

织发展，支持措施涉及税收优惠、专项资金支持等多种形式，而支持的前提就是政策对这类组织的角色定位：农业产业化经营和农村社区发展的推动者。

第二，实践层面的支持政策的设计。实践层面的设计主要包括以下几个方面：建立示范社评审制度、规定享受税收优惠的交易对象、对有明显益贫特性的合作社予以特别关注等。观察农业部及地方相关部门所制定的《农民专业合作社示范社评审标准》可以发现：政府部门将对示范社的支持作为其支持农民专业合作社发展的基本途径，在具体指标设计上强调合作社的成员规模，即其对农民成员的带动作用；同时，政府强调合作社应建立民主机制，要求示范性合作社为成员提供表达其利益诉求的途径，并确保生产者成员在合作社治理和盈余分配中的主体地位；强调合作社与其所在社区产业发展的结合，如，"一村一品"与"一社一品"相结合，并且强调生产基地的建设、认证等。可见示范社建设政策的导向是引导合作社发挥带动弱小生产者、促进整个社区的经济发展的作用。2008 年财政部和国家税务总局规定对合作社的税收优惠仅限于合作社与成员间的交易，这样就对合作社出于经济利益最大化的利益驱动而到市场上去寻找低交易成本的交易对象的行为做了限制。此外，财政资金对合作社的支持力度呈现逐年增长的趋势，实践中那些表现出较明显的益贫性及具有促进整个社区经济发展功能的合作社往往因为能与政府的期望契合而更易获得政策支持。

（二）法律维护合作社益贫性的努力

《农民专业合作社法》维护合作社益贫性的努力主要体现在以下四个方面。

第一，对成员结构的规定。《农民专业合作社法》对合作社成员结构的规定为，"农民专业合作社的成员中，农民至少应占成员总数的 80% 。"同时规定："成员总数二十人以下的，可以有一个企业、事业单位或者社会团体成员；成员总数超过二十人的，企业、事业单位和社会团体成员不得超过成员总数的百分之五。"法律中这些关于成员结构的规定都是意在防止外部资源过多地介入，进而利用其特别的资源优势来争夺原该属于农民成员的利益。

第二，对合作社管理制度的规定。《农民专业合作社法》规定，"农民专业合作社成员大会选举和表决，实行一人一票制，成员各享有一票的基本表决权。出资额或者与本社交易量（额）较大的成员按照章程规定，可以享有附加表决权。本社的附加表决权总票数，不得超过本社成员基本表决权总票数的百分之二十"。法律的这些规定意在引导农民专业合作社实行民主管理，强调农民作为合作社的所有者和使用者对合作社事务的管理权，并且这种权利的取得是基于其成员身份而非资源贡献量。这样的规定明显是在维护合作社中普通生产者表达其利益诉求的权利。

第三，入社自愿，退社自由。《农民专业合作社法》没有对入社者的出资进行硬性规定，而成员要求退社时，农民专业合作社应将记载在成员账户中的出资额和公积金份额退还给要求退社的社员。这样的规定一方面可以保证弱势的农业生产者不会因为资金不足而被排斥在农民专业合作社之外；另一方面强调农民退社后的利益不受损害，保证农民在合作社中无法实现预期收益时，可以通过退社来进行自我保护。

第四，对合作社盈余分配方案的规定。《农民专业合作社法》规定，合作社可分配盈余的 60% 以上要按照其与成员的交易量对成员返还。此规定意在强调合作社中"交易"的重要性，或者说是强调生产者成员对合作社的贡献。这种对交易相较于资本的重要性的强调或者说资本报酬有限性的规定，实际上是为让普通的生产者成员能够从合作社的发展中分享更多的收益。

综合以上政策和法律对农民专业合作社所做的引导以及各项规定可以发现，政府通过政策对合作社的引导，意在使农民专业合作社发挥其带动弱势农民参与市场竞争及促进整个农村社区发展的作用。如果农民专业合作社没有迎合法律和政策的这种期望，那么，便有可能面临丧失政策支持的风险。如四川省的某茉莉花合作社，原本是由 12 名茶叶加工商和近百名茉莉花种植者共同组建的，在合作社的发展过程中，茶叶加工商认为收购成员生产的茉莉花远不如从市场上购买茉莉花合算，因此，实施了合作社的改组，将生产者成员排斥到合作社之外，将合作社变成了一个单一的茶叶加工商之间的联合。由于该合作社成立之初带动了本地大量生产茉莉花的农民并增加了其收入，所以被评为示范社，获得了各级财政的支持，但由于合作社发展过程中排斥生产者成员，使得其丧失了获得政策支持的条件，所以，政府相关部门决定对这样的公司化的合作社不再支持。这样的一种引导方式可视为对未能迎合政策期望的合作社的惩罚措施。

四　两种力量的角逐——来自一个案例的阐释

根据前文所述，作为独立经济主体的合作社其创设的原动力与发展的大趋势是趋利的，然而这类经济主体的特别之处在于其会客观地产生促进农村社区发展的功能，只是在合作社逐利目标的导引下，这种社会功能因为沦为了逐利的副产品而处于随时可能被剔除出局的境况。而法律与政策之所以给予合作社这类市场主体特殊的支持措施就是因其看中了合作社所独有的带动弱势群体乃至整个农村社区发展的社会功能，或者说这些支持措施意在强化合作社的社会功能。以下以笔者 2012 年 12 月调研的一个合作社案例来阐释法律与政策在对合作社趋利性的引导与益贫功能强化中的具体实现形式及产生的效果。

北京市通州区众发合作社理事长张众发原为某国企员工，后来国企改制，张众发便利用自己在国企工作期间积累的农产品销售经验和销售渠道成立了众发合作社。合作社的主营业务范围是当地一种传统食品饹炸馅的生产与销售，饹炸馅这种食品在张众发原来居住的村庄及周边一些村庄有着较久的历史，只是由于没有统一的工艺标准，所以不同的农户做出来的产品的味道也不同。张众发为了开发这种产品，以饹炸馅申请了非物质文化遗产，并将其作为众发合作社的主要产品。经过几年时间，众发合作社的产品已经打入了北京市的多家酒店，销售渠道稳定。然而，众发合作社虽名为合作社，实际上产品的生产和销售主要依赖于理事长张众发，张也是该合作社的主要受益人。通州区政府相关负责人见张众发有稳定的农产品销售渠道，便希望他能够吸收其他农产品生产者加入，扩大众发合作社的服务范围，带动更多的农民增收。最初，张众发没有采纳这一建议，按照张自己的想法，"并非不想帮其他农户销售产品，而是众发合作社按照现有的模式运营就很好，扩大范围可能带来更多麻烦"。后来，区政府负责人再次与张协商相关事宜，并且给予该合作社 95 万元的资金支持，帮助其建立专门的配送中心，张众发最终同意帮助其他农民销售农产品，众发合作社的主营产品除原来的饹炸饹外，增加了乌鸡、乌鸡蛋、梨、山药等。合作社社员增加以后，张众发确实遇到了一些新问题：比如偶尔会发生农户对合作社的违约行为（如产品质量不合格等），增加了合作社的运营难度；由于享受了政府的资金支持和政府对示范社的支持政策，在最终的利益分配上也不如原来那样简单，张需要按照既有法律和政策的规定来确定与社员间的利益分享。然而，张众发认为，成员增加以后，虽然增加了合作社的运营难度，但是合作社却取得了新的发展。他特别提到他参加蟹岛农产品展销会的经历，那次农产品展销会上，他体会最深的就是合作社在其他农产品生产与销售业务上的延伸提升了众发合作社的知名度和市场竞争力。

从众发合作社的发展轨迹可以看出，合作社的领头人（同时也是合作社特殊资源掌握者）原是将法律与政策的支持视为一种交换条件的，即通过牺牲一定的组织效率及个人经济利益来换取政府的政策支持。然而，当这一"交易"达成以后，合作社并不是完全依赖于定期的对等交换来维系其益贫功能的，而是通过这样的方式实现了对其服务社区发展或帮扶弱势群体功能的强化，即通过更好地为农民服务来增强其自身的市场竞争力。

五 结论与讨论

通过前文的分析可见，我国的农民合作社作为一类独立的市场主体，其自身存在着内在的趋利性，然而，由于其特殊的生存环境，这类市场主体的特别之处在于其客观上促进了弱势的农民群体及其所在农村社区的发展。法律与支持政策的出发点和目标是通过强化合作社的社区服务功能，以引导合作社带动更多的小规模农业生产者来对抗市场风险。由于现阶段我国农民合作社的现实情况，组织内部存在明显的成员分层及成员异质性问题，尤其是合作社的领办人往往是掌握着特殊资源、在合作社发展中起关键作用的成员，所以，合作社的趋利性突出表现为合作社核心成员对个人经济利益最大化的追求，并进而构成对弱小农户在合作社中利益的损害。通过法律与政策的引导，合作社的核心成员最初往往将政府的支持政策作为其牺牲一定的经济利益来带动弱势群体发展的交换条件。虽然法律与政策的特别支持引发了一些备受关注的问题，如合作社发展中广受诟病的"套取政策支持"现象。但是，不得不承认，为了达到"套取"的目的，合作社必须要满足一些硬性的指标，而要达到这些指标就要有一些带动小规模农业生产者发展甚至是带动其所在农村社区发展的行为。这些行为虽带有某种交易色彩，却可以将合作社的社会服务功能内化为合作社的自身需求，成为其持续发展的内在动力。要实现对合作社领办人过度追求自身利益而损害弱小农户利益取向的矫正，须通过完善法律和政策设计，以及防范政策实施中的寻租行为，以使法律与政策得到有效实施。

（本文原载于《中国行政管理》2015 年第 5 期）

农民综合合作社初探

申龙均 *

世界上的农民（业）合作社按其事业内容可分为两大类：农民专业合作社和农民综合合作社。农民专业合作社，我们较熟悉，是指合作社主要从事单项事业，如产品购销等经济事业或信用保险等金融事业。它是北美和西欧国家农民合作社的主要形式，是与其农场大规模的土地经营面积和发达的农村社会分工相适应的。

对于农民综合合作社，我们较陌生，我国内地也尚未确立这一理论概念。实际上，它类似于韩国和日本的综合农协和我国台湾地区的农会。韩、日的综合农协，既从事产品购销等经济事业，又从事信用保险等金融事业，以及卫生、养老等社会事业。韩、日综合农协适合于农家小规模土地经营面积（两者户均耕地面积均为 1.5 公顷左右）和农家生产、生活尚未分离的情形。

韩、日综合农协的最大优点是：通过金融合作，有效解决农民及其专业合作社资金短缺的难题。例如，1961 年以前，韩国农协依《农业协同组合法》只能从事农产品销售、工业品购买等经济事业。而农村金融事业，则由农业银行依《农业银行法》从事。由于农协不能从事金融事业，所以它要从事农民所需的产品购销等经济事业往往无资金保障。1961 年 7 月 29 日韩国颁布并施行的《农业协同组合法》明确规定：取消农业银行，由农协兼营农村经济事业和金融事业，即综合农协。它通过金融合作带动农村经济事业的发展。日本农协系统的中央农林金库是闻名世界的农村合作银行。

---

* 申龙均，吉林省经济管理干部学院副教授。

我国之所以难以破解农民及其专业合作社资金短缺的瓶颈，症结就在于，农村没有完善、发达的合作金融。我国和韩日的农业有许多相似之处，如地理位置、作物品种、家庭经营、户均耕地面积、汉字文化背景等方面。因此，韩、日综合农协对我们甚有借鉴意义。

一是我国合作社理论研究应明确提出"农民综合合作社"这一科学概念。有些人把从事多项社会经济事业的农民专业合作社亦称为农民综合合作社，这一提法不妥当。划分农民专业合作社和农民综合合作社的唯一基准是农民合作社是否兼营经济事业和金融事业。笔者认为，农民综合合作社可定义为：以农民为主体的民主性的兼营经济事业和金融事业的互助性经济组织。

二是我国应抓紧修订《农民专业合作社法》。该法应该称为"农民合作社法"，就农民综合合作社和农民专业合作社做出规定：如农民专业合作社开展信用合作的，应规定其为农民综合合作社；不开展信用合作的，仍称其为农民专业合作社。我们应鼓励农民综合合作社和农民专业合作社并存，取长补短，相得益彰。新的"农民合作社法"亦适用于供销合作社和农村信用社，因为这两者本来就是农民合作经济组织，只是被人为地异化了。

三是引导新型的农村资金互助社积极开展产品购销等经济合作，使其发展成为农民综合合作社。农村信用社异化的现实证明，脱离农村经济合作的农村合作金融是没有生命力的。我国农民合作社的模式应是：以农民综合合作社为主、农民专业合作社为辅。这有利于农民综合合作社掌控农村金融，促进农村经济更好、更快地发展。

四是各级政府和高等院校应下大力气培养农民综合合作社的经营管理人才。由于农民综合合作社业务比专业合作社复杂多样，所以亟待培训农民综合合作社理事长和经理人员等，使他们真正地既懂经济又懂金融。中央早在 2008 年就提出专业合作社应开展信用合作，但至今成效甚微。其原因固然很多，但不可否认农村匮乏这方面的经营管理人才是其中最主要的原因之一。据不完全统计，全国只有青岛农业大学设立了合作社学院，其他高等院校都没有设置合作社专业，这是我们匮乏合作社高等人才的重要原因之一。

（本文原载于《中国农民合作社》2014 年第 11 期）

中国农村合作组织发展的若干思考

杨 团[*]

近年来，中国社会科学界在"三农"问题的研究上超越了早期关注村民自治与农民维权的主题，把关注点更多地投向针对农村社会、经济自治组织的研究。

中国与日本、韩国和中国台湾地区一样，都在 20 世纪初颁发相关法令，建立了本国或本地区最早的农会（农协）组织。一百多年过去了，日本、韩国、中国台湾地区的农协（农会）发育良好，我们的类似组织却命运多舛，至今还处于艰难跋涉之中。最近十余年来，为推动农村社会、经济自治组织的成长，先是成立农业专业技术协会，后是成立专业合作社，国家都形成了强有力的动员机制，力度不可谓不大，但是效果一直不显著。

笔者以近年亲历的四个农村社会、经济自治组织发展中的难题为例，试图对此做粗浅的回答。这四个组织是四川仪陇县乡村发展协会（简称仪陇协会）、四川茂县南新特色水果协会（简称茂县果协）、陕西洛川旧县镇农民医疗合作社（简称洛川农医合）、山西永济市蒲州镇农民协会（简称永济农协）。

一

如果以《农民专业合作社法》的颁发日期为界划分农村自治组织的生长周期，那么，这四个组织发起的时间都在该法颁发之前。仪陇协会、永济农协、洛川农医合、茂县果协分别成立于 1995 年、1997 年、2003 年和

杨团，中国社会科学院社会政策研究中心副主任、北京农乐之家咨询服务中心理事长。

2004 年，注册年份分别为 1996 年、2004 年、2005 年和 2005 年。除了仪陇协会具有鲜明的政府背景，成为非营利性的农村金融自治组织外，其他三家都是由农民自行管理的不同类型的自治组织。

仪陇协会原本是一个扶贫性质的小额贷款组织，县协会作为小额贷款的管理机构，在 7 个镇下设分支机构负责实际操作，贷款资金主要来源于国际组织，机构只贷不存。2005 年这个协会在县政府的支持下，帮助 17 个行政村建立了村级资金互助合作社，以村民入股的资金发放贷款。这就将协会分支机构职业化、专业化的操作经验输入了村级社，还借助村社的力量扩大了镇、县小额贷款的资金融通规模。2007 年，仪陇协会的资金规模达到 1000 万元，17 个村社的平均资金盈利率达到 17%。

永济农协早期从科技培训起家，涉足农产品联合购销后一度遭遇增产减收的挫折而一蹶不振，后来又从无风险的社区文艺和教育、环境卫生等活动中受益，重新获得了农民尤其是妇女的认同。2004 年在县委、县政府的直接关心下，该合作社正式登记注册。多年来，该社的社会活动有轰动效果，经济项目多但成效不大，持续发展遇到了来自乡村派系势力、市场压力和行政干预等的诸多阻碍。

洛川农医合是中国社会科学院社会政策研究中心在农村社区卫生服务试点中帮助建立的一个农民健康自治组织。洛川农医合开展了以下活动：设立组织——按照镇、片区、行政村三级组成农民自治组织；筹款——动员农民自愿缴费；宣传培训——组织健康小组，对农民进行健康教育；监督——由农医合代表每月访问农户，收集对于社区卫生站服务的意见建议。不过，由于农村社区卫生服务自试点开始至今仍未纳入国家关于农村卫生服务的战略框架，新型合作医疗只以大病为主，不包括社区卫生服务，因此，该合作社仅靠农民自愿缴费或者社会援助难以为继，加之乡镇卫生院机构改革滞后，农村社区卫生服务与其利益相冲突，导致一些社会公益组织撤销了资助，该试点受到来自政策、机构、资金三方面的冲击，不得不进行收缩。试点初期即 2003 年底，试点覆盖全镇 3200 户农户，10000 多人，目前只有不足 2000 人了。2007 年 8 月，经县政府同意，农医合废除与乡镇卫生院的社区卫生服务合同，改为自办社区卫生服务中心，社员缩减五分之四。为筹集资金和争取社员，农医合设立了经济组织，当下正向融入经济合作的综合性组织转型。

茂县果协是一个主要做果树品种改良和栽培技术推广的专业技术农会，其得到县、州政府的大力支持，列入科技示范工作点，政府将果协带头人——会长张跃勋收编为县科技特派员，由财政发工资。不过，该协会的组织力较弱，活动的组织性和规范性不强，功能只限于果树栽培技术推广。

从上述四个组织对于起步方式的选择看，其区别主要在于是内生还是外生变量占据主导地位。仪陇协会的起点，是国际组织和中国政府的合作项目——以农村小额信贷和社区参与为本，探索综合性、可持续、可推广、低成本和参与式的脱贫模式。显然，这是在外生变量直接作用下建立的。洛川农医合是社会科学界在农村社区卫生服务试点中扶持的一个农民自治组织，也是外生变量占主导地位，只是这种力量来自社会而非政府。永济农协和茂县果协的起点，都是农民自发进行的科技培训。

科技培训是人力资本占主导的活动，往往不需要多少资金，只要有人才带领、有人群跟随就可以进行，文化活动也具有类似的性质，这就是大部分农村自治组织选择从农业科技或者农村文化起步的原因。而从农村金融或者健康合作起步，不仅需要资金、专业人才，还需要政策、制度以及相关专业机构的协同，如果没有外部力量的支持，完全由农民自行选择，往往很难开展起来，尽管他们对此有很强烈的需求。

从发展的状态看，四个组织目前处于组织生命周期的不同阶段。作为乡村小额贷款机构，仪陇协会已经进入成熟期。这与秘书长是政府县级干部，可以衣食无虞全身心地投入工作，带领大家探索前进的关联度很大。永济农协明显进入了成长期，除了内部因素——农村小学教师出身的农协会长全职工作外，北京富平学校以资金和人力投入该组织并始终鼎力支持也起到了重要作用。茂县果协尽管得到了当地政府的一定支持，会长成为科技特派员由政府直接发工资，不过，由于内部治理和运作缺乏方法，组织力薄弱，所以还处于萌芽期与成长前期的交界处。洛川农医合最特殊，其特殊性主要源于这个试点是为推动农村卫生向社区预防为主的宏观战略服务的。目前国家政策仍停留在推广以大病为主的农村新型合作医疗制度上，这导致依靠社会支持建立的社区卫生服务机构和农民医疗合作社陷于孤立无援的窘境。

由此可见，农村自治组织起步方式的选择主要取决于由谁来确定组织目标——是不受外力影响的农民自身，例如永济农协，还是主要由外生变量政府或者社会力量所决定，例如仪陇协会或者洛川农医合，与之相关，各类自治组织的发展状况则呈现并非同步的复杂现象。起步方式主要由外生变量所决定的组织，如仪陇协会和洛川农医合，两者发展态势的方向相悖，前者走向成熟，后者则趋于倒退，究其原因，外生环境、政策、政府意愿的变化起到了决定性的作用。起步方式主要由内生变量决定的组织，发展的态势相对更复杂些。这类自治组织发展是否顺利，既有组织内部治理的原因，也有外部力量能否与内部协同合作的因素。如茂县果协的状况，显然是由于缺乏来自外部的支持所导致的。

从组织结构来看，组织的设置差别较大，除仪陇农协稍好之外，其他组织的功能设置和运行问题都很明显。具体来说，第一，没有权能分开的制度。农协的会长既做决策又负责执行，相当于理事长、总干事"一肩挑"。结果往往导致决策和执行一人说了算，缺乏民主决策和监督。第二，没有会员入会的正式程序，加入和退出往往随意化，仅靠一本花名册作为入会凭证。第三，茂县果协、永济农协财务制度不健全、不透明。这与其经费来源不稳定有关。

近两年，特别是在《中华人民共和国农民专业合作社法》颁发之后，四个组织都产生了一个主体多方注册的问题：茂县果协已经注册了专业合作社，永济农协已经改称果品协会，仪陇协会直接将17个社团法人登记的村级资金互助社作为自己的业务网络，洛川农医合注册了一个资金互助社、一个生产资料合作社。

二

四个组织成立的时间都超过5年，其中仪陇协会超过13年，它们的发展历程一定程度上是中国农村合作组织的缩影。其发展趋势既有远虑又有近忧。主要原因是没能解决与维持农村自治组织成长的资源有关的问题。

永济农协成立11年，凡是农村自治组织所能进入的领域都尝试了，其经济效益仍不足以负担聘任一个全职工作团队的成本，这导致农协总是在原有水平徘徊，无力走上专业化、职业化的发展坦途。四个组织中最成熟的仪陇协会成立十余年，金融资产至今只有约 1000 万元，组织的主要盈余来自国际组织援助资金的运营利润，虽可维持 14 个由总部和分支机构聘任的全职工作人员的工资及办公费用，不过所余不多，支持 17 个资金互助合作社的联合购销和文化活动还有不小的困难。

仪陇协会曾向有关方面提出，若政府再给协会投入一定的资金，放手支持协会发展农村金融的网底——农民资金互助合作社，并将这些网底组织建成可以做存贷业务的村镇银行下设的小组，就能产生更多的积累去支持农业经济、科技发展和农民文化生活。但是，在现行政策框架下，这个愿望无法实现。

如何解决维持农村社会、经济自治组织成长的资源来源的问题？回答这个问题，先要分清楚不同类别的农村自治组织。因为自治组织的类别不同，资源的来源也不同。

从规范化角度来看，农村的经济、社会类的自治组织可分为三种，一是社团，即农村专业技术协会；二是合作社，即各种类型的专业合作社；三是公司，目前农村已经产生了大批农业公司。维持农村专业技术协会成长的资源来源，是政府给予的技术推广支持费和自行组织的联合购销手续费，合作社则主要是经营中的成本摊销，公司则是成本摊销和利润支付。即便合作社和公司都采用股份制，由于公司的决策与运作权更加集中，在资源和利润分配上的权力更大，因此也更利于集中资源扩大规模。由此，公司类的农村组织，并不存在我们所说的维持组织成长的资源来源问题。

这类组织属于私人市场组织，其运营目的是单一的，仅仅是追求盈利，即便公司加农户、公司加基地的方式，也是为了给公司建立原料基地，降低原料成本。因此，要为中国几亿小农户解决生计、提升生活质量，依靠公司式的私人市场经营模式是不可能的。

多年来，政策的取向就是以公司和产业作为利益联结的链条。《中华人民共和国农民专业合作社法》颁布实施之后，公司加农户、公司加基地的方式摇身一变，成为公司经理（大户）加中户的联盟，小农户还是被排斥在外。这样一种以产业为链条的专业合作社，在发展产业经营、带动小农户抵御市场风险方面能力有限，具体表现为"五多五少"：以松散型为主的多，经济实体少；重盈利、轻服务，重分配、轻积累，与农民买断关系的多，可持续的发展少；局限于技术、信息服务的多，农产品加工、销售、投资的少；发展运作依靠大户的多，独立开展有组织的批量采购活动、创建品牌、有市场影响度的少；多产业覆盖、跨区域经营的多，能在主导产业、优势产业上有带动作用的少。最终是大户得到的利益多。

所以，研究农村社会、经济自治组织成长的资源来源问题，也要排除基本上由大户垄断的专业合作社。我们需要换一种视角，按照功能进行组织分类，尝试一下对单一功能组织与综合功能组织的比较。

从目前存在的农村非公司类组织的性质来判断，可以将农村自治组织分为单一功能组织与综合功能组织。前者如茂县果协、早期的仪陇协会和洛川农医合，后者如永济农协和后期的仪陇协会及洛川农医合。单一功能组织的资源来源是单一的，综合功能组织的来源则是多渠道的。

对于农村自治组织而言，农业技术推广、文化与社区服务属于非经营性的社会活动，是需要资金维持的，而联合购销、农村信贷属于经营性的经济活动，是有可能获得利润的。不过，非经营性的社会活动可以凝聚人心，获得社区团结和社会组织成长的社会资本，提升组织的能力，因此也是组织成长中不可或缺的重要资源。经验表明，经济和社会类的资源在农村组织中具有相互补充的功能，在一个组织内部可以自然地发挥作用，不过这需要一定的前提条件：一是社会工作所需的经济成本，二是人才。永济农协没能解决好这两个问题，这也是它成立十余年难以发展壮大的重要原因。

近20年来，人类迈入后工业时代，人们发现发达国家和地区之间的农村现代化的路径似乎有所不同，而这与其农民合作组织的类型不同有密切关系。欧美农协与东亚农协不同的组织方式引起了人们的关注。

欧美国家的农民组织大都是专业性协会。欧美国家由于农民人数少，耕地或牧场相对广阔，人均生产资料较之东亚小农要多出几倍甚至几十倍，加之农民只是乡镇人口的一小部分，他们日常的社会需求都可以由所在社区统一解决，因此，单一经济功能的专业协会组织形式对其较为合适。

日本、韩国、中国台湾地区的农协（农会）与欧美农协不同。日本、韩国、中国台湾地区的农协（农会）既不是合作社，也不是专业经济协会，它兼具农事（农业经营）、农推（农业技术推广）、农政（农业行政）的功能，集农村信贷、保险、联合购销、社区教育、文化等功能于一身，集农民职业团体、农村合作组织与政府委办机构等特质于一体。这种类型的农民组织在日本和韩国称为农业协同组合，在中国台湾地区称为农业者公会。一位资深的日本农协中央会的干部告知笔者，1947 年日本制定《农业协同组合法》时，曾经考虑过是否将之称为"合作社法"，最后还是放弃了。原因在于合作社过分强调社员的股权及按股分配的原则，而农协强调的是农民权利人人平等和提供公共服务。农协并不像合作社那样只有部分人入社，而是全体农户统统入会。所有的农户都能够从农协的多重特质中平等地得到多重的经济和社会利益。这样的组织体系，其使命自然不是单纯的经济目标或者单一的社会目标，而是自乡村基层直至整个农村社会的稳定治理。

日本、韩国、中国台湾地区的农协（农会）与欧美农协最为显著的不同在于其功能的统合性。这种模式将农协（农会）的经济收益向社会事业进行转移支付，通过内部再分配实现经济功能与社会功能的互补。在政府的扶持下，由农协（农会）做市场供销经营和农村信贷，农会帮助农民赚钱，同时，农会通过对各项事业的统一经营、内部微调，实现以盈补亏，支持农民自己的社会事业。而当农民的社会福利、社区教育与农产品经营销售相结合，生产经营与消费、福利相结合时，就会形成区域内强大的社会凝聚力，致使农民成为利益共同体。

经验表明，农民组织内部的再分配比外部的政府直接转移支付更有效率。同时，农民组织更容易掌握会员资信，只要建立了网络联系，无论市场业务还是公共服务都会更加有效。因为社会约束是强于单纯的市场合同约束的，所以整合了经济和社会功能的农协比企业组织更容易得到客户信任。如果使用简称来概括东亚农协模式，那么，没有比综合农协这个历史上的称呼更恰当的了。

这里要说明的是，东亚的综合农协模式实际上源自东亚小农户经济的自我保护意识。小农户经济获利空间狭小，需要采用多种方式，包括金融、保险、政府委办、消费品推销等方式获利，而且，东亚社会天然具有邻里守望相助的传统，东亚综合农协模式将这种互助发挥到了极致，将互助机制置于现代社会的社区化组织治理结构中。

据笔者考察，日本、韩国、中国台湾地区的农协在 20 世纪上半叶就形成了庞大的资产规模。三地农协都有自己的大银行，其基础是各个基层农协的信用部都有自己的办公大厦、运销公司、超市、培训中心等。三地的各级农协尽管资产庞大，且其信用事业和保险事业均为市场运作，盈利能力强，但其本身仍然属于非营利性机构。其经营的目的是为了以收补支和降低农协的经济运行成本，补助农业技术推广和文化、社会服务事业，实现财务总体平衡并略有盈余。

日本、韩国、中国台湾地区的农协（农会）中还有组织内部的权能划分制度，实行决策权、监督权、执行权由理事会、监事、组合长（中国台湾称总干事）分别掌有的组织原则。理事会必须聘任组合长（总干事），组合长（总干事）负责经营和管理农协的业务，对上接受理事会任免，对下聘用工作人员，并指挥下属人员执行理事会的决议，发挥组织的运营功能，实行理事会领导下的组合长（总干事）负责制。权能区分的制度将农会的干部区分为选任与聘任两类。由农民直接选举产生的理事、监事都是义工，不拿工资，组合长（总干事）及工作人员系聘任，属于雇员，要量等定薪。这套制度促使农协（农会）真正成为专业化的职业农民团体。这样的农协（农会），在日本、韩国、中国台湾地区都采取单独立法的方式，以表明其在法律上的独立地位。

研习我国近代史，可以发现在清末民初及抗日战争之前，我们曾经遇到过类似日本、韩国、中国台湾地区那样的发展综合农协的历史机遇，但是抗战的爆发、民族的危亡使我们错过了这种机会。1949 年新中国成立以来，我们也曾探索过农村经济与社会综合发展的道路，从互助组到初级社、高级社、人民公社，不能不说也是一个兼具经济性、社会性和行政性的组织。但是，大陆的人民公社在体制上实行党政群（农民群体）合一，没有给予农民组织独立、自主的地位。这一体制导致前 30 年农村组织试验的失败，这才有了 1978 年以来的农村改革。

改革开放 30 年来，国家发生了巨变，农村有了巨大的发展，可是分散小农户加上脆弱的农业产业，无论怎样努力，包括近年来专业合作社的试验，都未能阻挡年复一年城乡差距的持续拉开。怎样让农民这个中国最庞大的社会群体与全国人民一起走上可持续发展的道路，成为中国发展的头号难题。

实践出真知，这是一条颠扑不破的真理。实践也是政策学习最重要的源泉。日本、韩国以及中国台湾地区农协（农会）的百年实践，中国改革开放以来农村社会经济组织的发展实践，都证明了综合性的农民合作组织由于其内部功能互补，因而具有一种内生的可持续发展机制。而要启动、激发、保护这种内生机制，必须启动外部的社会政策予以引导和全力支持。

目前，中国大陆的各类农村合作组织正在经历广泛且分散的制度创新过程。各地进行着分权式的多种制度试验，甚至可以说正在形成类似市场机制那样的多元制度创新主体和创新形态的竞争，但是，针对这种竞争态势的政策研究与分析却相当落后。经过多年的探索，其实我们已经具备了从农民合作组织模式入手调整农村基层治理结构，促其可持续发展的基本条件，这就是从研究我国的综合农协出发，形成系统的"三农"社会保护政策框架和制度体系。

参考文献

[1] 杨团：《移植台湾农会经验，建设大陆综合农协》，《社会科学》2009 年第 11 期。

[2] 杨团、孙炳耀、毕天云：《日本农协考察报告》，载杨团、葛道顺编《社会政策评论》第 2 辑，社会科学文献出版社，2008。

[3] 高向军：《农村资金互助社建设与农村自主金融体系的实践与思考》，载王思斌、杨团编《当代社会政策研究 Ⅲ》，中国劳动社会保障出版社，2008。

[4] 王景新：《中国乡村新型合作经济组织：现实、问题及政策建设》，《中国乡村发现》2008 年第 1 期。

[5] 贺雪峰：《关于农民合作能力的几个问题》，价值中国网：https：//www.chinavalue.net/Finance/Artile/2007 - 8 - 31/79157.html，最后访问日期：2007 年 6 月 15 日。

[6] 张健：《农民合作组织与乡村公民社会转型》，《江苏社会科学》2006 年第 6 期。

（本文原载于《天津社会科学》2010 年第 2 期）

农民专业合作社法律修订的几个问题

任大鹏*

在《农民专业合作社法》是否修订以及如何修订的问题上，存在着不同认识。认为该法应该尽快修订的理由主要是以下几点。第一，原有的法律调整范围过窄，如没有涵盖联合社，没有涵盖资金互助合作社，没有涵盖土地股份合作社，也没有涵盖农村集体经济组织改造形成的社区性合作社。第二，认为合作社的内部管理不规范，尤其是少数成员控制合作社的现象比较突出，成员异质性的问题越来越明显。第三，认为合作社规模过小，竞争能力不强。社均成员数量过少，注册资本额过低，导致通过合作社的组织模式提高农业竞争力的目标不能充分体现。第四，需要有更加明确的、稳定的、可操作的扶持政策。实践中扶持政策不到位的现象比较突出，尤其是合作社从事农产品加工不能享有税收优惠，合作社人才短缺等制约了合作社的发展。第五，需要明确合作社的业务主管部门和职责，如合作社的规范化建设等问题都需要有主管部门的参与作为工作基础。

相反，认为现行法不需要修订的理由包括以下几点。第一，农村资金互助合作社应当适用其他法律；土地股份合作社中以农民土地承包经营权出资，符合《农村土地承包法》的规定，且《农民专业合作社法》对此没有禁止。因而，这两类合作社的法律适用问题不需要通过修订法律解决。第二，导致合作社内部管理不规范的原因，是法律实施问题而不是立法问题。第三，提升合作社的竞争能力，可以通过合作社之间的联合、合作，或者扩大合作领域来实现。第四，关于扶持政策，在现行法中已经有比较明确的规定，扶持不到位的问题可以通过配套的法规规章来解决。第五，

---

* 任大鹏，中国农业大学人文与发展学院法律系教授、博士生导师，农业与农村法制研究中心主任。

关于主管部门的问题，从现实看，包括联席会议在内的多部门协作支持合作社发展的格局已经初步形成。前述问题都可以通过完善配套制度、强化法律实施和加强业务指导来解决。

法律是否应当修订，立足点在于合作社的发展现状对法律的需求，在于基于合作社的发展实践确定法律所要实现的目标。法律的目标包括其价值目标和制度目标，合作社发展是否因为制度供给不充分而导致了价值目标和制度目标的偏离，是判断法律是否应当修订的出发点。

农民专业合作社法规定的立法宗旨，包括支持引导农民合作社的发展，规范农民专业合作社的组织和行为，保护农民专业合作社及其成员的合法权益，促进农业和农村经济的发展。立法目的一是强调组织或者成员行为的规范问题。二是作为一个组织载体，要实现农村经济和社会发展的功能。概括起来，法律的价值目标在于，通过合作社凝聚经济和社会发展中的弱势群体，以改善其竞争能力和在经济社会活动中的话语权，促进经济社会发展的实质公平。

据此，合作社的目标是经济发展目标和社会发展目标的交织。现行法规定的设立登记制度和责任制度、财产制度、内部治理制度，以及国家扶持制度等，就是要实现上述目标：如设立登记制度的目的是赋予合作社法人资格，并以低门槛、包容性，促进弱势农民可以更多利用合作社；财产制度的目的在于区分成员与合作社之间的财产权利边界，通过成员账户制度、惠顾返还制度，保护农民成员在合作社中的财产权利和经济利益；内部治理的目标是保护合作社中农民成员的话语权，保障农民在合作社发展过程中的主体地位；国家扶持制度的目标，是要促进和引导合作社的规范发展。

自该法律实施以来，合作社总量快速增长，对农民的带动能力不断增强：通过工商登记制度，明确了合作社的法律地位；通过财产制度，有效保护了农民成员的财产利益，加入合作社的农民收入普遍高于其他农民；合作社的内部机构设置逐步得到健全；合作社的社会认知程度得到不断的提高。总之，现行法规定的相关制度有助于实现立法的价值目标。

另外，法律价值目标的实现还不够充分。一是表现为合作社规模过小，产品竞争能力过弱，不当的财税政策导致合作社之间竞争不公平等问题比较突出。二是登记环节中,登记泛化与登记限制这两个现象并存,法律对合作社准入门槛的把握不统一。另外,登记成员与实有成员之间的差异过大,是小规模的生产者成员被边缘化的原因之一。三是成员与合作社之间的财产权属不清楚,尤其是国家财政补助的财产归属不明确。四是合作社内部风险共担的机制没有形成,惠顾返还的原则不能得到有效体现。五是从治理结构看,合作社中资本话语权大于交易的话语权,出资成员的话语权大于普通生产者的话语权。六是市场对合作社的信用和交易安全保障的信赖机制没有形成。基于这些问题,需要完善相关法律制度。

要完善相关法律制度,需要重点研究以下问题。

第一是其适用范围。一方面,现行法过于严格的同类农产品的限制,加大了合作社设立和运行的成本,限制了不同产业之间的横向合作,挤压农民为主体举办的其他类型的合作社的发展;另一方面,缺乏联合社的法律规范,使得合作社之间的联合与合作存在法律障碍。另外,农民资金互助合作社,农民社会服务合作社等生产领域之外能不能适用《农民专业合作社法》,是法律修订需要重点研究的问题。

第二是门槛化问题。门槛化问题的表现在于合作社是不是要抬高设立门槛,合作社是不是应该自己去抬高成员加入的门槛。抬高门槛尤其消极影响,比如会把弱小者淘汰出去,强势者去办合作社,会导致现实情况与合作社价值目标的背离越来越大。

第三是治理结构问题。首先应当强调合作社是一个自治组织,当前合作社中存在的大户控制问题、成员被代表的问题等,应该通过合作社的自我规范来解决。

当前合作社发展的一个重要变化是,其从劳动合作越来越多的转向了要素合作。大户、公司在领办合作社时,从因为依赖农民的土地而吸收农民入社,转化成通过流转等方式获得土地而把小规模农民从合作社中剥离,或是使出租、出让土地的农民在合作社中进一步被名义化。要素合作化趋势逐步凸显,会导致合作社的治理权更加集中,这显然会对保护农民主体地位的立法价值构成损害。

第四是关于盈余分配制度。在《农民专业合作社法》中,规定了盈余的60%以上按惠顾额返还的原则,但有人说这个比例忽视了资本在合作社中的作用，忽视了资本的贡献者其实是合作社经营风险的最终承担者。是否修改该原则，要回归到我们的合作社价值目标上。更多地体现资本的话语权和资本利益，这与合作社联合弱者的价值目标相悖。

第五是关于土地入股的问题。土地股份合作社，会涉及一人一票和一股一票之间的冲突。土地转化成股份，合作社的成员必然要求股份在合作社中的话语权，而不再是基于其成员身份形成的话语权。即使同为股份，由于现行法并没有赋予家庭承包的土地经营权以充分的债务清偿能力，土地股与货币股之间也难以体现同股同权、同股同利的原则。

第六是关于资金互助合作社。从立法的角度看，需要明确资金互助合作社和合作社内部的资金互助是否存在本质性的、内在的差异。需要明确作为农村金融的表现形式的资金互助合作社是金融业态，还是合作形态，进而明确是应由合作社法调整，还是由金融法律调整。

第七是关于扶持政策。一般而言，扶持合作社就是扶持农民，扶持合作社就是扶持农业，但从现实看，扶持合作社本质上是扶持龙头企业和大户。因此，需要研究扶持措施如何更好贴合法律所追求的价值目标。财政资金到底是用于标志性和示范性的合作社身上，还是保障所有的合作社都能够享受到公共财政的阳光普照，是确定财政扶持政策的原则性问题。就税收优惠而言，农产品加工环节缺少税收优惠政策，是制约合作社纵向一体化发展的重要因素。合作社的发展，需要能体现合作社之间、合作社与其他市场主体之间公平的市场竞争关系的财政支持和税收优惠。

（本文原载于《中国农民合作社》2014 年第 4 期）

农民专业合作组织立法的制度导向辨析[*]
——以《浙江省农民专业合作社条例》为例

徐旭初[**]

如果不考虑毛泽东时代或者更前面的农民合作社运动，这一次我国农民专业合作组织的浪潮开始于 20 世纪 80 年代中期，蓬勃发展于 90 年代。目前，全国比较规范的农民专业合作组织已经超过 14 万个。[①] 因此，关于农民专业合作组织的专门立法已势在必行，迫在眉睫。近年来，关于农民专业合作组织立法问题的讨论颇为热烈，刘振伟、应瑞瑶和何军、欧阳仁根、任大鹏等[②]都对此进行了颇有影响的讨论。与之同时，《农民合作经济组织法》已经列入十届全国人大常委会立法规划，相关立法工作正在积极进行中。更为引人注目的是，浙江省人大常委会 2004 年 11 月 11 日已通过了新中国第一部关于农民合作经济组织的专门性法规《浙江省农民专业合作社条例》。可以确认，农民合作组织立法将极大地影响我国农民专业合作组织的发展走向，国家层面的有关合作组织的法律推出之日，就是我国农民专业合作组织发展进入崭新阶段之时。本文结合对《浙江省农民专业合作社条例》的解读，试对我国农民专业合作组织立法的制度导向加以辨析。

---

[*] 本文得到国家社会科学基金重大项目"解决我国'三农'问题的理念、思路与对策研究"（项目号：04ZD012）和浙江省自然科学基金项目"基于专业合作的农产品生产质量控制机制及模式研究"（课题号：Y604566）的资助。

[**] 徐旭初，浙江大学中国农村发展研究院教授、杭州电子科技大学人文与法学院教授。

[①] 参见陈晓华《农村专业合作经济组织的建设》，《农民日报》2003 年 2 月 14 日。

[②] 参见刘振伟《农民合作组织立法的几个问题》，《农业经济问题》2004 年第 3 期；应瑞瑶、何军：《我国农业合作社立法若干理论问题研究》，《农业经济问题》2002 年第 7 期；欧阳仁根：《试论我国合作社经济法律体系的建构》，《我国农村观察》2003 年第 2 期；任大鹏等：《有关农民合作组织立法的几个问题》，《我国农村经济》2004 年第 7 期。

一　农民专业合作组织立法的制度导向意义

1. 法律导向意义

"制度是一个社会的游戏规则，更规范地说，它们是决定人们的相互关系而人为设定的一些制约。"① 作为正式制度，法律法规对人类社会、经济活动具有强制性的规制作用。在主体多元化的法治社会中，人们需要规则，需要权威，但能够充当权威角色的只能是法律。迄今为止，我国尚无一部关于农民合作经济组织的专门法律，从而无法就农民合作经济组织的性质、宗旨等给予明确的法律规定，也无法确定其法人资格、法律地位等，导致其在法人登记、贷款、税收等方面遭遇障碍，既影响正常经营活动的开展，也难以保证其合法权益。在相当的程度上，当前我国农民专业合作组织规模小，不规范，竞争力弱，都与缺乏相关法律法规的导向和规制有关。因此，我国农民专业合作组织立法首先具有鲜明的法律导向意义。

2. 知识导向意义

法律法规的规制作用是建立在法律知识传播的基础上的。在法治社会中，法律法规本身就是一种知识，而且是一种主要的社会知识。在一定意义上，我国农民专业合作组织的发展历程就是我国农民不断学习现代化知识的历程，也是不断改造传统小农的自我超越历程。然而，尽管我国曾经在 20 世纪 50 年代经历过轰轰烈烈的农业合作社运动，但由于过去那种合作社运动与现在的农民专业合作组织的发展有着本质的区别，所以，目前农民以及广大社会成员（包括政府官员）对真正的合作社制度实际上缺乏基本的了解和认识。这也是制约我国农民专业合作组织发生和发展的重要因素之一。再考虑到广大农民对 20 世纪 50 年代合作化运动的痛苦回忆，以及人们对市场经济中合作社的种种误解等，我们在制定法律法规时还应考虑到使其承载合作社知识的廓清和传播功能。

3. 文化导向意义

法治社会的精神内法，是根植于相应法律文化的土壤中的。尽管在我

---

① 〔美〕D. C. 诺斯：《制度、制度变迁与经济绩效》，刘宁英译，上海三联书店，1994，第 3 页。

国社会经济转型时期立法工作较受重视，而法律文化的建设却颇受忽视。而合作社既是一种社员联合所有、民主控制的特殊企业，同时也是一种具有独特的社会属性和价值观的"联合共同体"，它提倡"人人为我，我为人人"的人文精神，力图通过社员之间的互助来实现社员个人的自助，增进共同利益，这使得它与市场经济条件下以逐利为目的、资本控制一切的主流企业制度有本质的区别。因此，一部优良的农民合作组织法律应能充分体现民主、合作、互助、自治的法律文化导向。

二　农民专业合作组织立法面临的几个基本认识问题

目前，要使我国农民专业合作组织立法具有合意的制度导向，学术界亟待对以下几个基本认识问题达成比较一致的共识。

1. 农民专业合作组织的性质究竟是企业还是社团，抑或两者兼是？

这是一个根本问题。学界有主张合作社是企业的，也有主张是社团的，也有主张是特殊企业的。有趣的是，不少人尽管观点相左，但他们的依据却都是国际合作社联盟的定义："合作社是自愿联合起来的人们通过联合所有与民主控制的企业来满足他们的经济、社会与文化需求与抱负的自治联合体"[1]。也许应该换一种思维方法来看这个问题。其一，国际合作社联盟的定义是就全世界各种各样的合作社形式统而言之，也就是说，合作社既可以偏于企业性，也可以偏于社团性。其二，从历史的角度看，合作社在早期发展时结社色彩比较鲜明，而20世纪中叶以来其企业性质就日趋显著了。其三，确认农民专业合作组织的性质是企业还是社团或是特殊企业，归根到底还是应看归入哪一类能使之更好地服务"三农"。在市场经济环境下，无论如何，确认农民专业合作组织为特殊企业比较有助于其发展，有助于其更好地服务"三农"。

2. 农民专业合作组织究竟应以生产者为主体还是以投资者为主体？或言之，如何看待其资本化或股份化问题？

从理论上讲，合作社是使用者自己的组织，那么，农民合作社自然应以农业生产者为主。然而，在当下我国农民分化显著、异质性增强的情况

---

[1]　唐宗焜：《我国合作社政策与立法导向问题——国际劳工组织〈合作社促进建议书〉对我国的意义》，《经济研究参考》2003年第43期。

下，专业从事农产品销售、技术经济服务的主体是否算是务农者？强调以生产者为主体是不是过于拘谨呢？是否消费者、惠顾者、所有者和成员几种角色合一才是合作社的理想状态？"在一定意义上，合作社的状态取决于社员倾向于扮演消费者、惠顾者、所有者和成员这四种独特角色中的哪一种。"① 最有生命力的企业制度，并不是那些理论上能够创造最大组织租金或最小交易费用的企业制度，而是那些最能吸引关键性生产要素所有者的企业制度。在当今我国农村，农民企业家或具有企业家素质的人是最宝贵的人力资源，他们是最富于创造性和最具有经营能力的，也最可能拥有相对稀缺的资本，因此，在专业合作组织中，这些关键性生产要素的所有者通常是发起者、领导者和大股东，他们无论在最初的制度安排上还是在日常的管理决策中都拥有突出的影响力。普通农民（特别是沿海地区的农民）其实也很清楚，参加合作社不是为了纯粹的公平，而是为了纯粹的利益，他们关心的是合作社能给自身带来什么利益以及自己必须付出多少，换言之，他们追求帕累托改进，而非帕累托最优，他们并不十分在意合作社的股份化倾向。因此，与其在制度上机械地强调以生产者为主体，倒不如考虑如何将资本化倾向控制在恰当的程度内。

3. 法律究竟要求农民专业合作组织在何种程度上遵守国际合作社联盟的原则？

这个问题看上去是一个农民专业合作组织的界定或识别问题，即"合作社的基础检验"（Cooperative Basis Test）问题。所谓"合作社的基础检验"是在加拿大 1999 年 12 月 31 日颁布的新的《合作社法》中提出的。该法案 7（1）节写道："依照该法案，合作社应在符合以下条件时在合作的基础上组织、经营和开展业务：①合作社的社员资格应毫无偏见地向可以使用该合作社的服务和愿意并能够接受社员责任的人开放。②每个人或每个代表只有一票。③社员不能由代理人代为投票。④任何社员的贷款利息不得超过章程中规定的最大利率。⑤任何社员股份的红利不得超过章程中规定的最大利率。⑥为了切实可行，社员提供合作社需要的资金，资本回报不得超过章程中规

---

① Barton, D. G., "Agricultural Cooperatives: An American Economic and Management Perspective", *The International Symposium on Institutional Arrangements and Legislative Issues of Farmer Cooperatives*, May, 2004.

定的最大利率。⑦从合作社经营中产生的盈余基金用于以下方面：（a）开发业务；（b）提供或改进对社员的公共服务；（c）提供准备金，或社员贷款利息的支付、或对社员股票和投资的分红；（d）社团福利或扩张合作社企业；（e）作为惠顾回报在社员间分配。⑧合作社要向其社员、官员、雇员以及公众传授合作社企业的原则和技术"。[①] 而所谓"合作社的基础检验"问题的背后实际上是如何看待政府对合作社的法律（或政策）支持的问题。目前，全世界绝大多数国家对合作社在法律（或政策）上都给予一定程度的优惠和豁免，其理论依据在于合作社是特殊的，它能够起到促进竞争或弥补市场失败的作用。那么，什么样的合作社才值得政府给予法定的优惠和豁免呢？或言之，合作社究竟应做到在何种程度上遵守国际合作社联盟的原则才值得政府给予法定的优惠和豁免？欧洲国家大多在法律上对合作社要求较为严格，而北美就放松得多，这在很大程度上是因为它们的法律文化传统有差异：欧洲或多或少还坚持将合作社视为社会运动的传统思想，而美国从一开始就实用主义地将合作社视为促进市场竞争的"标尺"。不过，在过去的二三十年里，欧洲的合作社不仅遭遇了尖锐的批评，而且正在进行着痛苦的调整。现在，欧洲越来越多的学者在对国际合作社联盟的原则继续保持尊重的同时，对农业合作社获得的广泛的法律保护表示了怀疑。

一般说来，在合作社竞争力较弱的发展初期，政府扶持有一定合理性，从而也就比较强调合作社的制度特征；当合作社具有一定的竞争力时，政府扶持的合理性也就大为减弱，合作社则倾向于具有一定的制度灵活性。实际上，针对我国各地农业和农村发展差异较大的情况，我国目前各类农民专业合作组织只要基本做到自愿和自治、以农业生产者为主体、以服务社员为宗旨、社员民主控制、主要按惠顾分配盈余，就应认为其基本符合国际合作社联盟的原则。

4. 强调法律规制还是自我规制？

换言之，既然合作社是一个"自治联合体"，那么，法律对于合作社

[①] Mackinnon, M. P. &Ish, D., "A Model of Government-stakeholder Collaboration New Canadian Federal Cooperative Legislation", *The International Symposium on Institutional Arrangements and Legislative Issues of Farmer Cooperatives*, May, 2004.

的内部产权安排和治理结构究竟应介入到什么程度？这个问题实际上是与上一个问题紧密相连的。目前在欧美国家，一方面减少对合作社的优惠和豁免的呼声不断，另一方面则出现了强调合作社自我规制的趋势。近年来，立法和规章中的自我规制在许多西方国家已经成为一种潮流。加拿大1999年新的《农民专业合作社法》就更重视社员自身在确保合作社性质和价值观方面的作用，以使合作社在执行框架性法律时更灵活，"这部分是因为加拿大（联邦的和省一级的）政府相信让行业自身来决定如何遵守法律和章程要比让政府官员来决定执行方式更为有效。政府的焦点从方式的决定转向强调立法或规制的目的上"。[1] 考虑到我国农民专业合作组织发展的多样性和复杂性，我国农民专业合作组织立法更应注意给社员的自我规制留出足够的空间。

5."新一代合作社"是否是农民专业合作组织发展的必然趋势？

20世纪80年代以来兴起的"新一代合作社"以社员资格封闭、按投售配额持股、追求附加值、股份可交易等为特点，它实际上既是为适应科学技术进步以及农业产业化的发展而发展的，也是为了克服传统合作社的固有弱点而转变的。那么，这种形式的合作社在多大程度上可以被我国借鉴呢？实际上，合作社发展到今天，它已不再是一种社会性的结社，随着市场经济的发展，其规模经济、进入市场、获取附加值等经济效用，已远远凌驾于其社会效用之上了。正是在此意义上，"新一代合作社"的价值便凸显出来。"新一代合作社"并不意味着就一定适用于各种合作社的情形，但它昭示了农民专业合作组织只有与时俱进才具有长久的生命力。

6.是否应鼓励农民专业合作组织的联合？

很显然，这不是一个简单的经营业务的联合问题，而是伴随着合作社之间价值链的衔接和协调、我国农村市民社会的逐步培养而必然带来的农民组织的"授权"（empowerment）问题。就我国农村现代化而言，农民组织起来不仅是不可回避的，而且更是当务之急。需要进一步回答的是，我

---

[1] Mackinnon, M. P. &Ish, D., "A Model of Government-stakeholder Collaboration New Canadian Federal Cooperative Legislation", *The International Symposium on Institutional Arrangements and Legislative Issues of Farmer Cooperatives*, May, 2004.

国应建构地缘式的农村还是业缘式的农村。实际上，对于农民组织化，不仅要关注组织形式的建设，即以科学的、民主的方式进行管理而非个人和少数人独断，还需关注组织形态的转换和进步，即在使地缘性的村民自治组织健康发展的同时，积极培育以农民专业合作组织为主流形态的业缘性农民组织和其他民间互助团体，以现代化的组织形态和科学的组织形式推进农民的组织化，进而撑托起农村治理现代化和农村整体的现代化。然而，毋庸讳言，当下还有一些人士担心农民通过专业合作组织形成利益集团，从而成为一种强有力的抗衡政策制定者的政治力量。这些潜在的顾虑，客观上对我国农民专业合作组织的发生和发展产生着微妙但重要的影响。因此，是否鼓励农民专业合作组织的联合，实际上意味着是否认可通过发展以农民专业合作组织为基本形式的业缘组织，来建构基于业缘性农民组织的现代乡村治理格局的理念。

三　对《浙江省农民专业合作社条例》的制度导向的解读

作为我国第一部关于农民合作经济组织的专门法规，浙江省第十届人大常委会于 2004 年 11 月 11 日通过的《浙江省农民专业合作社条例》（以下简称《条例》），实际上对上述几个基本认识问题给出了具有浙江特色的回答，这在相当程度上反映了浙江省立法者对农民专业合作组织性质的认识、对浙江省农民专业合作组织发展现状的把握以及对国际合作社运动规律的理解，呈现出以下鲜明的制度特点和导向。

（一）《条例》在既定法律框架下，间接地确定了合作社的企业性质和企业法人地位

《条例》并没有明确提出合作社是哪一类法人，只是规定"合作社依照本条例规定登记取得法人资格，依法独立承担民事责任。合作社社员以其出资额为限对合作社承担责任，合作社以其全部资产对合作社债务承担责任。"根据我国《立法法》，浙江省无权确定合作社的法人类别，否则就属创制立法。浙江省立法者规避了这一点。那么，确定为哪类法人，这一问题就交由登记部门处理了。《条例》规定："设立合作社，应当向县级以上工商行政管理部门申请登记，取得法人营业执照。"显然，在现有制度框架下，工商部门只可能给合作社发放企业法人执照，这就间接地确定了

合作社的企业性质，使合作社获得了企业法人资格。而且，《条例》规定了合作社承担有限责任。

（二）《条例》既鼓励非农业生产者参与合作社，也注意维护合作社的人合性

《条例》在坚持以农业生产者为主体的同时，一方面，对合作社股份化的现状给予一定程度的认可，为非农业生产者的加入或投资留下了较大的空间；另一方面，《条例》又对"一股独大"的可能做出了明确的限制，以尽可能保证合作社的人合性。

《条例》规定："每个社员应当认购股金。社员之间可以自愿联合认购股金。从事生产的社员认购股金应当占股金总额的一半以上。单个社员或者社员联合认购的股金最多不得超过股金总额的百分之二十。社员认购股金可以货币出资，也可以实物、技术、土地承包经营权等作价出资。"股权安排是合作社制度安排的核心所在，这一条有以下几点值得注意。①规定每个社员应当认购股金。这在一定意义上否定了相当一部分合作社或专业协会存在的"（投资的）股东四五个，（挂名的）社员一大堆"的做法，从而强调社员们应建立基于产权结合的经济合作关系。②通过规定生产者社员的股金比例应该过半，强调以生产者社员作为合作社的主体。③考虑到现在浙江省农民的异质性比较大，《条例》强调生产者以社员为主体还是比较克制的，仅仅是以 50% 为下限。这实际上为一些农产品销售、加工、服务者加入或投资合作社留出了较大的空间。④允许社员联合认购。这一肇始于台州市的做法在国际合作经济运动史上大约也属创造，为那些缺乏资金但又渴望入社的农民提供了机会。⑤规定了单个社员或者社员联合认购的股份比例上限为 20%，以遏制"一股独大"。① ①⑥允许土地承包经营权作价出资，不失为一种突破。

（三）《条例》相对强调自我规制的理念

在入社、退社、表决方式的选择、盈余分配方式的选择、社务公开方

---

① 实际上，《条例》也只能规定一人（或一个主体）不能独大，但对于几个股东联合操纵合作社就很难规制，只能寄希望于内部成员的民主控制能力。

式的选择等关键问题上，《条例》都强调"按照章程规定"。但值得特别指出的是，《条例》在强调自我规制的同时，又通过详细规定社员（代表）大会职权、生产者社员股份比例、股金比例上限、表决权比例上限等原则，不放松对合作社性质的维护。

《条例》在规制合作社的内部制度方面，选择了规制其表决方式，而不规制其分配方式的立法原则。《条例》规定："社员（代表）大会表决一般应当实行一人一票，也可以按交易额与股金额结合实行一人多票等方式进行。实行一人多票方式的，单个社员最多不得超过总票数的百分之二十。"在此，《条例》既提出了一人一票的倡导方向，也提出了一人多票的备选方案，又对一人多票的方案予以最高投票比例20%的限制。不难发现，《条例》并未机械地坚持一人一票。事实上，尽管许多合作社在章程中明确规定了社员（代表）大会是最高权力机构以及一人一票等民主管理的条款，但社员们受"核心成员"的影响很大，大多数情况下难免出现"选举不过是确认，讨论不过是告知，监督不过是附议"的现象。所以，问题不在于是否允许一人多票，而在于如何将一人多票限制在一定范围内。

收益分配是社员们参加合作社最关心的事情。《条例》规定："合作社年度结算有盈余的，按照章程规定提取公积金、公益金、风险金后，再结合交易额和股金额进行统筹分配。"不难发现，《条例》在对投票方式做出尽管粗约但明确的规定的同时，并未对收益分配做出什么具体规定，只是提出"按照章程规定"。这种做法实际上体现了浙江省立法者这样的思想：既然合作社是农民社员们自愿的组织，那么只要他们按照章程规定的民主程序行事，分配作为民主控制的结果，就应予以尊重。由此可以联想到美国《凯波——沃尔斯蒂德法》（*Capper-Volstead Act*）规定，合作社的条件之一就是：不管其成员拥有多少股份或资本，都只能实行一人一票，或者股金年度分红率不超过8%。① 显然，这里在一人一票与资本报酬有限之间提供了或然的选择。我们还可以联想到加拿大新的《合作社法》，其在要求社员资格开放、一人一票的同时，对资本回报、股份红利、贷款利息以及具体分配方式，均按照章程规定，法律来做强行干预。浙江省立法者的

---

① 参见杜吟棠主编《合作社：农业中的现代企业制度》，江西人民出版社，2002。

思路与加拿大的做法相类似，认为民主程序比分配结果更为重要，但前者对投票方式的规定更为宽松。

（四）《条例》鼓励合作社扩大规模和进行初加工

《条例》规定："合作社销售社员生产和初加工农产品，视同自产自销。合作社销售非社员农产品不超过合作社社员自产农产品总额部分，视同自产自销。"目前，我国不少地方政府为了促进合作社的发展，提出合作社销售社员生产的农产品视同自产自销。而《条例》加上"初加工农产品"则反映了浙江省立法者鼓励合作社走向加工业、获取附加值的意图。至于这一条后半部分，则鼓励合作社通过适当开展与非社员的交易来扩大规模，这明显吸收了美国的做法。按照传统的合作社原则，合作社只与社员做交易，但美国大部分州法允许合作社与非成员客户的业务往来最多可占到其业务量的50%。[①]

（五）《条例》包容不同的专业合作社形式

尽管浙江省部分地区（特别是台州市）存在相当数量的类似"新一代合作社"的合作社，但《条例》并没有规定合作社必须实现类似"新一代合作社"的社员资格封闭、按投售配额持股等原则，这样就照顾到了在不同发展环境中的不同专业合作社的形式。

此外，尽管《条例》定义农民专业合作社"是指在家庭承包经营的基础上，从事同类或者相关农产品的生产经营者，依据加入自愿、退出自由、民主管理、盈余返还的原则，按照章程进行共同生产、经营、服务活动的互助性经济组织"，但《条例》还是回避了对合作社制度特征的界定，或言之，《条例》缺乏关于"合作社的基础检验"的规定。

四 结语

我们必须充分重视农民专业合作组织立法的制度导向，因为农民专业合作组织从根本上讲就是一种既响应所处环境、又影响所处环境的组

---

① 参见杜吟棠主编《合作社：农业中的现代企业制度》，江西人民出版社，2002。

织机制，而其所处环境的主要维度之一就是法律法规。另一方面，农民专业合作组织是在不同环境中针对不同问题而运作的。因此，考虑到国家层面社会、经济状况的复杂性，国家层面的农民专业合作组织立法理应比省（市）层面的立法更为包容不同环境中的农民专业合作组织的多样化形式，更为认同农民专业合作组织的经济、社会、文化诸方面内容，更为强调对合作社基本原则的尊重和合作组织及其成员的自我规制。可以确认，《浙江省农民专业合作社条例》所体现的制度导向不可能都是普适的，也不全是恰当的，更不总是合理的。但是，从市场经济发展的角度来看，它或多或少地体现出方向性，无论如何，它希望合作社制度是面向市场的、社员主导的、有竞争力的。这也许是《浙江省农民专业合作社条例》最根本的启示，也应是我国农民专业合作组织立法所具有的制度导向。

参考文献

[1] 刘振伟：《农民合作组织立法的几个问题》，《农业经济问题》2004 年第 3 期；应瑞瑶、何军：《我国农业合作社立法若干理论问题研究》，《农业经济问题》2002 年第 7 期；欧阳仁根：《试论我国合作社经济法律体系的建构》，《我国农村观察》2003 年第 2 期；任大鹏等：《有关农民合作组织立法的几个问题》，《我国农村经济》2004 年第 7 期。

[2] 徐旭初、黄祖辉：《我国农民合作组织的现实走向：制度、立法和国际比较》，《浙江大学学报》（人文社科版）2005 年第 2 期。

[3] 〔美〕D. C. 诺斯：《制度、制度变迁与经济绩效》，刘宁英译，上海三联书店，1994。

[4] 浙江省第十届人大常委会：《浙江省农民专业合作社条例》，2004 年 11 月 11 日通过。

（本文原载于《中国农村经济》2005 年第 6 期）

影响妇女有效参与农民专业
合作社的因素分析

苑　鹏[*]

　　在快速推进城市化，工业化的进程中，农村劳动力的转移速度加快，农业女性化日益突出，农村妇女正在成为农业生产经营的主体．据有关部门初步统计，农村妇女劳动力已经占农业劳动力总量的 60% 以上，而随着我国加入 WTO，农产品的市场竞争空前激烈，农民不仅面临国内市场，而且面临来自国际市场的竞争。如何提升这些弱小农户的市场竞争力，迫切需要农业经营组织方式的创新。

　　进入 21 世纪，特别是 2006 年 10 月 31 日《农民专业合作社法》颁布以来，我国农民专业合作社呈现加速发展态势，成为引领农民实现小生产与大市场对接的重要载体。据国家工商总局的最新统计显示，截至 2009 年 12 月底，注册登记的农民专业合作社已经达到 21.16 万家，比 2008 年底增长 90%。农民专业合作社涉及种养、农机、林业、植保、技术信息、手工编织、农家乐等农村各个产业。其中手工编织业基本是妇女合作社为主体。因此，如何引导妇女组织起来，发展合作社，以有效发挥妇女的作用，直接影响农业的生产经营、农民的增收效果。从笔者这些年对各类农民专业合作社的调研情况看，妇女参与合作社发展并不顺畅，还存在很多的障碍。现行制度、传统观念、妇女自身条件等多种因素影响着妇女的有效参与。

一　制约因素

　　第一，现行制度环境造成妇女缺乏参与的机会。集中体现在户籍制度

---

　　*　苑鹏，中国社会科学院农村发展研究所研究员，农村经济组织与制度研究室主任。

的约束，合作社是在家庭承包基础上的小农的联合体，尽管我国的法律并没有像有的国家那样，规定农民入社必须以家庭为基本单位，但是在现实生活中，各地的农民专业合作社成员基本是以农户，而不是农民个人为单位加入合作社，因为家庭承包经营是以家庭为基本单位的。而农户的户主是以男性为主，从而在很大程度上限制了女性的参与。如笔者调查的吉林梨树某合作社，社员 119 户，都是按照户主登记其中男性 117 户，女性只有 2 户。因为是男性在合作社注册为成员，因此社员选代表都是男性为主。

此外，现行农村的宅基地和土地承包制度也对妇女参与不利。宅基地的分配政策一直是指给儿子，不给女儿，除非是无儿户；在土地的家庭承包制度中，尽管是按人口分配，但是以户为单位承包，在"增人不增地，减人不减地"的土地承包制度下，如果妇女嫁出去或离婚，离开了原来的家庭，那么她在新的家庭中没有自己独立的土地承包地，结果导致妇女参与合作社发展的财产基础脆弱。

第二，父权制结构弱化了妇女参与的能力。在以父姓为家族延续纽带的亲缘系统下，妇女婚后居住地的选择基本遵循从夫居的传统习俗，其结果是婚姻变成了不同家庭之间女子的交换。妇女婚后进入的是一个没有自我独立承包地的男性控制的家庭：土地家庭承包证的户主基本是男性，家庭财产通常由男性继承，家庭房屋由男性提供并拥有。绝大多数妇女进入的是一个全新的社区，面对的是一个陌生的环境，人生地不熟，缺少人际关系、社会网络，因而在参与合作社中，为了保证自己家庭有更强的话语权，家庭的最优选择将是男性。如笔者在一个资金互助合作社的调查发现，原合作社中的某骨干妇女因为远嫁而被迫退出合作社，在新嫁到的村庄里，基本是足不出户。

并且，中国传统的择偶观念是"男强女弱""男刚女柔"，这种性别社会化教育的一个现实结果是，家庭中男性的综合素质、能力水平平均高出女性。如果以户为单位参与合作社，从理性出发每个家庭要派出最强的人选作为代表，因此，倘若没有特殊的原因，如男性外出不在家，或不从事相关生产经营活动等，自然就会选择男性参与合作社活动，从而进一步制约了妇女在合作社中的直接参与。有学者对河北沧州、青县、吉林榆树 3 县的农村专业合作组织按照 5% 的随机抽样，共调查了 19 个农村专业技术协会，结果显示，19 个组织共有正副会长 43 人，只有 2 位女性，其余都是男性，即男性占 91%，女性仅占 9%。

第三，个人文化素质偏低影响妇女参与。以文化水平为衡量指标，农村女性平均低于男性年。2005 年人口抽样调查数据显示，农村 15 岁以上文盲人口中女性占 72%，而这与传统的父权制结构关系密切，因为在"女儿是泼出去的水"的男权体制下，家长缺乏内在的动力对女孩进行人力资本投资，结果导致妇女参与的能力受到限制。

第四，传统社会性别角色定型影响妇女主动参与。"男主外，女主内"的观念在中国农村占主导地位，尽管随着市场经济发展进程的不断深入，妇女们在家庭事务中的决策地位不断提高，但是传统分工观念的影响仍然很大，中国妇女社会地位调查的统计结果显示，对于"男人以社会为主，女人以家庭为主"的传统性别分工模式，男性的支持比例达到 53.9%，女性的认可比例也有 50.4%。这种歧视妇女的、根深蒂固的两性角色分工社会文化观念进一步恶化了妇女的直接参与。如笔者在合作社的案例调查中发现，合作社开会和培训时，基本是以男性参加为主，因为妇女要在家做饭、带孩子，时间不足。而实际从事农事活动又主要以妇女为主，妇女行动受到限制显然不利于她们在合作社的参与，最终结果是影响了农户的生产经营水平提升。

第五，缺乏外部机构的支持，性别意识知识供给缺位，进一步影响妇女参与。吉林梨树县在此方面提供了一个正面的典型。2005 年该县某农民专业合作社成立了一个妇女部，以充分发挥妇女作用，保护妇女利益，更好地促进合作社发展。县妇联发现这一创新形式后，积极将此经验在全县农民专业合作社中推广，并得到了当地政府的积极支持，几乎每个农民专业合作社都成立了妇女部妇女部积极发挥联系女社员的工作，从而建立起了广大女社员参与合作社事务，利用合作社提供服务的一个稳定的组织平台，尽管效果参差不齐但是普遍好于没有妇女部时的状况。妇女社员的一些特殊要求，如提供情感交流，临时生活困难求助，社交平台等，在妇女工作部的帮助下得到了满足或改善。

第六，合作社民主管理机制不健全，成员缺乏社会性别意识。从笔者对各类农民专业合作社中的调查发现，如果合作社没有一个健全的民主管理机制，成员就无法正常参与合作社决策，妇女的参与就更无从谈起。但是即便是合作社有了健全的民主管理机制，如果成员缺乏社会性别意识，妇女的参与也无法保障。因此，妇女有效参与合作社的重要条件或基本前提是合作社有效地实行民主管理制度，并且合作社的决策层中有充分的妇女代表参加。

二　对策建议

建立和健全妇女参与合作社的机制，是充分发挥妇女在合作社中的作用，保障妇女权益，推进农民专业合作社健康可持续发展的重要内容。从未来发展看，要改善妇女在合作社中的参与是一项艰巨的长期任务，需要政府和合作社的共同努力。

（一）　充分发挥政府在促进妇女参与合作社中的引导作用

第一，政府应当在制定政策中引入社会性别意识，从社会公正的战略高度出发，坚持男女平等参与，共同发展，共同受益的原则，把男女平等纳入政府工作的各项政策方针中来，使用社会性别分析方法分析各项政策和计划，提高现有制度促进社会性别平等的能力。

第二，加强社会性别意识培训。重点是面向农村干部，让他们系统地了解和理解社会性别概念在指导合作社的工作中引入社会性别意识，建立起外部支持妇女参与合作社的组织机构。

第三，加强合作社的性别统计，引入社会性别意识，制定反映合作社妇女数量，参与决策层比例变化的指标并公开化，从而鼓励和促进政府制定促进妇女参与的政策措施。

第四，优化妇女发展的社会文化环境。利用政府的新闻媒体，大力普及社会性别主流化思想，让全社会树立性别意识，努力克服传统思想观念的束缚，形成有利于妇女发展的社会文化环境。

（二）　加强合作社的社会性别意识建设

首先，建立起社员积极参与合作社的民主决策制度。社员积极参与合作社的管理决策，有效落实合作社的民主决策原则是实现妇女有效参与的基本前提，也是合作社满足广大社员的共同需要、为社员服务的制度保障，因此，合作社应当首先建立健全社员，代表，大会制度，完善理事会，监事会。

其次，将开展社会性别培训作为合作社的一项重要培训内容，通过对全体社员开展社会性别意识培训，树立并增强全体社员的社会性别意识。这项活动可以根据合作社的实际情况单独开展培训，或结合合作社的技术培训等活动一起展开。

（三）合作社的决策层中，应当考虑有妇女代表

女社员作为合作社的一个基本群体，只有直接参与到理事会，监事会决策层中，才能更有效地发挥作用，广大女社员应当积极争取自身在合作社中的直接话语权、决策权，积极争取在合作社决策层选举中，有自己的代表加入。

（四）加强妇女的能力建设

合作社应当制订计划鼓励越来越多的妇女参与合作组织的生产和管理，包括在职培训计划，帮助妇女树立参与意识并提高她们的生产技能，管理水平、决策能力。通过提升妇女成员能力，最终增强合作社的市场竞争力，为成员带来更多的经济利益。

（本文原载于《中国妇运》2010 年第 3 期）

科学修法　严格执法　引导守法
——从十八届四中全会看依法促进农民合作社的规范发展

杨春悦*

我国新时期农民合作事业源起于 20 世纪 80 年代，经过二三十年的探索，以 2006 年 10 月 31 日《农民专业合作社法》颁布为标志，已进入依法发展的新阶段。但实践中，合作社数量迅猛增长的同时不够规范的问题也比较突出，《农民专业合作社法》的规范作用还有待进一步发挥。党的十八届四中全会做出了全面推进依法治国的重大部署，农民合作事业作为农业农村经济社会发展的重要组成部分，其蓬勃发展、规范发展同样需要体现依法治国要求，同样需要法律提供坚强保障。必须科学修法、严格执法，引导广大理事长和成员自觉守法，促进农民合作社依法规范发展。

一　科学修法，打造治社"良器"

《农民专业合作社法》是规范农民合作社发展的根本遵循。于 2006 年颁布的此部法律，"立足于促进农民专业合作社的发展"，指导思想的一个重要方面，就是"规范要适度，在发展中规范，宜粗不宜细"。截至 2014 年 9 月底，在工商部门登记的农民合作社数量已达到 123 万家，从促进农民合作社发展，尤其是数量增长方面看，《农民专业合社法》可以说起到了历史性的作用。同时也看到，当前农民合作社发展不规范的问题比较突出，需要完善《农民专业合作社法》，增强法律法规的及时性、系统性、针对性、有效性。充分发挥法律"治国之重器"的作用，使"立法主动适应改革和经济社会发展需要"。

---

*　杨春悦，农业部农村合作经济经营管理总站专业合作处副处长。

一是在调整对象上适当扩大范围，适应农民合作社发展需求。随着农民群众对合作的需求日益多元化，合作的要素已经从技术、信息、产品延伸到土地、劳务、资金，合作的形式也从单体的合作社拓展到联合社。这些新的探索适应农业农村经济发展新形势，但超出了《农民专业合作社法》的调整范围，在实践中还受到不少制约，迫切需要在法律中对这些新的探索做出相应规定，提供有力保障。

二是在制度设计上赋予农民合作社更多自治空间，增强农民合作社自我发展能力。《农民专业合作社法》提出合作社盈余主要按照成员与合作社的交易量（额）比例返还，第 37 条专门规定，可分配盈余按成员与本社的交易量（额）比例退还，退还总额不得低于可分配盈余的 60%。但据典型调查，实践中能够达到上述要求的合作社还是极少数，严格意义上说大多数合作社处于违法状态。不仅如此，股份合作社的发展使得股份对合作社的的贡献需要得到应有体现，也有必要对这一规定进行调整。此外，现行法律没有对成员以现金入股、合作社从盈余中提取公积金做出强制规定，需要进一步明确，以便从制度上促进合作社依靠自身做大做强。

三是在执法主体上明确具体部门，赋予监管职责。放宽准入门槛，减少前置审批，加强事中事后监管，符合行政体制改革的趋势和市场化改革的方向。但目前的《农民专业合作社法》并未明确执法主体，一些地方存在多头监管、监管缺位等现象，这不利于指导合作社规范运行。在"法定职责必须为、法无授权不可为"背景下，应按照"行政机关不得法外设定权力"的要求，在修订《农民专业合作社法》时把农业行政主管部门明确为执法部门，为政府部门依法开展对合作社的监管、指导和服务提供依据。

四是在奖罚措施上提出专门意见，发挥激励和约束作用。党的十八届四中全会要求，"完善守法诚信褒奖机制和违法失信行为惩戒机制，使遵法守法成为全体人民共同追求和自觉行动"。目前《农民专业合作社法》在守法有奖和违法受罚两个方面还有待进一步强化和细化。

需要提出具体措施，既为遵法守法者提"真金白银"，奖励表彰为合作社发展做出贡献的理事长、普通成员和辅导员；又对违法者念好"紧箍咒"，约束各类损害合作社成员利益的行为。

二　严格执法，维护法律权威

法律的生命力在于实施，法律的权威也在于实施。农业行政主管部门应按照法律赋予的职责，全面履行执法职能，确保法律真正发挥作用。

一是加强对法律中关于合作社运行制度的检查。加大检查监管力度，对严格遵守法律规定的合作社，给予奖励和表扬，并纳入优先扶持范围。对未完全依法运行的，提供及时指导帮扶。对严重违反法律规定、造成不良影响的合作社，酌情采取写入"黑名单"、吊销营业执照等惩罚措施。还应对未经依法登记、擅自以合作社名义活动的组织和个人采取罚款等措施，维护法律的严肃性。

二是督促有关部门落实扶持政策。不仅是作为市场主体的合作社需要遵守《农民专业合作社法》，法律涉及的各项支持政策也需要各有关部门落实。应适时对各有关部门依法扶持指导服务合作社发展的职责履行情况进行检查提醒，督促各有关部门不折不扣按照法律规定认真履职，促进政策红利落地生根，为合作社健康发展提供有力保障。

三是加强执法队伍建设。加强县、乡两级农民合作社辅导员机构建设，鼓励有条件的地方单独设立辅导服务机构，建立执法长效机制。探索实行辅导员持证上岗和资格管理制度，依托辅导员或农业综合执法人员行使执法职责，确保"有人执法"。加强合作社辅导员或农业综合执法人员在岗培训，提高执法能力。

三　引导守法，自觉依法办社

法律的权威源自人民群众的内心拥护和真诚信仰。在科学修法、严格执法的基础上，还应充分调动农民群众的积极性，让遵法守法成为广大合作社理事长和成员的自觉行动，这是法律发挥作用的根基。

一是广泛开展宣传。以贯彻落实十八届四中全会精神为契机，通过各种途径宣传《农民专业合作社法》精神，让农民群众掌握法律基本要义。弘扬契约精神，倡导诚实守信，提高农民群众的遵法守法理念和规则意识。组织一批公益性宣传材料，加大面向社会公众的宣传力度，让合作社的理念和形象深入人心，优化合作社依法发展的环境。

　　二是突出示范引领。探索通过建立依法规范运行合作社名录、评定示范社等方式，对遵守法律、需要支持的合作社给予扶持，提高合作社依法规范运行的"含金量"。顺应合作社希望得到、需要得到扶持的实际情况，充分发挥财政扶持的导向和示范作用，激发广大合作社学习模仿先进典型依法规范办社的主动性和积极性。

　　三是大力进行教育。依托新型职业农民培育工程，加大农民合作社理论知识、办社实务、运作经验等方面的教育培训力度，提高新型职业农民的合作意识和合作能力，为新时期农民群众依法发展合作社打下坚实基础。深入开展合作文化培育，举办合作社进校园等活动，从娃娃抓起，逐步提高全社会对合作社依法规范发展的认识。

（本文原载于《中国农民合作社》2015 年第 1 期）

图书在版编目（CIP）数据

农民合作社发展中的问题与法律规制／仝志辉主编
. —— 北京：社会科学文献出版社，2016.12
（农村合作制研究. 法律规制）
ISBN 978 - 7 - 5097 - 9870 - 6

Ⅰ.①农…　Ⅱ.①仝…　Ⅲ.①农业合作社 - 合作社法
- 研究 - 中国　Ⅳ.①D922.44

中国版本图书馆 CIP 数据核字（2016）第 254825 号

农村合作制研究·法律规制

农民合作社发展中的问题与法律规制

主　　编／仝志辉

出 版 人／谢寿光
项目统筹／芮素平
责任编辑／郭瑞萍　李　晨

出　　版／社会科学文献出版社·社会政法分社（010）59367156
　　　　　　地址：北京市北三环中路甲 29 号院华龙大厦　邮编：100029
　　　　　　网址：www. ssap. com. cn
发　　行／市场营销中心（010）59367081　59367018
印　　装／三河市尚艺印装有限公司

规　　格／开 本：787mm × 1092mm　1/16
　　　　　　印 张：18.5　字 数：288 千字
版　　次／2016 年 12 月第 1 版　2016 年 12 月第 1 次印刷
书　　号／ISBN 978 - 7 - 5097 - 9870 - 6
定　　价／79.00 元